insel taschenbuch 4689

Alois Prinz

»Sie ist ein lebendiges Feuer«

Milena Jesenská (1896-1944) stellte sich schon früh gegen alle Konventionen: Von der braven Medizinstudentin aus gutbürgerlichem Haus zur Rebellin gegen den Vater, von der *femme fatale* zur politischen Journalistin und engagierten Widerstandskämpferin im Dritten Reich – ihr kurzes bewegtes Leben führte Milena Jesenská von Prag nach Wien, in den Untergrund und schließlich ins KZ Ravensbrück, wo sie anderen Frauen durch gefälschte Diagnosen das Leben rettete, aber selbst 1944 starb.

Eindringlich erzählt Bestsellerautor Alois Prinz die Lebensgeschichte dieser Frau, die selbst in finsteren Zeiten ihre Entschlossenheit, ihren Mut und ihre Leidenschaft – vor allem aber ihre Fähigkeit zu großer Liebe nie verloren hat.

Alois Prinz, 1958 geboren, studierte Literaturwissenschaft und Philosophie und lebt bei München. Er veröffentlichte Biografien u.a. über Hermann Hesse, Ulrike Marie Meinhof, Franz Kafka, Hannah Arendt und Teresa von Ávila. Er wurde für seine Bücher u. a. mit dem Deutschen Jugendliteraturpreis und dem Evangelischen Buchpreis ausgezeichnet. Seine Hannah-Arendt-Biografie war ein Bestseller. Für die vorliegende Biografie wurde ihm der EMYS 2017 verliehen.

Im insel taschenbuch sind u. a. von ihm erschienen: *Martin Luther King* (it 4630); *Der erste Christ. Die Lebensgeschichte des Apostels Paulus* (it 4491); *Teresa von Ávila. Die Biographie* (it 4422); *Hannah Arendt oder Die Liebe zur Welt* (it 4172); *Wie aus Martin Luther wurde* (it 4555); *Jesus von Nazaret. Der sanfte Rebell* (it 4339).

ALOIS PRINZ

»SIE IST EIN LEBENDIGES FEUER«

Das Leben der Milena Jesenská

Insel Verlag

Die Erstausgabe erschien 2016 bei Beltz & Gelberg.

Erste Auflage 2018
insel taschenbuch 4689
Insel Verlag Berlin 2018

Vertrieb durch den Suhrkamp Taschenbuch Verlag
Umschlag: hißmann, heilmann, hamburg
Umschlagabbildung: Milena Jesenská, 1916
Foto: Archiv Klaus Wagenbach, akg-images, Berlin
Druck: CPI – Ebner & Spiegel, Ulm
Printed in Germany
ISBN 978-3-458-36389-7

INHALT

Milena Jesenká
Anfang der Zwanzigerjahre

»SIE IST EIN LEBENDIGES FEUER«

PROLOG

MILENA AUS PRAG

In Milenas Kopf war ein einziges Chaos. Es war drei Uhr nachts an diesem Maitag im Jahr 1915. Am nächsten Tag begannen die schriftlichen Abiturprüfungen am Prager Mädchengymnasium *Minerva*, und sie hatte das Gefühl, alles vergessen zu haben, was sie gelernt hatte. Stundenlang hatte sie sich mit dem Stoff in Geschichte geplagt und jetzt war alles Gelernte wieder weg. Nicht anders war es mit Latein und Griechisch. »Sieben Stunden habe ich gestern gelernt – morgen wird geprüft – ich weiß überhaupt *nichts*«, schrieb sie an ihre Lehrerin.[1] Das »Fräulein Professor«, wie sie Albína Honzáková nannte, war die einzige Lehrkraft an der Schule, die sie bewunderte und der sich Milena anvertrauen wollte. Sie schrieb ihr persönliche Briefe und wollte mit ihr über Dinge reden, die nichts mit dem Unterricht zu tun hatten. Dementsprechend enttäuscht war sie gewesen, als auch ihre Lieblingslehrerin sie aufgefordert hatte, sich zu benehmen, wie es sich in der Schule gehöre. Sie werde sich anständig benehmen, hatte Milena ihr daraufhin geantwortet, »ruhig, höflich und glatt sein wie Volejníkorá und andere vorbildliche Schülerinnen. – Wissen Sie – ich habe nicht gewusst, dass *auch* Sie die Menschen *danach* beurteilen.«[2]

Statt Prüfungen zu schreiben, hätte sich Milena lieber mit jemandem unterhalten, über ganz einfache Fragen, auf die sie bisher von niemandem eine Antwort bekommen hatte. Ihre Mutter, mit der sie über alles hätte sprechen können, war vor Jahren gestorben. Und mit dem Vater gab es zu Hause nur »schreckliche Szenen«[3]. Jan Jesenský, ein erfolgreicher Zahnarzt und Professor an der Universität, erkannte seine Tochter nicht wieder: Milena, die früher ein gehorsames und fleißiges Mädchen gewesen war, schien sich nach dem Tod ihrer Mutter in eine widerspenstige Furie verwandelt zu haben, die alles tat, um seinen guten Ruf zu zerstören. Sie gab das Geld ihres Vaters mit vollen Händen aus, sie stahl, nahm Drogen, trieb sich mit ihren Freundinnen an anrüchigen Orten herum und hatte Affären mit älteren Männern. Jan Jesenský hatte alle Mühe, die Eskapaden seiner Tochter vor der Öffentlichkeit zu verbergen und die Schäden ihrer Umtriebe wieder auszubügeln. Seine Hoffnung war, dass Milena zur Vernunft kam und dann den Lebensweg einschlug, den er für sie vorgesehen hatte. Sie sollte Medizin studieren und einmal seine florierende Praxis übernehmen.

Milena wusste nicht, wie es mit ihr weitergehen sollte. Sie liebte Musik, Bücher und Bilder mit einer Leidenschaft, über die manche den Kopf schüttelten. Dass sie deshalb als überspannter »Schöngeist« hingestellt wurde, schmerzte sie sehr. Denn sie wollte, wie sie einmal sagte, ein Leben führen, »das der Erde sehr nahe wäre«[4]. Das schloss für sie nicht aus, dass sie in allem, was sie machte, verschwenderisch, ja maßlos war, in der Liebe, in der Freundschaft, in der Sorge für andere. Mit ihrer überschwänglichen Leidenschaft stieß sie oft auf wenig Verständnis. Vielen galt sie als cholerisch, kopflos, unerträglich, ungestüm und zügellos. Einzig ihre Lehrerin, das Fräulein Doktor, hatte sie ernst genommen und nie in einem erniedrigenden oder verletzenden Ton zu ihr gesprochen. Dafür bedankte sich Milena bei ihr, als sie im Juli 1915 alle Prüfungen erfolgreich hinter sich gebracht hatte und damit ihre Schulzeit zu Ende war. Ihrer Lehrerin hatte sie auch versprochen, sie wolle es einmal »weit bringen im Leben. *Sehr weit*«[5].

Fünfundzwanzig Jahre nach ihrem Schulabschluss, im Oktober 1940, saß Milena Jesenská in einem Zug, der sie in das Frauenkonzentrationslager Ravensbrück brachte. Sie war des Hochverrats angeklagt, weil sie in ihrer Heimatstadt Prag, die nun von Hitlers Soldaten besetzt war, an einer illegalen Zeitschrift mitgearbeitet hatte. Vor dem Gericht der Nationalsozialisten hatte man ihr nichts nachweisen können, trotzdem war sie in Schutzhaft genommen worden.

Milena hinkte leicht. Diese Behinderung war ihr von einer Knieoperation geblieben. Außerdem schmerzten ihre Hände von der langen Untersuchungshaft in einer kalten und feuchten Zelle. Wie alle anderen weiblichen Häftlinge bekam sie nun ihre Lagerkleidung: eine graue Hose, ein graues Hemd, einen gestreiften Kittel, eine blaue Schürze, ein Kopftuch und klobige Holzpantinen. Auf dem linken Ärmel ihres Kleides war ihre Häftlingsnummer aufgenäht, die 4714, darüber ein rotes Dreieck zum Zeichen, dass sie eine »Politische« war.

Im Konzentrationslager gab es eine große Gruppe tschechischer Frauen, von der Milena aufgenommen wurde. Die Frauen rückten bald wieder von ihr ab, als sie merkten, dass Milena ihre politischen Ansichten nicht teilte. Sie glaubte nicht daran, dass alles gut werden würde, wenn die russischen Truppen die Armeen Hitlers besiegten. Der sowjetische Diktator Stalin war für sie nicht besser als der Nazi Hitler. Noch unbeliebter machte sich Milena, als sie Kontakt zu einer Deutschen aufnehmen wollte, die in russischen Lagern gewesen war. Milena traf Margarete Buber-Neumann, als die Häftlinge auf dem schmalen Weg zwischen Mauer und der Rückseite der Baracken spazieren gehen durften. Obwohl sie vom

Strom der Frauen vorwärtsgedrängt wurden, blieben beide stehen und unterhielten sich. Margarete Buber war augenblicklich fasziniert von »Milena aus Prag«, wie diese sich vorstellte, von ihrer Neugier, ihrem eigenständigen Denken, ihren klugen Fragen und vor allem von ihrer außergewöhnlichen Lebenskraft.[6]

Bei den nächsten Spaziergängen an der »Klagemauer«, wie Milena die vier Meter hohe Lagermauer nannte, und bei heimlichen nächtlichen Treffen in den Baracken erzählten sie sich ihre Lebensgeschichten. Milena berichtete ihrer Freundin vom frühen Tod ihrer Mutter, von den wilden Jugendjahren in Prag, vom Krieg gegen den Vater, der sie sogar in eine Irrenanstalt hatte sperren lassen, um sie, allerdings erfolglos, von der Hochzeit mit einem zehn Jahre älteren Juden abzuhalten. Sie erzählte von den Ehejahren in Wien, als sie einsam und mittellos war, auf den Bahnhöfen Koffer schleppte, dann zu schreiben begann und sich allmählich aus ihrer unglücklichen Ehe löste. Von der kurzen Liebe zu dem Dichter Franz Kafka, von ihrer Rückkehr nach Prag, ihren Erfolgen als Journalistin, ihrer zweiten Ehe, ihrer Tochter Jana, von ihren Krankheiten, Niederlagen und glücklichen Tagen und wie sie zur politischen Widerstandskämpferin wurde.

Traurig wurde Milena, wenn sie ihre Tochter Jana erwähnte, die alle nur Honza nannten. Nach ihrer Verhaftung hatte Milena sie nur noch ein Mal gesehen. Seither versuchte sie verzweifelt herauszufinden, wer sich um Jana kümmerte und wie es ihr ging. Wenigstens mit den zensierten Briefen, die sie nach Prag schicken durfte, wollte sie ihrer Tochter nahe sein: »Ich habe zwar ein Mädchen, das denkt, fühlt, wächst, darf aber nicht bei ihm sein. Ich darf nur von ihr träumen, an sie denken und für sie beten. Ich kann den Wolken Grüße für sie auftragen, weiß Gott, ob sie bestellt werden. […] Ich denke oft an Euch alle, ich grüße Euch, ich bin bei Euch allen immerfort. Es geht mir wirklich gut, ich bin sehr für die Arbeit dankbar und bin frisch und gesund, vergesst mich nur nicht. Ich küsse Euch, Eure Milena.«[7]

Milena ging es nicht gut und gesund war sie auch nicht. Ihre Hände und Füße waren vom Rheuma geschwollen und sie hatte starke Nierenschmerzen. Sie klagte aber nicht und blieb auch im Konzentrationslager unbeugsam. Für Margarete Buber-Neumann war Milenas Benehmen nicht »lagermäßig«. »Milenas bloße Erscheinung war ein ständiger Protest gegen das Lagerregime«, schrieb sie in ihren Erinnerungen. »Sie marschierte nie richtig in Fünferreihen, sie stand nicht vorschriftsmäßig beim Zählappell, sie eilte nicht, wenn man es befahl, sie hofierte nicht den Vorgesetzten.«[8]

Für viele ihrer Leidensgenossinnen im KZ war Milenas Haltung eine große Hilfe und Trost. Manche nannten sie »Zarewa«, Herrscherin, weil sie an diesem Ort, wo Leiden, Tod und Demütigungen aller Art an der Tagesordnung waren, frei wirkte und ihren Stolz bewahrte. Viele, die Milenas Stärke bewunderten, ahnten nicht, dass Milena zeitlebens mit sehr gegensätzlichen inneren Kräften zu kämpfen hatte. Immer war sie von großen Sehnsüchten angetrieben. Andererseits aber war es für sie eine wichtige Fähigkeit, das Leben so zu akzeptieren, wie es ist. Milena sei auch im KZ ein »realistisch denkender Mensch« gewesen, sagte eine Mitgefangene später über sie, »aber immer noch eine Träumerin und Dichterin«[9]. Nach Milenas eigener Überzeugung gibt es zwei Möglichkeiten, sein Leben zu führen. Entweder man nimmt sein Schicksal an, mit allem Glück und Unglück, und ist bereit, für alle Irrtümer und Fehler bereitwillig zu bezahlen. Oder man sucht sein Schicksal. Aber diese Suche kostet Zeit und Kraft und sie geht meistens auf Kosten des Lebens. Wer immer nur sucht, der wird nach Milena ärmer, er verliert das »sichere Gespür für die Dinge« und zuletzt auch das Gespür für den eigenen Wert.[10]

Milena war eine Suchende, aber mehr noch eine Liebende. Franz Kafka, mit dem sie eine kurze Liebesgeschichte verband und der sie ein »lebendiges Feuer« genannt hatte, suchte menschliche Nähe in Briefen. Ihr aber, die Kafkas Angst vor Menschen verstehen konnte, ging nichts über die reale Gegenwart. Wäre sie bei Kafka geblieben, hätte sie nie den Weg gehen können von der selbstbezogenen Femme fatale zur politischen Widerstandskämpferin. Ein Tag Leben war für sie wichtiger und wertvoller als noch so viele Briefe oder Bücher. Diese Überzeugung hat sie in ihren Artikeln oft bekenntnishaft ausgedrückt. In einem schrieb sie: »Ich liebe das Leben, das ganze zauberhafte, wunderbare, strahlende Leben, in all seinen Erscheinungen, in all seinen Formen, in der Alltäglichkeit wie in der Feierlichkeit, an der Oberfläche wie in der Tiefe.«[11]

Im KZ Ravensbrück hatte Milena eine Stelle im Krankenrevier zugeteilt bekommen. Von ihrem Arbeitsplatz aus konnte sie auf das große, eiserne Tor sehen, das sie von der Freiheit trennte. An die Wand hatte sie ein Foto von Prag gehängt, daneben einen Kalender, auf dem ein weit geöffnetes Fenster zu sehen war, das auf eine Berglandschaft hinausging. Als sie in Wien lebte, hatte sie einen Artikel über Fenster verfasst. Fenster bedeuteten für sie etwas Besonderes. Nicht Türen, sondern Fenster seien das »Tor zur Freiheit«, hatte sie damals geschrieben. Vor dem Fenster beginne die Welt. »Denn im Fenster«, so meinte sie, »liegt alle Hoffnung auf Licht, auf den Sonnenaufgang, auf den Horizont; im Fenster liegen Sehnsüchte und Wünsche.«[12]

VATERLIEBE

»Ich bin, dank dem Vater, extrem abgehärtet.«

Vor dem Eingang des privaten Gymnasiums *Minerva* in der Vojtesská-Straße in Prag herrschte an diesem Tag Anfang September 1907 aufgeregte Erwartung. Es war der erste Schultag. Stolze Mütter und Väter standen neben ihren herausgeputzten Töchtern. Besonders ein Paar zog alle Blicke auf sich. Es waren der bekannte Arzt und Professor Jan Jesenský und seine elfjährige Tochter Milena. Doktor Jesenský war eine eindrucksvolle Erscheinung, groß und breitschultrig, in einem knielangen Rock, einen Halbzylinder auf dem Kopf und ein Monokel auf dem einen Auge. Neben ihm wirkte die hochgewachsene, sehr schmale Milena zart und zerbrechlich. Offensichtlich für alle war, dass dieser Vater sehr stolz auf seine Tochter war und Wert darauf legte, dass sie von Anfang an einen guten Eindruck machte. Milena war zu diesem Anlass eigens von einer Schneiderin eingekleidet worden. Sie trug ein elegantes graues Kostüm, und auf ihrem üppigen, gelockten Haar saß ein Hut aus Velour mit einem bunten Bändchen daran.[1]

Um in das *Minerva* aufgenommen zu werden, mussten die Mädchen eine Prüfung in Religion, tschechischer Sprache und Mathematik bestehen. Für Jan Jesenský war es keine Frage, dass seine Tochter diese Hürde ohne Schwierigkeiten überwindet. Seine Pläne gingen schon viel weiter in die Zukunft. Milena war sein einziges Kind, ein Sohn, der auch Jan hieß und drei Jahre nach

Die »Minervistin« Milena
an der Moldau

Milena geboren worden war, hatte nur wenige Monate überlebt. Auf seiner Tochter ruhten nun Jan Jesenskýs ganze Hoffnungen. Sie sollte einmal in seine Fußstapfen treten und Medizin studieren. Das war für eine Frau in dieser Zeit eine ungewöhnliche Karriere. Eine höhere Bildung war immer noch den Männern vorbehalten. Dass eine Frau, selbst wenn sie eine noch so auffällige Begabung zeigte und ehrgeizig war, den Weg in die Hörsäle der Universitäten schaffte, war die seltene Ausnahme. Normal war, dass ein Mädchen aus bürgerlichen Familien vier oder fünf Jahre die Volksschule besuchte und danach in eine höhere Töchterschule, ein Lyzeum, übertrat. Dort lernte sie ein wenig Latein und Französisch. Was dabei herauskam, war, so meinte Milenas Tochter Jana später, ein »Püppchen zum Vorzeigen«[2], das für ein Leben als Ehefrau und Mutter bestimmt und mit ein bisschen Bildung geschmückt war. An dieser Situation begann sich erst um die Jahrhundertwende langsam etwas zu ändern. Und in Österreich-Ungarn, zu dem Prag gehörte, gingen die Uhren noch langsamer.

Das Mädchengymnasium *Minerva* war seiner Zeit weit voraus. Als es 1890 auf hartnäckiges Betreiben des *Frauenvereins Minerva* eröffnet wurde, war es die erste Einrichtung dieser Art in Mitteleuropa. Anfangs durfte die Schule noch keine eigenen Abiturprüfungen abhalten und musste sich mit den Beiträgen der Eltern, mit Spenden und Zuschüssen finanzieren. Erst 1914 wurde das *Minerva* von der Königlichen Hauptstadt Prag übernommen und zum Realgymnasium erklärt. Und erst mit den Jahren wurde der weibliche Anteil im Lehrkörper immer größer. Als Milena in das Gymnasium eintrat, unterrichteten bereits ehemalige Schülerinnen als Lehrerinnen. Sie galten als Feministinnen und zählten in Prag zu den »ganz verrückten«[3] Frauen.

Das *Minerva* war aber nicht nur ein Meilenstein in der Emanzipation von Frauen, es war auch ein politisches Signal. Das Leben in Prag war bestimmt von den Spannungen zwischen der deutschen Minderheit und der tschechischen Mehrheit. Die tschechische Bevölkerung kämpfte um mehr Rechte und wollte zeigen, dass man den Deutschen in nichts nachstand. Mit einem Gymnasium, das jungen Frauen den Weg zum Abitur, zu einem Studium und einem Beruf öffnete, das nicht nur eine klassische Bildung vermittelte, sondern in dem neben Latein und Griechisch auch lebende Sprachen wie Englisch und Französisch gelehrt wurden, hatte man die kulturbeflissenen Deutschen sogar übertrumpft. Dementsprechend wurde den Mädchen von Anfang an das Gefühl vermittelt, in einer besonderen Schule zu sein und zu einer Elite zu gehören.

Milena bestand die Aufnahmeprüfung und kam mit fünfunddreißig anderen Mädchen in die Klasse IA. Sie war nun eine Minervistin, denen man in Prag mit einer Mischung aus Bewunderung und Skepsis begegnete. Dass Jan Jesenský seine Tochter gerade in diese Schule gab, sagt viel über ihn aus. Er wollte die beste Ausbildung für sein einziges Kind. Und er wollte, dass Milena in einem tschechisch geprägten Umfeld erzogen wird. Er selbst war Tscheche mit Leib und Seele und hegte starke Abneigungen gegen Deutsche und Juden. Jan Jesenský hielt viel auf seine Herkunft, und er hatte gezeigt, dass man es als Angehöriger eines kleinen, unterdrückten Volkes weit bringen kann. Milena sollte diese Tradition fortsetzen. Das *Minerva* bot dazu die Möglichkeit. Dass die jungen Frauen dort auch mit sehr fortschrittlichen, modernen Ideen in Berührung kamen, die mit seinen konservativen Werten nicht vereinbar waren, das musste Jan Jesenský wohl hinnehmen.

Der Direktor der Schule Josef Grim hatte erwartet, dass die neuen Schülerinnen an ihrem ersten Schultag von ihren Eltern begleitet werden. Milena erschien nur mit ihrem Vater. Ihre Mutter war zu Hause geblieben. Sie war gesundheitlich angeschlagen und musste sich schonen. Abgesehen davon, stand es um die Ehe der Jesenskýs nicht gut. Die beiden waren einfach zu verschieden. Auf der einen Seite der ehrgeizige, vor Energie und Gesundheit strotzende Vater. Und auf der anderen Seite die sanfte, immer kränkelnde Mutter. Zusammengehalten wurde dieses ungleiche Paar offenbar nur noch von der Sorge um die begabte Tochter. Milena stand zwischen den beiden wie zwischen zwei völlig verschiedenen Welten. Und mit dem Eintritt in das *Minerva* öffnete sich nun eine neue Welt, in der sie eine eigene Persönlichkeit entwickeln konnte.

Jan Jesenský war mit sieben Geschwistern, größtenteils Mädchen, im Prager Stadtteil Malá Strana, der Kleinseite westlich der Moldau, unterhalb der Burg aufgewachsen. Sein gleichnamiger Vater war ein Mann mit handwerklichem Geschick und einer künstlerischen Ader, der sein Leben lang davon träumte, reich zu werden und mit seiner Familie ein luxuriöses Haus zu bewohnen. Doch was auch immer Jan Jesenský senior anfing, keine seiner Unternehmungen brachte ihm den erhofften Erfolg. Mit einer Druckerei scheiterte er ebenso wie mit einem Geschäft für Baumaterialien. Und auch sein Vorhaben, eine Gärtnerei aufzubauen und die öffentlichen Prager Parks mit einer nie da gewesenen Blumenpracht neu zu gestalten, blieb in den Anfängen stecken. Schließlich musste er als Handelsreisender seine Familie ernähren und den Traum vom sorgenfreien Leben und dem großen Haus aufgeben.[4]

Sein Sohn Jan, der am 5. März 1870 geboren wurde, hat vermutlich nicht viel von seinem Vater gehalten und wollte nicht wie dieser arm und erfolglos enden. Immerhin hatte es ihm der Vater ermöglicht, ein Gymnasium zu besuchen und Abitur zu machen. Schon sehr früh scheint sich der Sohn vorgenommen zu haben, nicht wie sein Vater auf vage Geschäftsideen zu setzen, sondern eine gute Ausbildung zu machen, um dann einen angesehenen und einträglichen Beruf zu ergreifen. Er entschloss sich, Medizin zu studieren. Von zu Hause hatte er keine Unterstützung zu erwarten, und so musste er sehen, wie er neben dem Studium zu Geld kam. Er gab Nachhilfestunden, und weil er musikalisch war und passabel Geige spielte, unterhielt er die Gäste in Prager Bars und Restaurants. Zusätzlich soll er auf dem Bahnhof die schweren Koffer der Reisenden geschleppt haben.

Mit unermüdlichem Fleiß und eisernem Willen konnte Jan Jesenský sein Studium in kürzester Zeit abschließen und wollte sich anschließend spezialisieren zum Zahnarzt und Kieferchirurgen. Dazu war aber eine weitere Ausbildung nötig und sogar Aufenthalte im Ausland. Das war kostspielig, das Geld, das man mit Geigespielen und Koffertragen verdienen konnte, reichte bei Weitem nicht. War es diese finanzielle Notlage, die Angst vor einer stockenden Karriere, die Jan Jesenský bewog, nach einer Ehefrau Ausschau zu halten? Das waren zu dieser Zeit durchaus gängige und anerkannte Gründe, um eine Ehe zu schließen. Ehrgeizige, aber mittellose junge Männer konnten oft nur durch einc gute Partie vorwärtskommen. So hatte auch einige Jahre vorher der Vater von Franz Kafka, Hermann Kafka, in Prag ein Geschäft für Galanteriewaren eröffnen können, weil er Julie Löwy, eine Frau aus reichem Hause, geheiratet hatte. Die Ehe ermöglichte ihm, dem armen jüdischen Sohn eines Fleischhauers vom Lande, einen enormen sozialen und beruflichen Aufstieg.

Hermann Kafka, achtzehn Jahre älter als Jan Jesenský, hatte seine Frau mithilfe eines Heiratsvermittlers gefunden. Wie Jan Jesenský seine Frau Milena Hejzlarová kennengelernt hat, weiß man nicht. Sie war die Tochter eines wohlhabenden Landschulinspektors, der mit seiner Familie erst vor einigen Jahren nach Prag übergesiedelt war. Milena Hejzlarová war jung und schön und, was vielleicht noch wichtiger war, sie brachte eine beachtliche Mitgift mit in die Ehe. Das Paar bezog eine Wohnung in Žižkow, das früher ein Dorf gewesen war und nun zu einem Stadtteil Prags wurde, wo überwiegend Arbeiter lebten und die Mieten günstig waren. Schon im ersten Jahr der Ehe ließ Jan Jesenský seine Frau einige Zeit alleine, um in Paris seine Studien fortzusetzen. Und auch als sie später schwanger wurde, musste sie wieder Wochen, vielleicht Monate alleine oder mithilfe ihrer Eltern zurechtkommen, weil ihr Ehemann bei einem berühmten Professor in Berlin seine Fachkenntnisse erweiterte. Am 10. August 1896 wurde das Kind geboren. Wäre es ein Junge geworden, hätte es Jan geheißen. Es war aber ein Mädchen und wurde nach der Mutter benannt: Milena, was auf Deutsch so viel heißt wie »Liebende« oder »Geliebte«.

Milena oder »Milka«, wie man sie auch nannte, wurde von ihren Eltern geliebt – auf je verschiedene Weise. Mit der Mutter lebte sie in stiller, inniger Zweisamkeit, in die manchmal der Vater einbrach, um zu erziehen. Milena musste ihn siezen und mit Handkuss empfangen. Zweifelsohne hatte das Kind Milena Angst vor diesem großen Mann, für den Schläge ganz selbstverständlich zur Erziehung gehörten. Aber im Verhalten des Vaters zeigten sich manchmal Züge, die sie vielleicht noch nicht einordnen konnte, die sie aber nachhaltig beeinflussten und eine Nähe herstellten, die anders war als die Nähe zur Mutter. Milena erinnerte sich noch als erwachsene Frau an eine Szene, die sich ereignete, als sie ungefähr drei Jahre alt war: Sie saß mit der Mutter allein in einem Zimmer, als plötzlich der Vater hereinkam und sie aufforderte, das Zimmer zu verlassen, weil er etwas mit der Mutter zu bereden habe, das sie nicht hören solle. Milena gehorchte sofort. Doch als sie die Zimmertür hinter sich geschlossen hatte und auf dem Weg zur Küche war, wurde die Tür hinter ihr wieder aufgerissen.

Der Vater Jan Jesenský

Der Vater hatte sie verdächtigt, an der Tür zu horchen. Als er sah, dass er sich getäuscht und Milena sich vor Schreck auf den Boden gesetzt hatte, tat er etwas Unerwartetes: »Ich begriff, dass er mich verdächtigt hatte, und etwas Schmerzliches, Niederschmetterndes begann mich im Herzen zu drücken – der Vater begriff, dass ich das empfunden hatte und dass er etwas sagen oder tun müsste; und da tat er etwas sehr Tapferes: Er kam zu mir hin mit ernsten, großen Schritten, reichte mir die Hand und sagte: ›Bitte verzeih mir, ich werde dich nie mehr verdächtigen.‹ Das gequälte Herz wurde auf einmal stolz und frei, der Vater stand da, ehrenhaft und gerecht, und lehrte mich in dieser Minute wertvolle Dinge.«[5]

Es muss um diese Zeit gewesen sein, als die Familie wieder Nachwuchs bekam. Der kleine Jan war der Stammhalter, den sich Jan Jesenský immer gewünscht hatte. Und sicher hätte dieser männliche Nachkomme Milena in der Gunst des Vaters verdrängt, wenn er nicht frühzeitig gestorben wäre. Dieser Tod ist rätselhaft. Milenas Tochter Jana hat später behauptet, dass die unerbittliche Strenge ihres Großvaters schuld gewesen sei am Tod des Kindes.[6] Seine Frau konnte den Säugling nicht stillen, und Jan Jesenský soll ihr strikt verboten haben, eine Amme zu nehmen. Sein Sohn sollte zeigen, dass er auch ohne diese Hilfe überlebensfähig sei. Er war es nicht. Eine Zeit lang kümmerte sich ein Dienstmädchen notdürftig um ihn, dann starb er. Kann es sein, dass für Jan Jesenský seine Grundsätze wichtiger waren als das Leben seines einzigen Sohnes, auch wenn er schwächlich war? Jedenfalls blieb es der kleinen Milena erspart, die Hüterin eines bevorzugten Bruders zu werden. In diesem Fall wäre ihr Leben sicher anders verlaufen. So blieb sie ein Einzelkind und damit hatte sie die Bürde aller väterlichen Erwartungen alleine zu tragen.

Jan Jesenský war mit seiner Ausbildung fertig und nun ein Doktor der Medizin. Vorläufig arbeitete er noch als Assistent an der Universität mit der Aussicht, einmal ein Professor zu werden. Das reichte ihm allerdings nicht. Mit dem Geld aus seiner Ehe wollte er eine eigene Praxis als Zahnarzt eröffnen, möglichst in bester Lage in der Prager Innenstadt. Und auch die Familie brauchte ein neues Heim, das dem zukünftigen Stand angemessen war. Die Wohnung im Haus *Beim schwarzen Adler* in der Eisengasse war wohl nur eine Übergangslösung. Sie lag zwar günstig, nahe der Universität, bot aber keinen Platz für eine Praxis. Ganz in der Nähe aber, in der Obstgasse, am Rand des Wenzelsplatzes, wurde ein neues, großes Gebäude errichtet, in dem nicht nur geeignete Räume für eine Praxis entstanden, sondern auch Wohnungen für gehobene Ansprüche. Schon nach einem Jahr in der Eisengasse zog die Familie Jesenský 1902 in die Obstgasse. Es war ein fünfstöckiges Jugendstilhaus mit einer riesigen Eingangshalle, bunten Fenstern, einem holzgetäfelten Treppenhaus und marmorverkleideten Wänden. Im ersten Stock wurde die Zahnarztpraxis Dr. Jesenský eingerichtet. Im fünften Stock bezog die Familie eine weitläufige Wohnung.

Das Haus in der Obstgasse lag am Schnittpunkt der Hauptverkehrsadern der Stadt, dem Graben und dem Wenzelsplatz, und damit an dem Punkt, wo die Lebenswelten der verschiedenen Nationalitäten von einer unsichtbaren Grenze getrennt waren. Denn während den Wenzelsplatz traditionell die Tschechen für sich in Anspruch nahmen, war der Graben der Mittelpunkt des deutschen Gesellschaftslebens, zu dem auch die Juden gehörten. Am Graben befanden sich die von der deutsch-jüdischen Gesellschaft bevorzugten Restaurants, Cafés, Buchhandlungen und Hotels. Hier fand auch jeden Sonntag der »Korso« statt, ein Spaziergang, der von Ritualen geregelt war, in denen sich die sozialen Stellungen und privaten Verhältnisse der Leute abbildeten. Wie tief ein Grüßender seinen Hut zog oder in welcher Entfernung er zu seinem Gruß ansetzte, sagte sehr viel aus über sein Verhältnis zum Gegrüßten. Nicht anders verhielten sich die Tschechen auf dem Wenzelsplatz, die hier ihre Geschäfte, Weinlokale und Cafés besuchten. Am Wenzelsplatz, unweit der Obstgasse, lag auch die *Assicurazioni Generali*, das Versicherungsunternehmen, in dem der frisch promovierte Franz Kafka ab Herbst 1907 angestellt war. Wenn Milena zu dieser Zeit aus dem Fenster der elterlichen Wohnung schaute, hätte sie vielleicht den jungen Kafka gesehen, der frühmorgens, kurz vor acht Uhr, zu seinem Arbeitsplatz eilte oder der an seinem freien Tag aus dem *Eldorado,* einer Weinstube im Untergeschoss eines Palais in der Obstgasse, kam.

Der Neubau, in dem die Familie Jesenský jetzt wohnte, war ein sichtbarer Hinweis dafür, wie Prag sich veränderte. Ein ganzer Stadtteil, die Josefstadt, das ehemalige jüdische Ghetto, das zu einem Elendsviertel heruntergekommen war, wurde abgerissen und die umfangreichen städtebaulichen Maßnahmen wirkten sich bis in die Altstadt aus. Wenn Milena mit ihrer Mutter zum Altstädter Ring ging, um auf dem Markt einzukaufen, konnte sie sehen, wie Bautrupps mit Hacken und Schaufeln alte Mauern einrissen und neue Straßenzüge angelegt wurden. Ein neues, modernes Prag war im Entstehen und das hing auch zusammen mit den veränderten Kräfteverhältnissen in der Stadt. Während die Zahl der Prager Deutschen in den letzten Jahrzehnten ziemlich gleich geblieben war, hatte sich der tschechische Anteil an der Bevölkerung stetig erhöht. Grund dafür war die Industrialisierung, die immer mehr Menschen vom Land in die Stadt trieb. Inzwischen war es auch nicht mehr so, dass die Deutschen die Oberschicht bildeten und die einflussreichen Posten belegten. Es gab nun tschechisches Bürgertum, das auf wirtschaftlichem und kulturellem Gebiet beeindruckende Leistungen vorweisen konnte. Jan Jesenský war das beste Beispiel dafür. Wie andere erfolgreiche Männer unterstützte er die *Jungtschechische Partei*, die sich als Partei des Fortschritts verstand, eine eigene tschechische Universität in Böhmen und stärkere Förderung der technischen und wirtschaftlichen Entwicklung forderte. Es war auch die tschechische Stadtverwaltung gewesen, die 1886 den Entschluss gefasst hatte, das Stadtbild radikal zu verändern.

Eine einmalige Gelegenheit, das neue Selbstbewusstsein der tschechischen Nation zu demonstrieren, war die große Landesausstellung in Prag im Jahr 1891 gewesen.[7] Nachdem wegen unvereinbarer Vorstellungen über den Charakter der Ausstellung die deutsche Seite ihre Teilnahme abgesagt hatte, war diese Leistungsshow eine fast rein tschechische Angelegenheit geworden. Nach dem Vorbild der Weltausstellung in Paris zwei Jahre zuvor waren auf einem riesigen Areal im Bubenčer Park Pavillons aufgestellt worden, in denen Erzeugnisse aus Industrie, Landwirtschaft, Handwerk, Kunst und neueste technische Erfindungen präsentiert wurden. Die Hunderttausende von Besuchern, die von der Stadt zum Ausstellungsgelände pilgerten, konnten schon die erste Sensation bewundern, einen Tramwagen, der nicht von Pferden gezogen wurde, sondern, angetrieben von einer unsichtbaren elektrischen Kraft, ganz von alleine fuhr. Wer wollte, konnte sich mit einer Seilbahn auf den Laurenziberg befördern lassen und dort auf den stählernen Aussichtsturm steigen, der nach dem Vorbild des Pariser Eifelturms, nur etwas kleiner, errichtet worden war.

Auf dem Gelände der Landesausstellung bildeten der nachts aufwendig beleuchtete Industriepalast und die gigantische Maschinenhalle mit den riesigen Dampfmaschinen für Bergwerke oder die chemische Industrie den spektakulären Mittelpunkt. Von dort aus konnten die Besucher über das weitläufige Gelände schlendern und alles besichtigen, was Böhmen an Erzeugnissen zu bieten hatte: Fahrzeuge, Schmuck, wissenschaftliche Geräte, Porzellan, Malerei, Musikinstrumente, Rechenmaschinen, Regenschirme, Holzschnitzereien, Zeitungen, Zuchttiere – und als besondere Attraktion eine *Fontaine lumineuse*, eine mit buntem Licht ausgeleuchtete Wasserfontäne. Im Bericht über die Landesausstellung wurde stolz vermerkt, dass das Königreich Böhmen auf dem Gebiet der Industrie so viel leiste »wie alle übrigen österreichischen Länder zusammen«. Das war ein Wink in Richtung Wien, dem Sitz der österreichisch-ungarischen Doppelmonarchie, die aus der Sicht Böhmens in alten, längst überholten Zeiten verharrte und den Zug in die Zukunft verpasst hatte.

Ende September 1891, in den letzten Tagen der Landesausstellung, war der höchste Repräsentant des Habsburger Reiches, der Kaiser Franz Joseph I., nach Prag gekommen. Eine ganze Woche lang hielt er sich in der Stadt auf, die in dieser Zeit im Ausnahmezustand war. Dicht gedrängt standen die Menschen in den geschmückten Straßen, als er in Paradeuniform die Huldigungen seines Volkes entgegennahm. Es wird dem Kaiser nicht entgangen sein, dass neben den »Hurra«-Rufen viele »Sláva«-Rufe zu hören waren, die weniger ihm als der slawischen Heimat galten.[8]

Falls der junge Jan Jesenský am Straßenrand gestanden hat – und wer hätte sich dieses Ereignis entgehen lassen –, wird er bestimmt dem Kaiser nicht zugejubelt haben. Auf alles, was aus Wien kam, war er schlecht zu sprechen. Er behauptete sogar, mit Jan Jesenius verwandt zu sein, einem berühmten Mediziner und Gelehrten, der als Märtyrer in das nationale Bewusstsein eingegangen ist und dessen Name auf einer großen Bronzetafel am alten Rathaus in Prag verewigt war. Dieser Jesenius war Anfang des siebzehnten Jahrhunderts am Aufstand der böhmischen Stände gegen die Unterdrückung durch die Habsburger beteiligt gewesen. Nach der entscheidenden Schlacht am Weißen Berg nahe Prag, bei der die Rebellen vernichtend geschlagen wurden, war die Rache der Sieger fürchterlich. Jan Jesenský wird es nicht versäumt haben, seiner Tochter Milena jene mit drei Kreuzen markierte Stelle auf dem Altstädter Ring zu zeigen, wo am 21. Juni 1621 das Blutgericht über die Anführer des Aufstandes abgehalten wurde. Siebenundzwanzig Männer wurden einer nach dem anderen entweder mit dem Schwert hingerichtet oder erhängt. Ein besonders grausames Exempel wurde am prominentesten der Verurteilten, an Jan Jesenius, statuiert. Ihm wurde vor der Enthauptung die Zunge herausgeschnitten und seine Leiche wurde öffentlich gevierteilt.

Ob Jan Jesenský tatsächlich ein Nachfahre des Jan Jesenius war, konnte er nie beweisen. Für ihn aber wie für andere nationalistisch gesinnte Tschechen war Jesenius die Symbolfigur für die Unterdrückung der Tschechen durch die Deutschen, die bis in die Gegenwart anhielt und immer wieder für Spannungen und handfeste

Auseinandersetzungen sorgte. Als der österreichische Ministerpräsident Badeni 1897 durchsetzen wollte, dass in Zukunft beide Sprachen, Tschechisch und Deutsch, gleichberechtigt sein sollten, war die Empörung unter den Deutschen in Böhmen so groß, dass diese Sprachverordnung wieder zurückgenommen werden musste. Daraufhin kam es in Prag im Dezember 1897 zu regelrechten Straßenschlachten. Deutschnationale Studenten wollten diesen Sieg »feiern« und zogen, das Kampflied *Die Wacht am Rhein* singend, über den Graben zum Wenzelsplatz. Tschechische Studenten empfanden das natürlich als Provokation, aber ihre Gegendemonstration wurde von der Polizei aufgelöst. Das war der Auftakt zu einem Sturm der Gewalt. Nichts, was irgendwie mit »deutsch« in Verbindung gebracht wurde, war mehr vor der aufgebrachten tschechischen Menge sicher. Schulen und Zeitungsredaktionen wurden verwüstet, Geschäfte geplündert, die Fensterscheiben von Hotels und Kaffeehäusern eingeworfen. Über Prag wurde der Ausnahmezustand verhängt.[9]

Die verfeindeten Gruppen blieben auch in den folgenden Jahren in Kampfbereitschaft. Deutsche Studenten mit den Mützen der Burschenschaften promenierten auf dem Graben, um ihre Gesinnung zu zeigen, und die tschechischen Studenten mit ihren slawischen Samtbaretten taten es ihnen gleich. Irgendwann Anfang des neuen Jahrhunderts gerieten die verfeindeten Gruppen im Graben wieder aneinander. Dieses Mal wurden sie beobachtet von einem kleinen Mädchen, das im Haus am unteren Ende des Grabens am Fenster stand. Es war Milena mit ihrer Mutter. Sie sahen, wie die verfeindeten Lager aufeinander zugingen und wie plötzlich eine Gruppe Polizisten aus einer Seitenstraße heraneilte und sich zwischen die Fronten stellte. Trotz der mehrmaligen Aufforderung, stehen zu bleiben, bewegten sich die Demonstrationszüge weiter vorwärts. Plötzlich krachten Schüsse. Die Menge stob auseinander, nur ein Mann blieb unmittelbar vor den Polizisten mit ihren Gewehren stehen. Es war Jan Jesenský. Neben ihm lag ein offenbar getroffener Mann regungslos am Boden. Jesenský bückte sich zu ihm und begann ihn zu verbinden. Dieses Bild vom Vater, der als Einziger nicht weglief und sich um den Verwundeten kümmerte, vergaß Milena ihr Leben lang nicht mehr, auch nicht die Reaktion ihrer Mutter: »Die Augen meiner Mutter waren halb geschlossen und zwei große Tränen rannen ihre Wangen hinab. Ich erinnere mich noch, wie sie mich so fest in die Arme nahm, als ob sie mich erdrücken wollte.«[10]

Das Kind Milena konnte noch nicht verstehen und erst recht nicht sagen, warum es so beeindruckt war vom Verhalten des Vaters. Erst die erwachsene Milena fand Worte für ihre damaligen Gefühle. Und sie glaubte nun zu wissen, dass es zum Wesen der Angst gehört, dass sie einem nicht gestattet, an Ort und Stelle zu verharren, wenn dies nötig sei. Und Stehenbleiben hieß für sie, »voller Ruhe dem entgegenzusehen, was ich nicht kenne«. Die Kraft dazu kann ein Mensch allerdings nur aufbringen, wenn er sich zugehörig fühlt, einer Idee, anderen Menschen, einer Gemeinschaft. Wer alleine ist, ohne jegliche Bindung, läuft leichter weg. »Einsamkeit«, so Milena, »ist vielleicht der Welt größter Fluch.«[11]

DER GROSSE SCHMERZ

*»Ich habe eine verrückte Sehnsucht,
in die Welt zu entfliehen.«*

Kinder, so wird die erwachsene Milena einmal behaupten, sind keine unfertigen Geschöpfe, sondern vollwertige Personen, und man sollte sie deshalb nicht behandeln wie »hübsche Puppen« oder niedliche Tiere. Sie verstehen alles, was um sie herum geschieht, nur eben nicht in der Weise wie Erwachsene. Darum solle man Kindern mit Respekt und Ernst begegnen, und ein Kind merke es sofort, wenn dieser Ernst nur gespielt sei. Das gelte besonders für Eltern. »Eltern«, so Milena, »die ihr Kind zwingen zu gehorchen, nur weil es ein Kind ist und sie die Eltern, erziehen es zu einem Lügner, weil die Lüge der einzige Schutz eines Kindes ist gegen eine Autorität, die es nicht versteht.«[1]

Milena war ein widerspenstiges Kind. Jedenfalls empfand das ihr Vater so. Er war oft unzufrieden mit ihr und steckte sie einmal sogar in einen Kleiderkorb, wo sie ganz im Dunkeln saß und kaum mehr Luft bekam. Mit der Mutter war es anders. Bei ihr fühlte sich Milena verstanden und geborgen. Die Mutter schimpfte nie mit ihr und schlug sie auch nie.

Vermutlich war es eine Idee des Vaters, Milena eine Puppe zu schenken. Oder zumindest war es sein Einfall, dieses Geschenk als Erziehungsmittel zu benutzen. Die Puppe lag auf dem Küchenschrank, und Milena durfte nur mit ihr spielen, wenn sie brav gewesen war. Alle erwarteten von ihr, dass sie sich freute, wenn sie die Puppe zum Spielen bekam. Doch Milena empfand diese Belohnung eher wie eine Strafe und von den Erwartungen der Erwachsenen wurde sie geradezu gelähmt. »Wir saßen traurig in der Ecke, die Puppe und ich, und sahen einander an«, berichtete sie später über ihre Ratlosigkeit.[2]

Viel lieber spielte Milena mit Glaskugeln, die innen bunte Streifen oder Blasen hatten. Sie erfand ein Spiel, bei dem diese Glasmurmeln in einem Wettkampf gegen Bohnen antreten mussten, und sie richtete es so ein, dass immer die Murmeln gewannen, die sie viel lieber mochte als die Bohnen, weil sie mit ihren Regenbogenfarben etwas Zauberhaftes, Übernatürliches hatten.[3] Milena spielte meistens alleine. Die Mutter war oft bettlägerig und zu schwach, um das Haus zu verlassen. Wenn sie die Kraft dazu fand, widmete sie sich ihren Hobbys. Sie liebte schöne Stoffe und Möbel, in die sie mit einer speziellen Technik Verzierungen einbrannte, und entwarf und fertigte sogar einen eigenen Stuhl. Milena besuchte ab ihrem sechsten Lebensjahr vormittags die Volksschule für Mädchen, die restliche Zeit des Tages verbrachte sie meist im Zimmer der Mutter, die im Lehnstuhl saß und ihrer Tochter Märchen von Andersen vorlas.

In dieser Frauenwelt wurde der Vater nur selten gesehen. Entweder er war in der Universität oder in seiner Praxis. Abends traf er sich mit seinen Freunden vom *Sokol*, einem Turnverband, dessen Ziel es war, nicht nur die körperliche Ertüchtigung zu fördern, sondern auch den Gemeinschaftsgeist der Tschechen zu stärken. Für Jan Jesenský gehörten Nationalstolz und Fitness zusammen. Er stand jeden Tag sehr früh auf, nahm ein kaltes Bad und ging mit seinen Hunden spazieren. Am Wochenende nahm er Milena mit auf seine ausgedehnten Wanderungen, die sie weit hinaus vor die Stadt führten. Zu Fuß zu gehen, war für ihn die beste Art, Sorgen und Probleme abzuschütteln und Kraft zu sammeln für den anstrengenden Alltag. Milena, die lieber zu Hause saß und Bücher las, fand zunehmend Gefallen an frischer Luft und Bewegung, und ihr Vater brauchte sie bald nicht mehr zu zwingen, Schwimmen und Tennis zu lernen.

Jan Jesenský erwartete von anderen, was er von sich selbst verlangte. Von daher war es für ihn, der »raubtierhaft gesund«[4] war, schwer erträglich, dass seine Frau eine so schwache Gesundheit hatte. Zu der Entfremdung zwischen beiden trug sicher auch der tote Sohn bei. Und Jan Jesenský, dem es doch so wichtig war, seine Erfolge aus eigener Kraft zu schaffen, konnte es nicht vergessen, dass er seine Karriere auch dem Geld seiner Frau zu verdanken hatte. Auf diese Hilfe angewiesen gewesen zu sein, nahm er ihr und den Schwiegereltern übel. Zu zärtlichen Worten und Gesten scheint es zwischen den Ehepartnern selten gekommen zu sein. Und wenn, dann wurden sie durch Jesenskýs rücksichtsloses Verhalten wieder entwertet. So wie einmal im Frühjahr, als er seiner Frau einen Strauß Veilchen ans Bett brachte und ihn ihr einige Stunden später wegnahm, weil er für eine verehrte Patientin ein Geschenk brauchte.[5]

Man kann verstehen, dass diese Ehe für Milenas Mutter nicht die Erfüllung war und sie sich nach Verständnis und Zuneigung sehnte. Als ihre Krankheit, wahrscheinlich eine auf Vitaminmangel beruhende Blutarmut, die zu Müdigkeit und Lähmungen führt, schlimmer wurde und sie mit Milena zur Kur fuhr, scheint es sogar zu einer kleinen Affäre gekommen zu sein. Milena suchte eines Tages im Kurhotel nach ihrer Mutter und fand sie schließlich im Garten, unter einem Strauch Tränendes Herz, in den Armen eines anderen Mannes. Milena sprach mit niemandem über das, was sie gesehen hatte, auch nicht mit der Mutter, aber seitdem hatte sie eine entschiedene Abneigung gegen diese Pflanze.[6]

An das eheliche Treueversprechen fühlte sich auch Jan Jesenský nicht mehr gebunden. Er hatte zahlreiche Verehrerinnen, auch unter seinen Patientinnen, und wo er seine knapp bemessene Freizeit und die Abende verbrachte, das wussten weder seine Frau noch seine Tochter. Für Milena war der Vater der angesehene Zahnarzt, der die meiste Zeit in einer Welt außerhalb der elterlichen Wohnung mit ihren schweren, dunklen Möbeln lebte. Der Vater war aber auch derjenige, der sie oft herausholte aus dem Zimmer der Mutter, das immer mehr ein Krankenzimmer wurde. Milena war neun Jahre alt, als der Vater sie mitnahm zu Ferientagen in den Böhmerwald. Dort, am Fuß des Špičak, des Spitzbergs, wohnten sie in einem Holzhaus mitten im Wald, dem *Hotel Prokop*. Jan Prokop, der Besitzer, hatte früher die Kantine für die Arbeiter betrieben, die den Tunnel für die Eisenbahn durch den Berg gebaut hatten. Als der Tunnel fertig war und die Arbeiter wegzogen, war Jan Prokop zurückgeblieben und hatte eine Pension eröffnet, die immer mehr Erholung suchende Touristen aus Prag und Pilsen anzog.

Jan Jesenský war in dieser Umgebung ein anderer Mensch, entspannt und glücklich. Mit Milena wanderte er bei Sonne und Regen kreuz und quer durch die Landschaft und abends saßen sie mit dem alten, Pfeife rauchenden Prokop am Feuer und hörten seinen Geschichten zu.[7] Auch in den folgenden Jahren verbrachten Vater und Tochter ihre Ferien am Špičak. Milena hatte bald das Gefühl, jeden Baum zu kennen, und einmal, als im Winter meterhoher Schnee lag, brachte ihr der Vater das Skifahren bei. Sie sei, so schreibt sie in einem Brief, dank dem Vater »extrem abgehärtet«[8].

Das *Minerva* war für Jan Jesenský auch deswegen die richtige Schule für seine Tochter, weil man dort großen Wert auf sportliche Betätigung legte. Milenas Klasse machte Ausflüge in die Umgebung, und als »Minervistinnen« hatten die Mädchen freien

Zugang zu den Tennisplätzen und den Schwimmschulen an der Moldau. Es gibt sogar ein Foto von der jungen Milena, auf dem sie mit Tennisschläger zu sehen ist. Verglichen mit dem großen, kräftigen Mann, der neben ihr steht, wirkt sie sehr schmal und feingliedrig. Sie trägt eine Bluse mit großer Schleife am Kragen und einen knöchellangen Rock. Eigentlich keine geeignete Kleidung für körperliche Bewegung, aber typisch für die Frauenmode der Zeit, bei der es in erster Linie darauf ankam, den weiblichen Körper möglichst vollständig zu verdecken. Stefan Zweig berichtet in seinem Buch über diese »Welt von gestern«, dass es fast einem Verbrechen gleichgekommen wäre, wenn eine Frau bei Sport oder Spiel eine Hose angezogen hätte. Die Prüderie ging so weit, dass eine Frau nicht einmal das Wort »Hose« aussprechen durfte und dezent von »Beinkleid« zu reden hatte. »Dass junge Mädchen auch im heißesten Sommer Tennis in fußfreien Kleidern oder gar mit nackten Armen spielten«, so Zweig, »hätte als skandalös gegolten.«[9]

Die jungen Frauen vom *Minerva* nahmen sich größere Freiheiten heraus und zeigten mehr von ihrer Figur, wenn sie im Schwimmdress an der Moldau sonnenbadeten. Manche waren so selbstbewusst, dass in Prag, vor allem bei jungen Männern, schon das geflügelte Wort von den »Minerva-Mädels« kursierte, die »an den Nerven zerren«. Ungewöhnlich war auch, dass diese fortschrittlich erzogenen Mädchen mit ihren Lehrerinnen Ausstellungen, Konzerte und Theateraufführungen besuchten. Milena lernte Klavierspielen und sie liebte das Theater. Sie bewunderte die Charakterdarstellerin Marie Hübnerová und sie schwärmte für den Sänger Heribert Vávra. Sie hatte nun auch zwei Freundinnen gefunden, mit denen sie ihre Gedanken und Träume teilen konnte. Die eine, Jarmila, ging in die gleiche Klasse. Die andere, Staša, war einen Jahrgang unter ihnen. Die beiden Freundinnen kamen aus ähnlichen Familien wie Milena. Stašas Vater war Arzt, Jarmilas Vater oberster Buchhalter bei den Elektrischen Werken in Prag. Beide Väter waren wie Jan Jesenský national gesinnt und beide hatten Frauen aus angesehenen, reichen Familien geheiratet. Wie Milena waren auch Jarmila und Staša die Erstgeborenen und die Erwartungen an sie waren groß.[10]

Wie lange Milena diese neuen Eindrücke und Erfahrungen in und außerhalb der Schule uneingeschränkt genießen durfte, lässt sich nicht mehr genau sagen. Irgendwann in den ersten Jahren auf dem Gymnasium wurde die kranke Mutter zum Pflegefall. Sie musste nun rund um die Uhr betreut werden, und Jan Jesenský war der Meinung, dass einen Teil dieser Pflege die Tochter übernehmen könne. Milena liebte ihre Mutter und war dazu auch bereit, ohne ermessen zu können, was das für sie bedeutete. Tag für Tag saß sie nun nach der Schule neben dem Bett der Kranken, gab ihr die Medizin, fütterte sie beim Essen, schüttelte Bett und Kissen aus und drehte die Mutter ab und zu auf die andere Seite, damit sie sich nicht wundlag. Abends wurde Milena vom Vater abgelöst. Das konnte oft sehr spät werden, wenn Jan Jesenský nach der Praxis noch in seinen Klub gegangen war. Hatte er beim Kartenspielen gewonnen, war er besonders guter Laune und wollte seine Frau aufheitern. Der Gegensatz aber zwischen diesem vitalen Vater und der schwerkranken Mutter machte für Milena die Stimmung im Krankenzimmer noch bedrückender.

Ob Milena an den langen Nachmittagen und Abenden am Krankenbett oft daran dachte, was ihre Freundinnen Jarmila und Staša und die anderen Mädchen aus ihrer Klasse jetzt machten? Ob sie im Theater waren oder beim Schwimmen oder gar in einem der Kinos, die es seit einigen Jahren in Prag gab und die so verführerische Namen trugen wie *Orient* oder *Elite*? In diesen »Kinematographen«, wie sie hießen, liefen Filme über die Vikto-

Die sportliche Milena,
mit etwa fünfzehn Jahren

riafälle in Afrika oder über Beduinen in der Wüste. Milena spürte sehr wohl eine »verrückte Sehnsucht«[11] in sich, allerdings weniger nach einer abenteuerlichen Ferne als danach, »in die Welt zu entfliehen«. Diese Welt war für sie aber kein bestimmter Ort, zu dem man reisen konnte, sondern »das Unbekannte, Unerreichbare, das hinter dem Horizont liegt, etwas, was so erstaunlich und überraschend ist, so neu und stark, dass es vor jedem Kummer bewahrt«.[12]

Diese Welt fand Milena in Büchern. Sie hatte begonnen, sich eine kleine Bibliothek anzusammeln. Die Märchen von Andersen gehörten natürlich dazu, aber auch Romane von Dostojewski, Oscar Wilde und Knut Hamsun und anspruchsvolle philosophische Bücher wie den *Zarathustra* von Friedrich Nietzsche. Milena schnitt sich aus illustrierten Zeitungen Bilder aus, die ihr auf Anhieb gefielen. Auf einem Bild waren ein Mann und eine Frau zu sehen, die am Ufer des Meeres entlanggehen, »Hand in Hand, der Sonne und dem Wind entgegen«. Das war ein kitschiges Bild, drückte aber genau die Sehnsucht aus, die Milena empfand, und ihre »tollen Vorstellungen eines kleinen Mädchens vom Leben«[13].

Wie sie als junges Mädchen gefühlt und gedacht hat, das versuchte Milena zehn Jahre später, als sie eine bekannte Journalistin war, sich und anderen klarzumachen. In einem ihrer Artikel, in denen sie immer auch persönliche Erfahrungen einfließen ließ, tritt sie der verbreiteten Meinung entgegen, dass die Jugend die schönste Zeit im Leben sei. Vielmehr, so Milena, trage jeder Jugendliche einen geheimnisvollen »maßlosen Kummer« in sich.[14] Was die Erwachsenen lediglich für Sorgen halten, ist in Wirklichkeit der unerklärliche Schmerz eines jungen Menschen, der leidet, aber nicht weiß, warum und wofür. Und das Schlimmste ist, dass man sich nicht vorstellen kann, dass dieser Schmerz jemals endet. Jeder kann sich nach Milena erinnern an diesen Schmerz der Jugend, »an das quälende Suchen nach einem Ausweg, nach Boden unter den Füßen, an das verzweifelte Mit-dem-Kopf-an-die-Wand-schlagen, an die inneren Konflikte, an die wahnsinnige Jagd nach einem undefinierten, undefinierbaren Etwas, an die durchwachten Nächte!« Wie ein junger Mensch diesen Schmerz verarbeitet, davon hängt für Milena das ganze spätere Leben ab.

Auch in der Schule suchte Milena nach Orientierung. Dabei war sie mit manchem unzufrieden. Das *Minerva* war zwar fortschrittlicher als andere Schulen, folgte aber immer noch den Lehrplänen, die von *K. k. Ministerium für Cultus und Unterricht* in Wien vorgeschrieben wurden. Schon Stefan Zweig hatte unter diesem Schulsystem gelitten. Die Schule erlebte er als einen »kalten Lernapparat«, die Unterrichtsstunden in den überfüllten und schlecht gelüfteten Klassenzimmern als »grauenhaft dürr und unlebendig«. Nie habe jemand danach gefragt, was eigentlich die Schüler interessierte. »Es war ein stumpfes, ödes Lernen«, so Zweig, »nicht um des Lebens willen, sondern um des Lernens willen, das uns diese alte Pädagogik aufzwang.«[15]

Diese Pädagogik wurde anscheinend im *Minerva* hauptsächlich von den männlichen Lehrkräften aufrechterhalten. Unter den Lehrern gab es nur einen, den Milena schätzte. Dagegen war sie von den Lehrerinnen fast durchweg begeistert, und geradezu verliebt war sie in die Lehrerin für Geschichte und Geografie Albina Honzáková. Honzáková war selbst Schülerin am *Minerva* gewesen und hatte als eine der ersten Frauen an der Universität studiert und einen Doktortitel erworben. Sie setzte sich öffentlich für die Rechte der Frauen ein und hielt sich nicht an Lehrpläne, sondern entwickelte neue Lernmethoden. Für Milena war das »Fräulein Doktor«, wie sie sie nannte, ein Vorbild, und sie hätte sie gern nicht nur als Lehrerin, sondern als Freundin gehabt.

Sie schrieb ihr mit lila Tinte gefühlsbetonte Briefe, auf die Honzáková eher nüchtern reagierte, und sie ermahnte Milena, in der Schule nicht zu vorwitzig und faul zu sein. Was für ihre Lehrerin Faulheit war, war für Milena allerdings »die Unlust, mich mit Dingen zu beschäftigen, die mich nicht interessieren«[16]. Als ziemlich vorwitzig dürfte es die verehrte Lehrerin empfunden haben, als Milena ihr in einem Brief schilderte, wie sie ein Mädchengymnasium einrichten würde, wenn sie groß wäre und viel Geld hätte. In dieser Schule würde man viel mehr auf Sauberkeit und Hygiene achten als im *Minerva*. Und vor allem ginge es darin nicht nur darum, die Mädchen mit einer »Menge an Stoff« zu überhäufen, sondern dieses Wissen danach zu befragen, was es für das Leben der Schülerinnen und für die Zeit, in der sie leben, bedeutet: »Diese meine Schule – ach, meine Schule würde gebildete, feste, gesunde, gehärtete Menschen in die Welt entlassen, die Lust an der Arbeit haben und Freude am Leben – und nicht einen Haufen vom Leben gelangweilte, verdrossene, unglückliche Greise.«[17]

Aus diesen Worten Milenas hört man die Stimme des Vaters, der ein gesundes, starkes junges Mädchen zur Tochter haben wollte. Heraushören kann man aber auch Milenas unbändige Vorfreude auf das Leben. »Ich erwartete«, so schrieb sie im Rückblick, »dass auf einmal, plötzlich, unversehens, das Leben beginnen würde. Ein Vorhang öffnet sich und nun kommt das Leben.«[18] Zu diesem Leben gehörte es auch, dass es nicht eingeengt ist durch Schule, durch väterliche Erziehungsideale oder durch die selbst auferlegte Verpflichtung, zu Hause eine todkranke Mutter zu pflegen. Dass diese Pflege sie überforderte und ihre Jugend beschwerte, konnte Milena nicht zugeben, denn sie hatte ihre Mutter ja, wie sie einmal sagt, »furchtbar gerne«[19]. Und doch hielt sie es manchmal nicht im Krankenzimmer aus. Einmal, als die Mutter schlief, schlich sie aus dem Zimmer, verließ die Wohnung und rannte die Treppen hinunter, um wenigstens eine halbe Stunde in den Straßen Prags herumzugehen. Als sie wieder zurückkam, schien die Mutter immer noch zu schlafen, aber dann sagte sie mit geschlossenen Augen: »Ich wundere mich gar nicht über dich, Mädchen. Auch ich würde fortlaufen, für ein Weilchen, wenn ich bloß könnte ...«[20]

Gegen den schier übermächtigen Vater sich zu wehren, war immerhin denkbar. Gegenüber einer schwerkranken Mutter, die man liebte, sein Recht auf ein eigenes Leben einzufordern, war ausgeschlossen. Ob Milena im Geheimen wünschte, von dieser Sorge erlöst zu werden? Wenn ja, dann wurde dieser Wunsch Anfang des Jahres 1913 erfüllt. Mit Milena Hejzlarová ging es zu Ende. Kein sanfter Tod war ihr vergönnt. Sie starb langsam und qualvoll. Als sie mit dem Tod kämpfte, waren Milena, ihr Vater und ein Arzt bei ihr. Ob es stimmt, was Milenas Tochter Jana später behauptete, dass Milena nämlich dem Arzt die Spritze aus der Hand schlug, als er der Sterbenden eine Injektion verabreichen wollte, lässt sich nicht mehr beweisen. Verstehen könnte man es. Milena Hejzlarová wurde auf dem Olschaner Friedhof beigesetzt, im gleichen Grab, in dem bereits ihr früh verstorbener Sohn Jeníček lag.

Über dem Bett der Mutter hing ein kleines Kreuz, das Milena nun an sich nahm und ihr Leben lang bei sich behielt. Besonders gläubig war sie nicht. Sie war manchmal in die Sankt-Vojtěch-Kirche gegangen, die nah bei ihrer Schule lag, um für ihre Mutter zu beten. Aber Gott gab ihr nicht die Hilfe, die sie jetzt brauchte. Was sie so sehnlichst vermisste, war jemand, mit dem sie so offen und vertraulich reden konnte wie mit ihrer Mutter. Ihr Vater kam nicht infrage. Der war zu beschäftigt. Jan Jesenský war inzwischen Professor, er hielt Vorlesungen an der Universität und arbeitete neben seiner Praxis in der Ambulanz der medizinischen Fakultät. Für seine Tochter hatte er nur wenig Zeit. Er erwartete von ihr, dass sie sich auf die Schule konzentriert, bald ihr Abitur macht und ihm ansonsten wenig Sorgen bereitet. Milena war jedoch kein kleines Mädchen mehr. Im August 1913 wurde sie siebzehn. Sie war »engelhaft schön«[21] und so sehr gewachsen, dass sie nur noch gekrümmt in der Schulbank sitzen konnte. Die Pflege ihrer Mutter hatte einen Großteil ihrer Kräfte gebunden. Energien, die jetzt frei waren.

Ihre Lehrerin Albina Honzáková wusste wohl nicht, wie sie damit umgehen sollte, dass Milena ganz offensichtlich in ihr einen Ersatz für die verstorbene Mutter sah. Persönliche Gespräche, um die Milena sie inständig bat, blockte sie meist ab. Nicht verhindern konnte sie allerdings, dass Milena ihr weiter vertrauliche Briefe schrieb. Was sie darin andeutete, hätte dem »Fräulein Doktor« Sorgen machen müssen. Denn Milena schien anzufangen, sich auszuprobieren – und das in jeder Hinsicht. Was sie im Nachhinein enttäuscht eine »alltägliche Geschichte«[22] nannte, war in Wahrheit eine Liebesgeschichte, die für sie sehr schmerzhaft endete. Dahinter steckt eine Affäre mit dem Sänger Heribert Vávra, die Milena sehr ernst nahm, aber für Vávra anscheinend nur ein Spiel war. Während sie »glücklich« war und an diese Liebe glaubte, hatte sich Vávra längst einer anderen Frau versprochen und Milena musste die Hochzeitsanzeige in der Zeitung lesen. Sie bereute ihre Gutgläubigkeit, zumal Vávra die Sache mit der verliebten Schülerin überall herumerzählte und nun in Prag über sie getratscht wurde.

Die Gerüchte über die Tochter des Professors Jesenský mehrten sich. Dem Maler Artuš Scheiner soll sie nackt Modell gestanden haben. Sie soll allein eine Nacht in einer verrufenen Absteige verbracht haben, nur um herauszufinden, wie es sich anfühlt, an diesem Ort der Sünde zu sein. Sogar auf dem Friedhof, hieß es, sei sie nachts gesehen worden, in männlicher Begleitung. Milena nährte solche Geschichten über sich, indem sie in der Öffentlichkeit sehr exzentrisch auftrat. Wenn sie mit ihren Freundinnen Jarmila und

Staša auf dem Graben spazieren ging, drehten sich die Leute nach ihnen um. Mit ihrem auffällig eleganten Gang, ihrem Lockenkopf und den blauen Augen war Milena ein Blickfang. Auch für den Schriftsteller Josef Kodiček waren die drei Freundinnen »sensationelle Erscheinungen«[23]. Diese jungen Frauen waren nicht mehr in ein Korsett geschnürt, waren nicht mehr mit Röcken und Jacken gepanzert wie mit einer Ritterrüstung und hatten nicht mehr mit Spangen und Kämmen ihr Haar zu einer strengen Frisur gebändigt. Milena und ihre Freundinnen trugen ihr Haar frei, und sie sahen aus wie Frauen auf einem Bild des Renaissance-Malers Botticelli, schlank und groß, ohne Strümpfe und mit einfachen Sandalen, in selbst entworfenen, bequemen Kleidern, deren Farben fließend ineinander übergingen, von Blau bis Lila und Violett.

In den Sommerferien 1914 war Milena wieder im *Hotel Prokop* auf dem Špičak im Böhmerwald. Sie saß nach einer langen Wanderung mit Freunden zusammen, als der alte Prokop mit ernstem Gesicht in das Zimmer trat und sagte, dass der Thronfolger Franz Ferdinand erschossen worden sei.[24] Die Nachricht platzte wie eine Bombe in die Runde, aber was genau passiert war und was das bedeutete, wusste keiner zu sagen. Zeitungen gab es nicht in diesem abgelegenen Winkel. Erst als der Zug, mit dem Milena nach Prag zurückfuhr, in Pilsen Halt machte, erfuhr sie Näheres von dem Attentat in Sarajewo. Und als der Zug dann langsam von den Hügeln hinab nach Prag rollte, meinte sie die Spannung zu spüren, die über der Stadt lag.

Einige Wochen später traf auch Franz Kafka mit dem Zug im Prager Bahnhof ein. Er kam aus Berlin, wo sich seine Verlobte Felice Bauer von ihm getrennt hatte. Auf den Bahnsteigen standen Soldaten mit ihren grauen Felduniformen, Frauen verabschiedeten sich von ihren Männern, Geschrei und patriotische Gesänge waren zu hören. Kafka hatte eigentlich geplant, nur kurz in Prag zu bleiben und dann »Mütterchen Prag«, seine ungeliebte Arbeit bei der Versicherungsgesellschaft und seinen despotischen Vater hinter sich zu lassen und nach Berlin überzusiedeln, um endlich von seiner Familie fortzukommen und ein eigenständiges Leben zu führen.

Dieser Plan war nun hinfällig. Die allgemeine Mobilmachung wurde ausgerufen und ohne Sondergenehmigung durfte niemand mehr das Land verlassen. In Prag fanden nun Umzüge statt, Extrablätter berichteten über erste Siege der österreichisch-ungarischen Armee, an den Häusern hingen Fahnen und die Schritte von marschierenden Soldaten hallten durch die Straßen. Am 2. August 1914 schrieb Kafka scheinbar unberührt von der drohenden Gefahr eines Weltkrieges in sein Tagebuch: »Deutschland hat Russland den Krieg erklärt. – Nachmittag Schwimmschule.« Der Krieg und alles, was er mit sich brachte, gingen an Kafka vorbei. Sein Leben hing von anderen Dingen ab. Er glaubte verloren zu sein, wenn er sich nicht in das Schreiben retten konnte. Schon bald begann er die ersten Sätze einer Geschichte zu schreiben, die damit anfing, dass ein gewisser K. verhaftet wurde, ohne dass er etwas Böses getan hatte.

Auch Milenas Leben wurde zunächst vom Krieg kaum berührt. Sie kämpfte einen eigenen Krieg, einen Krieg gegen den Vater, gegen Konventionen, einen Krieg für das Leben und gegen die eigenen Ängste. Gefangen in dem maßlosen und unerklärlichen Kummer ihrer Jugend, war ihr der Gedanke an Selbstmord immer ein tröstlicher, versteckter Ausweg gewesen – nur die Möglichkeit, nicht die wirkliche Tat. Nur Schwache würden wirklich in den selbst gewählten Tod fliehen, schrieb sie später, Kokette verführe er manchmal und Verlogene strafe er. Der Gedanke an diesen Ausweg sei jedoch für jeden jungen Menschen »notwendig«. Er verflüchtigt sich aber, wenn dieser Kummer nicht mehr endlos erscheint. In diesem Moment, wenn ein Jugendlicher versteht, dass sein Schmerz nicht endlos ist, hört die Jugend auf. Milena konnte später genau sagen, wann diese Erkenntnis sie wie ein Blitz getroffen hat: »Ich erinnere mich genau an die Stunde, als ich in der ersten, wirklichen, schmerzlichen Jugend aufhörte, jung zu sein. Es geschah nichts Seltsames und nichts Besonderes, es war nur ein Abend in blaugrauer Dämmerung am Fenster eines zweistöckigen Mietshauses, der Blick auf eine alltägliche, abgehärmte, trostlose Straße, und die Elektrischen rollten rechts, rollten links, grundlos eilig und unendlich komisch. Ich war weder glücklich noch unglücklich, mir war ganz gewöhnlich, ganz normal traurig zumute, wie sich jeder abends nach etwas sehnt, und niemand wird je enträtseln, wonach. Aber auf einmal wusste ich – erst später begriff ich die Bedeutung dieser Erkenntnis: Was mir auch im ganzen künftigen Leben geschehen mag, was auch immer, ich werde mir nie das Leben nehmen.«[25]

SKANDALE

»Ich mache genau das, was ich machen ›muss‹.«

»Es gibt Väter«, so beschreibt es die Psychoanalytikerin Alice Miller, »die ihre Kinder auf ihre Weise sehr lieben, sie beschützen, sie in ihre geistige Welt einführen möchten und so von dieser Idee besessen sind, dass sie sich, gerade weil sie ihr Kind als Erweiterung des eigenen Selbst erleben, kaum vorstellen können, dass diese Kinder die Welt anders sehen könnten als sie selber.« Wenn der Drang, ein eigenes Leben zu führen, bei einem Kind zu groß wird, so Miller weiter, dann werde es entweder psychisch krank oder es müsse sich entscheiden, »dem Vater wehzutun«.[1]

Nach dem Abitur, das sie im Mai 1915 ablegte, musste sich Milena entscheiden, wie es mit ihr weitergehen sollte. Ihr Vater hatte schon feste Vorstellungen vom weiteren Lebensweg seiner Tochter. Sie sollte Medizin studieren und einmal seine Praxis übernehmen. Diesen Plänen hatte Milena nichts entgegenzusetzen, wusste sie doch selbst nicht, was aus ihr werden sollte. Ihrer Lehrerin versprach sie, es in ihrem Leben einmal »sehr weit«[2] zu bringen. Aber was hieß das? Jarmila wollte Medizin studieren, Staša Philosophie. Und Milena?

Die Entscheidung ihrer Freundin Jarmila machte es Milena womöglich leichter, sich dem Wunsch des Vaters zu beugen. Sie schrieb sich ebenfalls an der Prager Universität für das Fach Medizin ein. Aber wollte sie das wirklich? War das ihr Weg? Das waren Fragen, auf die Milena nirgendwo Antworten fand. Und ihre Suche nach Antworten führte zu Hause nur zu »schrecklichen Szenen«. Jan Jesenský sah sich immer noch verantwortlich für die Erziehung seiner minderjährigen Tochter. Von daher war es ihm nicht egal, was Milena in ihrer Freizeit trieb. Dass sie sich mit Staša und Jarmila traf und die drei Freundinnen sich in ihren auffälligen Kleidern in der Stadt herumtrieben und in den *Lucerna Palast* zum Tanzen gingen, konnte Jan Jesenský noch hinnehmen. Vermutlich schrieb er das den schädlichen Einflüssen jener Kinofilme über Künstlerinnen wie Isadora Duncan oder Asta Nielson zu, die halbnackt und barfuß auf der Bühne Tänze wie den berüchtigten *Apachentanz* aufführten. Dass Milena jedoch nächtelang ausblieb und er nicht wusste, wo sie war, wollte Jan Jesenský nicht durchgehen lassen.

Außerdem bekam er Rechnungen von Einkäufen ins Haus, die Milena ohne sein Wissen gemacht hatte. Wenigstens hatte sie diese Sachen bezahlt oder vom Vater bezahlen lassen. Anders war es mit den Blumen, die sie einfach aus einem Park mitgenommen oder, richtiger gesagt, gestohlen hatte, weil sie, wie sie immer beteuerte, Blumen so liebe. Das waren kleine Untaten, die Jan Jesenský noch rechtzeitig ausbügeln konnte, bevor ein Skandal daraus wurde. Schwerer wog jedoch, dass in der Praxis Medikamente fehlten, Opiate und Tabletten mit berauschender Wirkung, und niemand anders als Milena konnte sie entwendet haben. Doktor Jesenský war auch zu Ohren gekommen, dass sie einen Freund hatte. Gegen diesen Jiři Foustka war nichts einzuwenden. Der junge Mann kam aus einer tschechischen Familie, studierte Medizin und wollte Zahnarzt werden. Mehr Sorgen machte es ihm, dass Milena neuerdings in Kaffeehäusern gesehen wurde, wo Leute verkehrten, die für Jan Jesenský ein rotes Tuch waren – jüdische Literaten, Tagträumer und Taugenichtse.

In der Tat hatte Milena unsichtbare Grenzen überschritten und gegen ungeschriebene Gesetze verstoßen. In Prag gab es viele Kaffeehäuser, das *Café Corso,* das *Café Wien*, das *Continental* oder das *Elektra*. Jedes dieser Häuser hatte ein bestimmtes Publikum, und es war eine ausgemachte Sache, dass sich das glamouröse und reiche Prag im *Corso* traf oder die Besucher des Nationaltheaters nach der Vorstellung in das *Elektra* gingen, wo man dann mit den Schauspielern an einem Tisch sitzen konnte. Ebenso selbstverständlich war es, dass ein Tscheche, der etwas auf sich hielt, nicht ins *Café Arco* ging, und junge tschechische Frauen hatten dort schon gar nichts verloren. Aber genau dorthin zog es Milena mit ihren Freundinnen.

Es waren größtenteils deutsche Juden, die sich in den verrauchten Räumen des *Arco* trafen und die man ein wenig spöttisch die »Arconauten« nannte. Sie waren ungeheuer belesen und kannten die Namen und Werke von Philosophen, Schriftstellern und Künstlern, von denen man in Prag noch nie etwas gehört hatte. Stundenlang wurde über neu erschienene Bücher geredet und gestritten oder über die Gedanken von Philosophen wie Sören Kierkegaard oder Blaise Pascal. Bevor er nach Berlin ging, hatte der junge Franz Werfel hier begeistert seine Gedichte vorgelesen. Und Willy Haas, der vor Jahren eine literarische Zeitung herausgegeben hatte und ein echter Kinofan war, erzählte von den neuesten Filmen aus Amerika. Der gut aussehende Haas war hocherfreut darüber, dass sich junge hübsche Tschechinnen in das *Arco* wagten. »Sie mochten uns deutsche Juden«, schrieb er in Erinnerung an diese Zeit, »vor allem, weil ihre Väter uns hassten und weil wir in der Tat interessanter waren als ihre oft etwas primitiven Kollegen an der Universität.«[3]

Milena hatte wirklich bald genug von ihrem Freund Jiři Foustka, der ihr zu bieder und rechthaberisch war. Wie aufregend waren dagegen die Gäste des *Café Arco*, vor allem wenn sie schon einen Namen hatten wie Otto Pick und Max Brod. Brod brachte manchmal auch seinen Freund Frank Kafka mit ins *Arco*, der saß dann allerdings still lächelnd in einer Ecke und ging bald wieder. Es wurde gemunkelt, dass er neben seinem Beruf zu Hause ganze Romane schreibe. Milena verstand nur wenig, wenn in den Diskussionen Deutsch gesprochen wurde. Dann musste sie sich an Gäste wie den jungen Johannes Urzidil wenden, der fließend Deutsch und Tschechisch sprach. Urzidil, der schon als Schüler Gedichte veröffentlicht hatte, verliebte sich in Milena, weil sie eine so blühende junge Frau war und so »gefühlsbetont und herzensklug«[4].

Anziehender als Urzidil fand Milena allerdings einen anderen Stammgast, der erst am späten Nachmittag ins Café kam, aber dann im Mittelpunkt stand und den Ton angab. Er hieß Ernst Polak und war bei der Prager Filiale der *Österreichischen Länderbank* angestellt. Seine eigentliche Welt war jedoch das *Café Arco*. Er war wie geboren für diesen Ort der geistigen Höhenflüge, der hitzigen Debatten und der gekonnten Selbstdarstellung. Polak schrieb zwar selbst keine Bücher oder Gedichte, er war sozusagen literarisch impotent. Aber als Kritiker und Kenner von Literatur und Philosophie war er unübertroffen. Wenn er redete, waren alle still und hörten gebannt zu.[5] An Wissen konnte ihn niemand überbieten, mit seinen messerscharfen und oft polemischen Kommentaren traf er immer ins Schwarze und seine Urteile und Ratschläge wurden von anerkannten Autoren gesucht. Kein Zweifel, Ernst Polak war der unbestrittene König der »Arconauten«, ja der ganzen Prager Literaturszene.

Dabei war er keine attraktive Erscheinung. Er war ein kleiner, unscheinbarer Mann, mit müden Augen und schlaffen Gesichtszügen, als untauglich vom Kriegsdienst befreit. Aber es umgab ihn eine besondere Aura, ein Zauber ging von ihm aus, dem sich anscheinend Frauen schwer entziehen konnten. Zahlreiche Affären wurden dem fast dreißigjährigen Junggesellen nachgesagt, und in jenem Sommer 1915, als Milena im *Arco* verkehrte, soll eine junge Medizinstudentin namens Amalie Kreidlová seine Geliebte gewesen sein.[6] Milena lernte sie an der Universität kennen, und Kreidlová war nicht amüsiert darüber, dass Milena von Polak schwärmte und er die hübsche Professorentochter für eine »erfrischende kleine Sensation«[7] hielt.

Viele der »Arconauten« wurden als Soldaten eingezogen. Aus den geschützten Räumen des Kaffeehauses, wo sie nur mit Worten gekämpft hatten, wurden sie in einen mörderischen Krieg geworfen, aus dem einige nicht mehr zurückkamen. Von der brutalen Realität des Krieges wurde auch Milena nicht verschont. Die anfängliche Euphorie in der Bevölkerung war verflogen, und in Prag konnte man nicht mehr die Augen verschließen vor den Opfern eines modernen Krieges, der mit jenen neuen technischen Mitteln geführt wurde, die man vor Jahren noch auf der großen Landesausstellung bewundert hatte. In den Straßen tauchten nun sogenannte Kriegszitterer auf, Invaliden, die vom Horror der Materialschlachten traumatisiert waren und von Anfällen geschüttelt wurden. In den Wartesälen der Bahnhöfe lagen Verwundete und die Krankenhäuser waren voll von verstümmelten Körpern.

Manche von ihnen hatten schreckliche Gesichtsverletzungen, und ihre ganze Hoffnung ruhte nun auf Ärzten wie Jan Jesenský, der als Experte für Kieferchirurgie solchen armen Teufeln wieder zu einem halbwegs menschlichen Aussehen verhelfen konnte. Milena erlebte es einmal mit, wie ihr Vater einen Soldaten mit einem zerschossenen Unterkiefer behandelte. Der junge Mann konnte nicht mehr sprechen, die einzigen Worte, die er mühsam und undeutlich hervorbrachte, waren: »Es tut weh.«[8] Für Jan Jesenský war die Operation eine Herausforderung an sein fachliches Können und er war mit dem Ergebnis durchaus zufrieden. Nur den Speichelfluss des Mannes konnte er nicht mehr regulieren, sodass er am Hals einen kleinen Beutel tragen musste. Der junge Soldat wurde in seine Heimat entlassen, doch wenig später kam von den Eltern die Nachricht, dass sich ihr Sohn am Heiligabend erschossen hatte.

Milena wurde bewusst, dass sie bisher in einem Elfenbeinturm gelebt hatte. Hart, vielleicht zu hart, ging sie später mit sich ins Gericht, als sie schrieb, dass sie als junge Frau bis zu den Erfahrungen im Weltkrieg eine Träumerin gewesen sei, die sich zwar in die seelischen Konflikte von Romanfiguren vertieft habe, aber für die realen Nöte von lebenden Menschen blind gewesen sei: »Das gewöhnliche Leben empfanden wir für unsere zarten Seelen als zu rau. Allem, was nach Schweiß, menschlicher Schinderei, ja überhaupt nach Menschen roch, gingen wir sorgfältig aus dem Weg.«[9] Milena las nun auch ganz andere Bücher, Bücher des französischen Autors Jules Romains, in denen es nicht um die Gefühle besonderer Menschen ging, sondern die von Fabrikarbeitern handelten, die auf der Straße für ihre Rechte kämpften und die von Polizisten niedergeknüppelt wurden.

Solche Bücher waren für Milena wie ein Schlag, der sie aus ihren Träumen riss. Ihr soziales Gewissen war geweckt. Und wie immer, wenn Milena von einer Sache überzeugt war, gab sie sich ihr mit Haut und Haaren hin. Wenn sie etwas alarmiere, so meinte sie bei einer anderen Gelegenheit, schmeiße sie immer »alle Vernunftgründe zum Teufel und mache genau das, was ich machen ›muss‹«.[10]

Milena war alarmiert. Der Krieg machte sich in erster Linie in der Not der Menschen bemerkbar. Lebensmittel wurden rationiert. Jeder bekam eine genau festgelegte Menge an Zucker,

Milch, Fett und Kaffee. Ein Laib Brot musste für eine Woche reichen und bestand zunehmend aus Kartoffelmehl, Eicheln und Sägemehl. Was Milena nun glaubte machen zu müssen, war, allen notleidenden Menschen zu helfen. Opfer von Milenas Mildtätigkeit war in erster Linie ihr Vater.

Jan Jesenský ging es gut, ja blendend. Seine Praxis in der Obstgasse war eine wahre Goldgrube. Er hatte viele reiche Patienten, und seine Tätigkeit an der Universität und die Behandlung von Kriegsopfern im eigens eingerichteten Lazarett sorgten für zusätzliche Einnahmen. Man kann es als Nachwirkung seiner entbehrungsreichen Kindheit und Jugend sehen, dass Jesenský sich jetzt, da er reich war, mit Dingen geradezu überhäufte. Die Speisekammern im Haus waren bis zum Rand gefüllt, seine Kleiderschränke waren voll von Anzügen und teuren Hemden und Schuhen und in seinem Schreibtisch verwahrte er eine große Anzahl von Goldmünzen für den Notfall.[11]

Für seine Tochter Milena war dieser Überfluss anscheinend verwerflich und auf alle Fälle entbehrlich. Ohne den Vater zu fragen, nahm sie sich aus der Speisekammer und den Kleiderschränken, was sie brauchte oder, richtiger, was andere brauchten. Wer immer ihr sein Leid klagte oder wem etwas fehlte, der konnte sicher sein, dass Milena half. Seife und Mehl verschenkte sie großzügig und auch vor den teuren Luxusartikeln machte sie nicht Halt. So kam es, dass wildfremde Menschen sich auf der Straße bei dem ahnungslosen Jan Jesenský bedankten. Und eines Tages entdeckte er an den Füßen eines seiner Studenten ein Paar seiner besten Socken. Seinerseits nun alarmiert, warnte Jesenský seine Tochter davor, sich nicht auch noch an den Goldmünzen in seinem Schreibtisch, die genau abgezählt seien, zu vergreifen. Ob seine Drohung half, weiß man nicht.

Für Jan Jesenský hatte seine Tochter sich in einen völlig anderen Menschen verwandelt. Noch vor kurzer Zeit war sie ein sanftes, gehorsames Mädchen gewesen, das verträumt auf dem Klavier spielte, in Büchern versank und keine Theateraufführung versäumte. Und jetzt hatte er es mit einem unberechenbaren Wildfang zu tun. Es gab Leute in Prag, die den Professor bedauerten, das Verhalten Milenas »unmöglich«[12] fanden und rätselten, was in sie gefahren war. Milena hielt nicht viel von Erklärungen und logisch war menschliches Verhalten für sie nur selten. Jenen zu geben, die Not litten, und von jenen zu nehmen, die mehr als genug hatten, war für sie die reine Selbstverständlichkeit. Darum dachte sie sich auch nichts dabei, als sie die Unterschrift des Vaters fälschte, aus Prager Geschäften Sachen mitnahm, ohne zu bezahlen, oder, wenn sie schon bezahlen musste, die Rechnung an den Vater schicken zu lassen. Jan Jesenský hatte freilich für diese Einstellung wenig Verständnis. Eines Tages war auch seine restliche Toleranz erschöpft, und er ließ eine Anzeige in die Zeitung setzen, in der er offiziell erklärte, dass er in Zukunft keine Rechnungen seiner Tochter mehr begleichen werde.

Jan Jesenský musste einsehen, dass er so gut wie keinen Einfluss mehr auf Milena hatte. Er musste es auch akzeptieren, dass sie ihr Medizinstudium abbrach. Die Hoffnung, dass sein einziges Kind in seine Fußstapfen treten würde, war somit hinfällig. Er konnte sich damit umso leichter abfinden, als Milena sich als völlig ungeeignet für den Arztberuf erwiesen hatte. Blut konnte sie nicht riechen und im Seziersaal wurde sie ohnmächtig. Abgesehen davon, hatte sie nie die nötige Disziplin für das Studium aufgebracht. Ein Kommilitone berichtete, dass sie sich selten in der Universität blicken ließ, sondern vormittags lieber auf Kosten ihres Vaters große Blumensträuße kaufte und dann mit ihren Freundinnen Staša und Jarmila auf dem Ferdinand-Boulevard promenierte. Als dieser Mitstudent sie auf dem Wenzelsplatz auf ihr Verhalten ansprach und ihr Vorwürfe machte, antwortete sie ihm nur: »Sie sind ein widerlicher Bursche!«, und sprang in die Straßenbahn.[13]

Jarmila studierte weiterhin Medizin, und Staša, die ein Jahr nach ihren Freundinnen ihr Abitur ablegte, wollte sich an der Universität für das Fach Philosophie einschreiben. Beide jungen Frauen hatten schon ernsthafte Männerbekanntschaften gemacht.[14] Jarmila hatte schon vor Jahren den Studenten Josef Reiner kennengelernt. Als ihr Vater durch einen anonymen Brief von dieser Verbindung erfuhr, bestrafte er sie mit Hausarrest und verbot ihr jedes weitere Treffen. Auf keinen Fall wollte er einen jüdischen Schwiegersohn haben. Jarmila hielt jedoch an dieser Liebe fest, schon allein, um aus dem verhassten Elternhaus wegzukommen. Stašas Verehrer Rudolf Klein war zwar kein Jude, aber von ihm war ihre Familie auch nicht begeistert. Er war Kabarettist und Liedermacher, also eine unsichere Existenz, bei dem man nicht wusste, ob er dauerhaft eine Familie ernähren konnte. Außerdem sollte Staša nach dem Willen ihres Vaters später in England studieren, was durch eine zu frühe Bindung verhindert worden wäre.

Bei den gemeinsamen Spaziergängen auf dem Corso sprachen die Frauen bestimmt auch darüber, was Milena nach dem abgebrochenen Studium machen wollte und wie es um ihr Liebesleben stand. Und Milena erzählte davon, wie sehr ihr dieser Ernst Polak aus dem *Arco* gefiel und dass der ihr schon ganz eindeutige Avancen gemacht hatte.

Ob Milena wirklich vorhatte, nach dem abgebrochenen Medizinstudium Musik zu studieren, wie es später behauptet wurde, ist fraglich. Mag sein, dass sie es nur behauptet hat, um den leidgeprüften Vater zu beruhigen, der nun befürchten musste, dass seine Tochter jeden Halt verlieren würde und sich nun völlig gehen ließ. Ein solcher Plan passt auch nicht in das Bild von Milena zu dieser Zeit. Wollte sie doch aus dem »Begeisterungsrausch kultureller Schönheit«[15] ausbrechen und ein Leben führen, das, wie sie einmal sagte, »der Erde sehr nahe wäre«[16]. Der Erde nahe zu sein, dass bedeutete, nicht mehr in den Gefühlswelten von Romanen und Opern zu schwelgen, sondern große Gefühle mit richtigen Menschen zu erleben. Und es bedeutete, sich von den väterlichen Abhängigkeiten und Erwartungen zu befreien.

Die Situation im Hause Jesenský spitzte sich so dramatisch zu, dass ein längeres Zusammenleben von Vater und Tochter undenkbar war. Dabei hasste Milena ihren Vater nicht, die beiden waren sich in mancher Hinsicht sogar sehr ähnlich. Milena konnte ebenso cholerisch, ebenso dickköpfig, ebenso exzessiv sein wie ihr Vater. Warum hielten sie es nicht miteinander aus? Für viele Außenstehende war dieses Paar ein Rätsel, und sogar für Milenas Tochter Jana war die Beziehung ihrer Mutter zu deren Vater »das Merkwürdigste, was ich in dieser Hinsicht jemals gesehen habe«[17]. Milena hat dieses merkwürdige Rätsel selber nicht lösen können. Alles, was sie dazu sagen wollte, hat sie einmal in einem Satz ausgedrückt, den man über ihr ganzes Leben stellen kann: »Ich liebe meinen Vater sehr, aber neben ihm leben kann ich nicht [...].«[18]

Jan Jesenský hat vermutlich gedacht, dass es mit Milena nicht mehr schlimmer kommen könne. Er hatte sich getäuscht. Gefälschte Unterschriften, Diebstähle, Drogen, Schulden, ein abgebrochenes Studium – all das hatte er noch irgendwie verkraften können. Und es blieb die Hoffnung, dass seine Tochter wieder vernünftig wird. Und nun das! Die ganze Stadt sprach schon davon, dass seine Tochter ein Verhältnis mit einem zehn Jahre älteren Mann hatte: einem Kaffeehausliteraten, einem kleinen Bankangestellten, der seine Freizeit im *Café Arco* totschlug und dort große Reden schwang, einem Mann, der berüchtigt dafür war, dass er junge Frauen verführte, einem – und das war das Schlimmste – Juden.

Ernst Polak

Jan Jesenský brauchte diesen Ernst Polak erst gar nicht kennenzulernen, er hasste ihn von vornherein. Dieses Verhältnis musste unbedingt beendet werden. Aber Milena schien völlig außer Rand und Band zu sein. Die Leute erzählten, dass sie samt Kleidern durch die Moldau geschwommen sei, weil sie rechtzeitig zu einem Rendezvous mit ihrem Geliebten auf eine Insel habe kommen wollen.

Milena wurde erst mit einundzwanzig Jahren volljährig. Solange sie dieses Alter nicht erreicht hatte, war ihr Vater ihr Erziehungsberechtigter. Jan Jesenský sah es als seine väterliche Pflicht an, einzuschreiten. Er wollte Milena wieder zur Vernunft bringen, er musste sie davor schützen, sich ins Unglück zu stürzen. Denn es lag für ihn auf der Hand, dass dieser Kaffeehausjude nur ein kurzes erotisches Abenteuer suchte und ihr den Laufpass geben würde, sobald er von ihr genug hatte.

Im Hause Jesenský muss es wieder »schreckliche Szenen« gegeben haben. Jan Jesenský redete auf seine Tochter ein, doch die blieb völlig verbohrt, redete vermutlich sogar von »großer Liebe« und »Heirat«. Jesenský hielt es für das Beste, Milena dem Einfluss Polaks eine Zeit lang zu entziehen. Im Sommer 1916 schickte er sie auf den Spičak, in das *Hotel Prokop*, damit sie sich erholte und auf langen Spaziergängen wieder auf andere Gedanken kam. Er wusste nicht, dass auch Ernst Polak auf dem Weg dorthin war, in das benachbarte *Hotel Rixi*, das vornehmlich von deutschen Gästen bewohnt wurde. Max Brod und einige seiner Schriftstellerfreunde trafen sich dort, um einen Band tschechischer Gedichte zusammenzustellen. Polak war als Experte zu den Gesprächen eingeladen. Wie zu erwarten, dauerte es nicht lange, bis Milena davon erfuhr und sich nachts dunkle Gestalten von einem Hotel zum anderen schlichen. Wilma Lövenbach, eine Freundin Milenas, die auch zur Gruppe im *Hotel Rixi* gehörte, erzählte, wie eines Morgens Milena barfuß und mit einem riesigen Blumenstrauß in ihr Zimmer kam, auf ihr Bett sprang und aufgeregt flüsterte, dass sie die Nacht mit Ernst verbracht habe.[19]

So verschwenderisch Milena in ihrer Hilfsbereitschaft war, so verschwenderisch war sie auch in ihren Gefühlen und ihrer Liebe. Für Willy Hass, der sie aus dem *Arco* kannte, war sie »wie eine Aristokratin aus dem sechzehnten oder siebzehnten Jahrhundert«, wie eine Figur aus den Romanen des französischen Schriftstellers Stendhal: »Leidenschaftlich, kühn, kalt und klug in ihren Entschlüssen, aber bedenkenlos in der Wahl ihrer Mittel, wenn es sich um eine Forderung ihrer Leidenschaft handelte – und um eine solche handelte es sich in ihrer Jugend wohl fast immer. Als Freund war sie unerschöpflich, unerschöpflich an Güte, unerschöpflich an

Hilfsmitteln, von denen oft rätselhaft blieb, woher sie kamen, unerschöpflich aber auch in ihren Ansprüchen an Freunde, was sowohl ihr als auch ihren Freunden nur selbstverständlich war; und als Geliebte – nun, davon müssten die wenigen Männer sprechen, die es wissen mussten.«[20]

LIEBESWAHN

»Zwei Menschen sollten nur heiraten,
weil sie nicht anders können.«

War Jan Jesenský wirklich nur der hartherzige Vater, der ehrgeizige Karrierist, der verbohrte Nationalist und unverbesserliche Antisemit, als der er in vielen Darstellungen erscheint? Und war Ernst Polak ein wichtigtuerischer Blender, ein verantwortungsloser Herzensbrecher, ein »herrschsüchtiger«[1] Selbstdarsteller und Lebemann? Beide Männer sind lange tot. Sie können sich nicht mehr wehren, können keinen Einspruch mehr erheben. Sie sind dem Urteil der Nachwelt ausgeliefert, besonders dem Urteil eines Biografen, der über sie schreibt. Und dieser Biograf hat oft nur einige Selbstaussagen und die Zeugnisse von Zeitgenossen in der Hand, aus denen sich in den seltensten Fällen ein ganzes Bild erstellen lässt. Die Lücken muss er füllen mit Vermutungen, Wahrscheinlichkeiten, Interpretationen, in die, fast unvermeidbar, unbewusst die eigenen Erfahrungen und Maßstäbe hineinspielen. Leicht ergibt sich so das Bild eines Menschen, das von Vorurteilen entstellt ist. Der Wirklichkeit näher kommen kann man sicher, wenn man offen lässt, ob eine Person doch ganz anders war. Vielleicht war Jan Jesenský im Grunde ein aufrichtiger und warmherziger Charakter? Vielleicht war Ernst Polak ein sehr verletzbarer, treuer und liebenswürdiger Mensch?

Geboren wurde Ernst Polak[2] 1886 in Jíčin, einer Kleinstadt nordöstlich von Prag. Sein Vater, der mit Edelsteinen handelte, zog mit seiner Familie 1897 in die böhmische Hauptstadt, wo der junge Ernst, der von Hause aus Deutsch und Tschechisch sprach, eine Handelsschule besuchte und auf einen Beruf in der Wirtschaft vorbereitet wurde. Mit neunzehn Jahren trat er in die Prager Filiale der *Österreichischen Länderbank* ein, in der seine Sprachkenntnisse in Englisch und Französisch gefragt waren. Zweifellos war für Polak diese Beschäftigung ein notwendiger und wohl ungeliebter Brotberuf. Seine wahre Leidenschaft galt der Kunst und Literatur, und schon früh fand er den Weg in die Prager Cafés, wo er diese Leidenschaft ausleben konnte. Dazu brauchte Polak Gemeinschaft, er brauchte Publikum. Er war beliebt, zu Freunden sehr warmherzig, fast väterlich, immer großzügig, und es umgab ihn das Flair eines Mannes, dessen Horizont weit über die kleine Welt Prags hinausging. Vor allem aber war er äußerst eloquent, und seine große Begabung bestand darin, dass er die Schwächen und Stärken von literarischen Texten schnell und genau erkennen und benennen konnte. Für viele seiner Freunde, die namhafte Schriftsteller wurden, wie Franz Werfel und Hermann Broch, war er ein unverzichtbarer Ratgeber und Kritiker. Diese Bedeutung für andere war für Polak umso wichtiger, als er damit eine eigene Schwäche ausgleichen oder überdecken konnte, seine Unfähigkeit nämlich, sich schriftlich auszudrücken.

Wie sehr er unter diesem Unvermögen litt, hat er in vertraulichen Briefen und in einem privaten Notizbuch eingestanden. Dort finden sich auch Eintragungen, die zeigen, wie unsicher und wenig selbstbewusst Polak im Grunde war. Einmal nennt er sich sogar einen »Selbsthasser«[3], was man so verstehen kann, dass er oft nach außen hin eine Rolle spielte, die ihm selbst zuwider war. Zu dieser Rolle gehörte es auch, dass Polak im Café des Öfteren ans Telefon gerufen wurde, was für die anderen Gäste nur ein weiterer Beweis dafür war, wie gefragt dieser Mann war.

Franz Kafka, der stille Beobachter dieser Szene, vermutete, dass am anderen Ende jemand saß, der den Auftrag hatte, Polak von Zeit zu Zeit anzurufen.[4] Wenn das zutrifft, dann war Polak natürlich selbstkritisch und klug genug, diese Selbstinszenierungen zu durchschauen. Darauf verzichten konnte er nicht, ebenso wenig, wie er seine Schreibhemmungen überwinden konnte. Vielleicht hatte sein Freund Hans Gerke recht, wenn er meinte, dass gerade Polaks überragendes Wissen und seine Fähigkeit, Sachverhalte bis in die letzte Faser zu zergliedern, der Grund dafür waren, warum er nicht kreativ sein konnte.[5] Ein zu scharfer Verstand als Hindernis für eigene schöpferische Leistung? Dieser mögliche Befund wird bestärkt durch eine Bemerkung, die Polak in sein Notizbuch schrieb und die vielleicht sein ganzes Dilemma ausdrückt: »Gescheit, gescheiter, gescheitert.«[6]

Ernst Polaks Wohnung lag am Moldauufer, gegenüber der Sofieninsel. Von der Küche aus hatte man einen Blick über den Fluss auf die Prager Burg, wo zu dieser Zeit Franz Kafka in der Alchimistengasse viele Stunden in einem winzigen Häuschen, das seiner Schwester Ottla gehörte, verbrachte und in seine Wachstuchhefte schrieb. Dieses Einsiedlerleben war das Gegenteil von dem, was sich in Polaks Wohnung abspielte. Hier traf man sich, es wurde auf dem Klavier gespielt, getanzt, gesungen und getrunken. Milena hatte inzwischen einen Schlüssel zu Ernsts Wohnung. Sie konnte nun kommen und gehen, wann sie wollte. Zu Hause, bei ihrem Vater, vor dem Milena ihr anderes Leben, so gut es ging, verbergen musste, war sie nur selten.

Ihr neues, eigentliches Zuhause war die Junggesellenwohnung an der Moldau, die sie nach ihrem Geschmack schöner machen und damit Ernst eine Freude bereiten wollte. Sie stahl Blumen aus dem Stromovka Park und schmückte die Wohnung damit. Polak, der nach der Arbeit in der Bank nach Hause kam, bemerkte die Veränderung nicht einmal. Er war ein Mann des Wortes, der geistigen Auseinandersetzung, der eine Schwäche hatte für schöne Frauen, aber keinen Sinn für Blumen. Auch für Milenas Naturbegeisterung hatte er kein Verständnis. Nur widerwillig und mit ironischen Bemerkungen über ihre romantische Ader ließ er sich von Milena an einem frühen Morgen vor die Stadt locken, um auf einen Hügel zu steigen und den Sonnenaufgang zu beobachten.[7] Polak war ein Stadtmensch, der sich in den verrauchten Räumen von Kaffeehäusern wohler fühlte als in der freien Natur.

Trotz aller Unterschiede waren die beiden ein Liebespaar, wobei Polaks Gefühle mehr der Bewunderung für Milenas Schönheit, Vitalität und Klugheit entsprangen, und natürlich war es für ihn auch schmeichelhaft und ein gewisser Triumph, die hübsche Tochter eines tschechischen Professors, der Juden hasste, erobert zu haben. »M. ist prachtvoll wie immer, lernt angestrengt Deutsch«, schrieb Polak an seinen Freund Willy Haas.[8] Milenas Liebe dagegen war stürmisch – so stürmisch, dass man manchmal den Eindruck hat, als ob ihre angestauten Energien sich endlich auf ein Ziel hin entladen konnten, als ob sie glaubte, dass das ersehnte Leben, das ihrer Vorstellung nach hinter einem Vorhang auf sie wartete, nun mit Polak beginnen würde. Sicher verband sie mit Polak auch die Hoffnung, vom Vater loszukommen. Darüber hinaus muss Polak etwas an sich gehabt haben, was sie geradezu fesselte. Max Brod gestand sie, dass Polak sie »in einer Art Bann«[9] halte. Und Milena wusste, dass dies nicht nur für sie, sondern auch für andere Frauen zutraf.

Es gibt starke Hinweise darauf, dass Polak in der ganzen Zeit mit Milena nie auf Affären mit anderen Frauen verzichtet hat. Dass er ihr »hundertmal im Jahr« untreu sei, wie Milena es behauptete, ist sicher nicht wörtlich zu nehmen, sagt aber viel aus über Polaks Lebensphilosophie, wonach Treue und die alleinige

Bindung an eine Frau Relikte einer veralteten Moral waren. Milena akzeptierte die neue Moral ihres Geliebten, betrachtete sie womöglich als Teil eines freieren Lebens, war sie doch selbst überzeugt davon, dass das echte Leben nicht auf den »geölten Gleisen« einer bürgerlichen Moral verläuft. »*Das* ist die Welt«, schrieb sie in einem ihrer Artikel, »unsere wahrhafte, lebendige Welt, das Leben, das tiefer ist als Moral, Glauben und Zufall.«[10] Auch Polaks Untreue gehörte zum »Bann«, dem sich Milena nicht entziehen konnte. Ob sie sich damit abfinden konnte, ist eine andere Frage.

In der ersten Zeit ihrer Liebe hatte Milena jedenfalls noch die Hoffnung, Polak ganz für sich gewinnen zu können. Die äußeren Umstände verhinderten, dass die Beziehung weiterhin verheimlicht werden konnte und unverbindlich blieb. Im Herbst 1916 kam es zu einer »furchtbaren Krise«[11]. Was genau geschah, lässt sich nicht mehr eindeutig nachzeichnen. Worauf man sich einzig stützen kann, sind die Briefe, die Ernst Polak an seinen Freund Willy Haas, der als Leutnant im Krieg war, schrieb und in denen er oft nur andeutungsweise von den Ereignissen berichtete. Fest steht, dass Jan Jesenský herausbekam, was seine Tochter hinter seinem Rücken trieb, und er wollte dieser unmöglichen Liebe ein Ende bereiten. Ernst Polak war gezwungen, Stellung zu beziehen. Er traf sich mit Jesenský, um in einer sachlichen Weise zu besprechen, wie es mit ihm und Milena weitergehen könnte. Er scheint bereit gewesen zu sein, sich offen zu Milena zu bekennen, eine gemeinsame Wohnung zu beziehen, sie, wenn der Vater es verlangte, zu heiraten. Allerdings irrte er sich gewaltig, wenn er glaubte, mit Jesenský ein Gespräch von Mann zu Mann führen zu können. Der Professor empfand es schon als Zumutung, überhaupt mit diesem jüdischen »Bankschreiberling«[12] reden zu müssen. Nicht nur wies er alle Vorschläge Polaks barsch zurück und verlangte die sofortige Trennung, er sorgte auch dafür, dass sich in Prag überall herumsprach, wer seine Tochter auf unverantwortliche Weise verführt hatte. »Ich war verletzt, öffentlich, nach offizieller Aussprache mit dem Vater«, schrieb Polak merklich gedemütigt an Willy Haas.[13] Nach dieser Abfuhr und Kränkung ging Polak auf Distanz zu Milena, erwog offenbar sogar, sich wirklich von ihr zu trennen. Andererseits beteuerte er Haas, dass seine Gefühle für sie »nicht schwächer« seien und noch Hoffnung bestehe, zumal Milena in ihrem jetzigen Zustand eine Trennung nicht verkraften würde. »M. leidet Unsagbares«, schrieb er, »und mir geht es sehr schlecht. Was wird, weiß ich nicht, jetzt kann ich nicht heiraten.«[14]

Milena war verzweifelt, und sie war nahe daran, ihrem Vorsatz, sich nie das Leben zu nehmen, untreu zu werden. Den Herbst 1916 erlebte sie in einem Chaos der Gefühle. Dass nicht nur in ihrem persönlichen Leben eine radikale Veränderung vor sich ging, sondern die Welt um sie herum im Umbruch war, nahm sie wohl nur am Rande wahr. Am 21. November 1916 starb der Kaiser Franz Joseph I. Unfassbare achtundsechzig Jahre lang hatte er den Vielvölkerstaat Österreich-Ungarn regiert und für viele seiner Untertanen ging mit dem Tod des Kaisers eine Welt zugrunde. Noch dazu war nun auch dem Letzten klar geworden, dass dieser Weltkrieg nicht mit einem grandiosen Sieg Österreichs und seiner Alliierten enden würde. Die Versorgungslage war katastrophal und die Niederlagen der Armee ließen sich nicht mehr verheimlichen. Ströme von osteuropäischen Juden aus den vom Feind eroberten Gebieten suchten in Prag Zuflucht. Die Hoffnung der tschechischen Bevölkerung, endlich vom Joch der Habsburger Herrschaft befreit zu werden, erhielt neuen Auftrieb. Schon zu Beginn des Krieges hatten sich die führenden Köpfe des tschechischen Widerstands wie der Philosophieprofessor Thomáš Garrigue Masaryk ins Ausland abgesetzt und planten von dort die Errichtung eines unabhängigen Staates der Tschechen und Slowaken.

All diese politischen Vorgänge sollten sich auf Milenas Leben noch entscheidend auswirken. Jetzt aber, zu Beginn des Jahres 1917, traten sie, angesichts ihres persönlichen Dramas, in den Hintergrund. Ernst Polak deutet in einem Brief an Haas noch eine weitere, scheinbar unüberwindliche Schwierigkeit an, über die er nicht reden wollte, nach der der Freund auch nicht fragen sollte. Wahrscheinlich wagte er nicht zu erwähnen, dass Milena schwanger war. Die ohnehin schon verfahrene Situation drohte zur Katastrophe zu werden. Ohne Zustimmung des Vaters durfte die noch immer minderjährige Milena nicht heiraten. Und mit einem unehelichen Kind in Prag zu leben, war für sie und Polak undenkbar.

Ein gewollter Abbruch der Schwangerschaft war nach den Gesetzen des österreichischen Staates strafbar, musste also illegal und im Geheimen durchgeführt werden. Die Gefahr, an einen Pfuscher zu geraten, war groß. Ob Milena aus diesem Grund ihren Vater um Hilfe bat und ob der sie an eine geeignete Adresse vermittelte, lässt sich nicht mehr sagen. Jedenfalls erzählte Milena ihrer Tochter Jana zwanzig Jahre später, dass ihr Vater bei dem Eingriff dabei war, ihre Hand hielt und sie beruhigte.[15] Jan Jesenskýs Hilfe dürfte nicht ganz uneigennützig gewesen sein. Für ihn, der so stolz war auf seinen tschechischen Stammbaum, wäre ein halbjüdisches Enkelkind ein schwerer Schlag gewesen.

Jan Jesenský hatte sicher erwartet, dass Milena nach diesem gravierenden Erlebnis von ihrem Liebeswahn geheilt wäre. Es muss für ihn völlig unverständlich und höchst ärgerlich gewesen sein, dass Polak und Milena weiterhin aneinander festhielten und von einer gemeinsamen Zukunft sprachen. Seine erste Reaktion scheint gewesen zu sein, Milena unter Hausarrest zu stellen. Dass Polak daraufhin die Stirn hatte, ihn um seine Einwilligung zu einer Heirat zu bitten, und ihm vorschlug, Milena sofort »aus dem Haus« zu nehmen, konnte er nur als eine bodenlose Frechheit betrachten. Seine Antwort war natürlich ein »glattes Nein«.[16] Darüber hinaus muss er Polak auf eine Weise behandelt haben, die für diesen zutiefst erniedrigend war und ihn zwang, etwas zu tun, was eigentlich nicht zu ihm passte. Er, der sich nach eigener Aussage immer von den Umständen treiben ließ und nie selbst Initiative ergriff, forderte vom Professor Genugtuung, mit anderen Worten, er forderte ihn zum Duell, mit Pistolen. Das war zu dieser Zeit schon eine sehr veraltete und auch verbotene Form, Streitigkeiten unter Männern auszutragen. Als es das letzte Mal in Prag zu einem Duell gekommen war, soll Jan Jesenský daran beteiligt gewesen sein. Er war also erfahren und Polak körperlich weit überlegen. Kein Wunder, dass dieser dem blutigen Zweikampf wenig zuversichtlich entgegensah. An Willy Haas schrieb er: »Prof. J., der selbstverständlich auf Säbel bestehen würde, wäre für mich ein furchtbarer Gegner.«[17]

Es kam nicht so weit. Auf die förmliche Herausforderung Polaks antwortete Jesenský schlicht und herablassend, dass er sich mit ihm nicht schlage. Polak nahm seine Forderung »kühl und korrekt« zurück und teilte dem Professor schriftlich mit, dass seine »eingeweihten Vertreter« jederzeit bereit wären, die Verhandlungen zu einem Duell wieder aufzunehmen. Jesenský dachte offenbar keine Sekunde daran, sich darauf einzulassen, hätte das doch bedeutet, Polak als gleichwertigen Gegner anzuerkennen. Er hatte längst andere Pläne und eine Aktion vorbereitet und eingeleitet, von der dann Polak und wohl auch Milena völlig überrumpelt wurden. »Lieber Willy, es ist zur Katastrophe gekommen«, schrieb Polak an seinen Freund.[18] Was war geschehen?

Jan Jesenský sah keine andere Möglichkeit mehr, als seine Tochter aus dem Verkehr zu ziehen. Unterstützung erhielt er dabei von seinem Kollegen Dr. Procházka, dem Vater von Milenas Freundin Staša. Der stellte ein Attest aus, mit dem Milena eine ganze

Reihe von Krankheiten und Störungen bescheinigt wurde, von »Paralyse« bis »Paranoia« und »Melancholie«.[19] Die entscheidende Diagnose lautete *»moral insanity«*, ein schwammiger Begriff, mit dem einer Person ein krankhaftes moralisches Empfinden nachgewiesen werden sollte, um sie als unzurechnungsfähig zu erklären. Auch bei dem jungen Hermann Hesse hatten die Ärzte »moralischen Schwachsinn« festgestellt, woraufhin er in eine Irrenanstalt gesteckt worden war. Milena Jesenská erging es nicht anders. Am 20. Juni 1917 wurde sie von ihrem Vater und dessen Schwester in ein Auto verfrachtet und in die psychiatrische Klinik *Veneslavín* im gleichnamigen Dorf östlich von Prag gebracht. Ihre Freundin Staša hatte anscheinend Wind bekommen von der unrühmlichen Rolle ihres Vaters bei diesem Coup und wollte Milena oder Polak noch warnen. Bevor sie jedoch etwas verraten konnte, wurde sie auf dem Gutshof der Familie in Libšic eingesperrt.

Die Klinik *Veleslavín* war ein barockes Landschlösschen mit villenartigen Nebenhäusern am Rande von Prag. Die schöne Lage im Grünen und die herrschaftlichen Gebäude konnten leicht darüber hinwegtäuschen, dass es in dieser Anstalt oft sehr unmenschlich zuging. Milena war, wie Polak in einem Brief schrieb, »eine Gefangene«[20]. Sie wurde gegen ihren Willen festgehalten in einem Raum mit Guckloch. Bücher zu lesen, war ihr gestattet, aber außerhalb ihrer Zelle durfte sie nicht mit Patienten reden. Sie tat es doch und wurde zur Strafe wieder in ihr Zimmer gesperrt. An Max Brod, der sie um Auskunft bat über einen Freund, der zur gleichen Zeit in *Veleslavín* war, schrieb sie: »Nur ist die Psychiatrie eine entsetzliche Sache, wenn sie missbraucht wird, normal kann alles sein und jedes Wort ist neue Waffe für die Quäler.«[21]

Am 18. August 1917 wurde Milena einundzwanzig Jahre alt und damit volljährig. Ihr Vater konnte nun nicht mehr über sie bestimmen, und die einzige Möglichkeit, sie weiterhin in *Veleslavín*

Kurz vor der Hochzeit
mit Polak

fest- und damit von Polak fernzuhalten, war, sie für verrückt zu erklären. Dass sie nicht verrückt war, müssten die Ärzte eigentlich bemerkt haben. Für eine junge Krankenschwester jedenfalls war Milena normal. Sie war von Milenas romantischem Liebesschicksal so gerührt, dass sie ihr half und ihr den Schlüssel zum Garten gab, wo geheime Treffen mit Polak arrangiert werden konnten.

Polak hat sich sicher manchmal gewünscht, er hätte sich nie auf diese Liebesgeschichte eingelassen. Von dem, was an Problemen und Sorgen auf ihn einstürzte, war er zeitweise überfordert. Er war nicht gesund, musste sich sogar in dieser Zeit einer Operation unterziehen. Und schließlich war er in einen Beruf eingespannt, und die Freunde im *Arco* wollte er nicht vernachlässigen. Es spricht aber für ihn, dass er wirklich um Milena kämpfte. Er studierte Gesetzestexte, um eventuell gegen Jan Jesenský einen Prozess zu führen. Er musste Geld auftreiben, um Milenas immense Schulden zu bezahlen. Und er musste sich mit Milenas Freundinnen wie Jarmila und Alice Gerstel herumschlagen, die seiner Treue nicht recht trauten. Offenbar stimmt es wirklich, dass diese und andere Frauen vor seinem Haus Wache hielten, um zu kontrollieren, ob ihn während Milenas Abwesenheit keine Verehrerinnen besuchten. »Wenn ich früher 40 war – bin ich jetzt 60«, klagte er Willy Haas. »Ich freue mich, mit Ihnen zu sprechen, denn ich habe es – außer mit M. – mit lauter Weibern zu tun.«[22]

Das war ein Kompliment an Milena, deren Haltung in dieser schwierigen Lage er bewunderte. Ob es allerdings klug von ihr war, einer Mitpatientin Schmuck zu stehlen, um ihm beim Abtragen ihres Schuldenbergs zu helfen, wird auch Polak bezweifelt haben. Solche Taten konnten als Beweis dafür benutzt werden, dass sie wirklich unzurechnungsfähig war. Auf Dauer konnte man Milena jedoch nicht in *Veleslavín* behalten. Zu offensichtlich war, dass es keine medizinischen Gründe gab, um sie weiterhin einzusperren. Irgendwann Anfang des Jahres 1918 muss das auch Jan Jesenský eingesehen haben. Er gab seine Tochter frei, allerdings unter Bedingungen: Das Paar musste Prag verlassen, und vor der Heirat durften sie sich nur bei Jesenskýs Schwester, Milenas Tante Mařena Foerstrová, sehen.

Am 7. März 1918 wurde Milena Jesenská aus *Veleslavín* entlassen. Fünf Tage vorher hatte Willy Haas einen gemeinsamen Brief von Milena und Polak erhalten: »Lieber Willy, wir heiraten: und aller Voraussicht nach am 14. Dann fahren wir nach Wien. Könnten Sie hier sein – es wäre für uns sehr schön. Wir beide können uns kaum einen anderen Trauzeugen denken.«[23] Ob sich Willy Haas tatsächlich von seiner Truppe entfernen durfte, um in Prag als Trauzeuge zu fungieren, weiß man nicht. Wenn ja, dürfte die Zeremonie in einem sehr kleinen Kreis stattgefunden haben. Jan Jesenský gehörte sicher nicht dazu.

Milena hat ziemlich genau fünf Jahre nach ihrer Heirat in Prag ihre Gedanken zur Ehe niedergeschrieben. Dabei hat sie die damals anscheinend recht aktuelle, ein wenig modische Frage, warum so viele Ehen unglücklich seien, umgedreht und gefragt: »Warum sollten sie glücklich sein?« Sie betrachtete es als einen grotesken Irrtum, wenn »zwei Menschenkinder« erwarteten, dass unversehens das Glück einkehrt, nur weil sie nun zu zweit sind: »Wenn zwei Menschen heiraten und meinen, das deshalb zu tun, um gemeinsam glücklich zu sein, haben sie sich von vorneherein die Möglichkeit zum Glück genommen und verschlossen. Um des Glücks willen zu heiraten, ist geradeso eigennützig, wie wegen zwei Millionen, eines Autos oder eines Adelstitels zu heiraten, denn das Glück reicht zum Glück geradeso wenig wie die zwei Millionen, das Auto oder der Adelstitel. Wenn sich etwas auf der Welt rächt, sind es Berechnungen und Ziffern in seelischen Angelegenheiten. Zwei Menschen sollten nur einen einzigen vernünftigen Grund zum Heiraten haben, und zwar den, dass sie nicht anders können, als zu heiraten. Dass sie einfach ohne einander nicht leben können. […] Es ist fast unmöglich, dass zwei Menschen vor der Hochzeit auch nur ahnen, wer sie sind und wen sie heiraten. Wenn sie alle ihre Taten, ihre Ideen, Leidenschaften, Überzeugungen, Anschauungen und Glaubensgrundsätze kennen, so kennen sie noch nicht ihre Strümpfe, ihre verschlafenen Augen, ihre Art, beim morgendlichen Zähneputzen zu gurgeln, und ihr Gebaren, wenn sie einem Kellner Trinkgeld geben – denn in der Tiefe kann ein Mensch den anderen täuschen, aber an der Oberfläche erkennt man ihn.«[24] Sätze Milenas nach fünf Jahren Ehe.

Mitte März verließ das frisch vermählte Paar Prag in Richtung Wien. Aus eigenem Antrieb hätte Ernst Polak wahrscheinlich Prag nicht verlassen. Aber es war ihm nur recht, dass er nun gezwungenermaßen nach Wien umziehen musste. In Wien gab es berühmte Kaffeehäuser und außerdem glich Prag einer untergehenden Stadt. Fast täglich gab es Massendemonstrationen gegen die Versorgungslage. Der Hass zwischen den Nationalitäten wurde durch die Not angeheizt. Die Polizei konnte den Schlägereien zwischen Deutschen und Tschechen nur noch hilflos zusehen. Straßenbahnen fuhren nicht mehr, Kohle war knapp, die Menschen saßen in unbeheizten Wohnungen, Gastwirten wurden die Fenster eingeworfen, weil sie ihren Gästen nichts mehr anbieten konnten.

Ernst Polak war zweiunddreißig Jahre alt, Milena einundzwanzig. Polak hatte es seinem großzügigen Arbeitgeber zu verdanken, dass er in Wien weiterhin für die *Österreichische Länderbank* arbeiten konnte. Man hatte ihm eine Stelle als Devisenhändler verschafft. Durch die Eheschließung bekam er nun ein wesentlich höheres Gehalt. Er dachte allerdings nicht daran, seine junge Ehefrau daran teilhaben zu lassen. Zu seiner Auffassung von Ehe gehörte es, dass seine Frau für sich selber sorgen sollte. Immerhin konnte Milena mit der Hilfe ihres Vaters rechnen. Jan Jesenský ließ seine Tochter keineswegs fallen, jedenfalls nicht finanziell. Er hatte ihr eine Mitgift zugesagt und Unterstützung beim Einrichten einer Wohnung. Während Polak beruflich und finanziell abgesichert war und einige seiner besten Freunde schon in Wien auf ihn warteten, hatte Milena keine Ausbildung, keinen Beruf, sie kannte keinen Menschen in Wien und sprach dazu noch schlecht Deutsch. Wie es war, als sie in der österreichischen Hauptstadt ankamen, hat Milena in einem Brief geschildert: »Als ich nach Wien kam, war ich ein kleines Mädel, konnte kein Wort Deutsch und hatte keinen Heller. Polak ließ mich in der fremden Stadt alleine […] – und ging zu seiner Freundin.«[25]

VOM KAFFEEHAUS IN DIE STRASSEN WIENS

»Es gibt Menschen, denen das Leben nichts anhaben kann.«

Wien ist für Milena, die jetzt Milena Polak heißt, ein völliger Neuanfang. Ihr bisheriges Leben lässt sie hinter sich – ihre Familie, ihre Freundinnen Staša und Jarmila, das Haus, in dem sie aufgewachsen ist, die vertrauten Straßen und Plätze, die Kinos, Cafés und Theater. In Prag hatte man sie gekannt als selbstbewusste Minervistin, als einziges Kind des allseits geachteten Professors Jesenský, als rebellische Tochter und Femme fatale, die so ziemlich alle Grenzen der bürgerlichen Moral überschritten hatte. In Wien zählt das alles nicht. Hier ist sie ein Niemand, jede Sicherheit, jeder Halt fehlt, alles ist fremd. Wie soll hier ihr neues Leben aussehen? Ernst Polak kann sich sicher sein, dass er bald wieder seinen Platz in den Kaffeehäusern der Stadt findet. In diesen Kreisen ist es durchaus üblich, dass die Männer ihre Ehefrauen und Freundinnen mitnehmen, die allerdings weniger als Person denn als Anhängsel oder erotisch interessante Begleiterin wahrgenommen werden. Neben ihrem dominanten und wortmächtigen Ehemann droht der erst einundzwanzigjährigen Milena in dieser Umgebung nur die Rolle eines Mauerblümchens, das nicht einmal richtig Deutsch kann. Hat sie sich mit ihrer Ehe und dem Umzug nach Wien in eine Sackgasse manövriert? Milena glaubte bisher, dass ihr Leben unter einem besonderen Gesetz stehe, das Niederlagen und Irrwege einschließe. Sein Schicksal mit all seinen

Milena in der Zeit in Wien

Vor- und Nachteilen anzunehmen, darauf komme es ihrer Meinung nach an. Bedauert werden wollte sie auf keinen Fall. »Ich bin, der zahlt«, meinte sie.[1]

Die Not in Wien war noch größer als in Prag. Brot war Mangelware. Das Gleiche galt für Mehl, Kohle und Petroleum. Aufgrund der Inflation sprangen die Preise in absurde Höhen. Eine Schachtel Zündhölzer konnte einen Tag später schon das Zwanzigfache kosten. Nur die Mieten waren von dieser Preistreiberei ausgenommen. Die Regierung verbot jede Erhöhung, was bald dazu führte, dass eine mittelgroße Wohnung im Jahr weniger kostete als ein Mittagessen.[2]

Milena und Ernst fanden zunächst eine Wohnung in der Nussdorferstraße, nahe dem Franz-Josefs-Bahnhof. Mitte Mai zogen sie um in eine größere Wohnung in der Lerchenfelderstraße 113, im achten Wiener Bezirk. Der Neubau lag neben einer Kirche und nur ein paar Schritte entfernt von einem Park. Mit dem Geld ihres Vaters richtete Milena die großen und hellen Zimmer im dritten Stock ein. Ihr Zimmer lag zur Straße hin, die stark befahren und laut war. Wenn sie aus dem Fenster schaute, konnte sie die Fuhrwerke und Autos beobachten, und über den Dächern war ein Stück Himmel zu sehen. In diesem Zimmer sollte sie viele Tage allein verbringen. Es war ihr neues Zuhause, von dem aus sie die Stadt erkundete und wohin sie nach langen Ausflügen wieder zurückkehrte.

Polak hatte sich für die Wohnung entschieden, weil sein Freund Franz Werfel in der Nähe wohnte und er von hier aus seine Arbeitsstelle in der *Länderbank* und die Kaffeehäuser in der Innenstadt gut zu Fuß erreichen konnte. Werfel war wie andere Schriftsteller im Kriegspressequartier beschäftigt und verbrachte seine Freizeit im *Café Central* in der Herrengasse. Seinen Freund Polak hatte er bereits überschwänglich angekündigt und führte ihn nun in den Kreis von Literaten, Künstlern und Journalisten ein, zu dem große Namen gehörten wie Robert Musil, Peter Altenberg, Karl Kraus oder Heimito von Doderer. Treffpunkt war ein rückwärtiger Raum des Cafés, auch das »Allerheiligste« oder »Kuppelsaal« genannt. Nicht nur wegen der besonderen Architektur, sondern weil hier der Qualm von Zigarren und Zigaretten zusammen mit dem Schwall von Worten scheinbar in grenzenlose Höhen stieg und eine eigene, unsichtbare Kuppel bildete.[3] Die Aufnahme in diesen illustren Zirkel war wie der Beitritt in einen Geheimbund, wie das feierliche Bekenntnis zu einer Weltanschauung, der Weltanschauung des Kaffeehauses, in der Ernst Polak schon in Prag zu Hause gewesen war. Er wurde nicht nur sofort akzeptiert, sondern wurde gleich zu einem der Wortführer. Wie kein anderer kannte er sich aus in der aktuellen Literatur und machte die Runde auf neue Autoren aufmerksam, vor allem auf den Prager Beamten Franz Kafka, dessen Texte er ungemein schätzte, den aber in Wien keiner kannte. Scheinbar unerschöpflich war auch Polaks Gedächtnis, wenn es galt, seine Reden mit Zitaten von Goethe, Nietzsche, Shakespeare oder Baudelaire zu untermauern.

Besonders beeindruckt war die literarische Gesellschaft im *Central* von den Gerüchten, die Polak vorausgeeilt waren. Es hieß, er habe die Tochter eines bekannten Prager Universitätsprofessors entführt und geheiratet. Das klang wie die Heldentat eines Ritters, der eine schöne Prinzessin aus den Klauen eines Drachen gerettet hat. Eines Tages brachte Polak diese »Prinzessin« mit in das *Central.* Welchen Eindruck sie dort machte, darüber gibt es sehr verschiedene Aussagen. Polak berichtete Willy Haas, der das nahende Ende des Krieges an der italienischen Front erlebte, dass Milena »große gesellschaftliche Erfolge« habe und sie »sehr verwöhnt und von manchem geliebt« werde.[4] Bedauernd fügte er allerdings hinzu: »Wäre sie eitler, könnte das schon viel bedeuten.« Wollte er damit sagen, dass Milena nach seinem Geschmack zu zurückhaltend war, nicht genug aus sich machte und das im Kaffeehaus erwartete Spiel mit Komplimenten und Koketterien nicht beherrschte? Das würde zu den Beobachtungen anderer Gäste passen, die zwar Milenas Jugend und Schönheit bewunderten, aber auch wahrnahmen, dass sie in dieser Umgebung »fremd« und wie »verloren« wirkte.[5]

Milena selbst hat die Atmosphäre in Kaffeehäusern wie dem *Central* zwei Jahre später beschrieben. Für sie sind es Orte, wohin Einzelgänger gehen, die Gesellschaft brauchen. Ihre Sympathie gilt dabei weniger den Gästen mit großem Namen, den »Kapitalisten des Geistes«, wie sie sie nennt, die finanziell und gesellschaftlich abgesichert sind und Gefahr laufen, »geistig zu verfetten«, sondern den »Schiffbrüchigen«, den rätselhaften Existenzen und den »stillen Melancholikern«, die Ideen zu Büchern im Kopf haben, die sie nie schreiben werden, und die in Kriegszeiten ums nackte Überleben kämpfen: »Die letzten Jahre, als es nichts zu essen und anzuziehen gab und zu Hause nicht geheizt war, haben das Kaffeehaus in das gemeinsame Heim der Boheme verwandelt, der es während des Krieges verdammt elend ging. Einige sind auch verschwunden, sind vor Hunger, vor Erschöpfung, an Krankheit gestorben. Einige wärmen sich weiterhin mit türkischem Kaffee. Im Kaffeehaus wird geschrieben, korrigiert, geredet. Im Kaffeehaus spielen sich Familienszenen ab, im Kaffeehaus werden die halsbrecherischsten Geldtransaktionen vorgenommen. Im Kaffeehaus wird gelebt, gefaulenzt, die Zeit totgeschlagen.«

Das Kaffeehaus ist für Milena eine Lebensform, die durchaus eine Faszination und einen Sog ausübt, die jedoch auch Gefahren birgt. Vermutlich dachte sie auch an ihren Ehemann Ernst Polak, als sie schrieb: »Ein schöpferischer Mensch ist allein, ein unschöpferischer sucht Zerstreuung. Er sucht Unterhaltung, die seinem Niveau entspricht: Gespräche, Literatur, wenigstens den Beigeschmack von Schöpferischem. Und wie eine infektiöse Krankheit ist auch jede geistige Atmosphäre ansteckend. Wer einmal dem faulen, schleichenden Lebenstempo dieser Kaffeehäuser verfällt, dringt selten zur Spitze vor.«[6]

Die Spitze, das waren für Milena immer noch die Autoren, die sie schon als Mädchen bewundert hatte: Ibsen, Hamsun, Nietzsche. Sie waren unerreichbar. Aber wenigstens wollte sie nicht in der lähmenden Scheinwelt der Kaffeehäuser versinken. Sie wollte nicht nur über das Leben reden, sondern selber leben. Und sie wollte nicht nur über Literatur sprechen, sondern selber etwas schaffen. Doch daran wagte sie im Sommer und Herbst des Jahres 1918 noch nicht zu denken. In diesen Tagen und Wochen, als die alte Welt des Habsburger Reiches langsam zerfiel und man nicht wusste, wie eine neue Ordnung aussehen würde, ging es für die meisten allein um die Frage, wie und wo man Essen, Brennholz und Kleider herbekommt. Milenas Aussteuer war längst aufgebraucht, und Ernst Polak hielt weiter an seiner Überzeugung fest, dass seine Frau selbst für sich sorgen sollte. Ihren Vater um Hilfe zu bitten, kam für Milena nicht infrage. Aber wie sollte sie zu Geld kommen?

Anders als zu seiner Frau war Polak zu seinen Freunden überaus freigiebig. Es gab viele arme Teufel unter ihnen, die sich nur über Wasser halten konnten, weil sie sich von jedermann Geld ausliehen. Polak war in dieser Hinsicht ein begehrter Mann. Er war einer der wenigen, die ein festes Gehalt bezogen, und bekannt dafür, dass er bereitwillig fremde Rechnungen bezahlte. Lebenskünstlern wie dem Maler und Vagabunden Emil Szittya war er höchst sympathisch, weil er angeblich der einzige Mensch war, den man immer »anpumpen« konnte. Polak war mit seinen Freunden inzwischen in das *Café Herrenhof* umgezogen, das ebenfalls in der Herrengasse lag. Dort gab es Logen, die bestimmten Gruppen vorbehalten waren. In einer Loge saß der Schriftsteller Leo Perutz mit Kollegen und Schauspielerinnen. In einer anderen der Psychologe Dr. Alfred Adler mit seinen Schülern. Die »Hauptattraktion« aber war laut Emil Szittya der Bankbeamte Ernst Polak, in dessen Loge die aufregendsten »Wortschlachten und Sexualgefechte« geschlagen wurden.[7] Im *Café Herrenhof* verkehrten nämlich auch Frauen, Ehefrauen und Freundinnen, die, wie Milena berichtet, oft »nur so« da waren, von Tisch zu Tisch wanderten und mehr oder weniger treu waren.

Zu der freigeistigen Lebenseinstellung im Café gehörte es, dass man sich auch in Liebesdingen keine Grenzen und Tabus vorschreiben lassen wollte. Der Prophet dieser ungezügelten Liebeslust war der Psychiater und Psychoanalytiker Otto Gross, eine wahrhaft exzentrische Figur. Er legte die Lehren Sigmund Freuds auf seine Weise aus und erklärte Sex und Drogen zu Allheilmitteln gegen innere und äußere Zwänge. Obwohl verheiratet, hatte der drogensüchtige Arzt Kinder von verschiedenen Frauen und war zeitweise wegen Mordverdachts von der Polizei gesucht worden. Wegen seiner Exzesse hatte ihn sein Vater, ein berühmter Jurist und Kriminologe, in eine geschlossene Anstalt sperren und in einem aufsehenerregenden Prozess entmündigen lassen. In Wien lebte er mit Frauen und Männern in einer Art Kommune zusammen und war Stammgast im *Herrenhof*, wo er verkündete, dass er möglichst viele junge Mädchen heiraten wolle, um ihnen zu völliger sexueller Freiheit zu verhelfen.[8]

Franz Werfel und Ernst Polak waren begeisterte Anhänger von Gross' Lehren. Sich mit Kokain zu berauschen, gehörte im *Herrenhof* fast zum guten Ton und half nebenbei auch, den Hunger zu ertragen. Außerdem war es ein offenes Geheimnis, dass Polak eine Geliebte hatte, die er schon in Prag kennengelernt hatte und die ebenfalls nach Wien umgezogen war. Milena wusste das, nahm es hin, konnte aber nicht verhehlen, dass sie verletzt und eifersüchtig war. Wenn Polak sie mit in den *Herrenhof* nahm, wurde sie von den anderen wie eine Kranke behandelt, und Freundinnen wie Gina Kranz versuchten sie zu trösten. Diese Gina Kranz passte viel besser in den *Herrenhof* als Milena. Milena war mit ihren blauen Augen, den hohen Backenknochen und der Stupsnase eher eine herbe Schönheit. Sie war einfach gekleidet und lauschte unsicher den Gesprächen, weil sie erst allmählich im Deutschen sicherer wurde.

Gina Kranz war sehr hübsch, frivol und gesprächig und hatte immer die modischsten Kleider an. Ihr Ehemann war als Soldat im Krieg gefallen und sie war die Geliebte des schwerreichen

Wiener Industriellen Joseph Kranz geworden, der sie als Tochter adoptierte, um den großen Altersunterschied zu legitimieren. Als Milena einmal bei Gina Kranz zu Besuch war, muss ihr klar geworden sein, dass es auch Gewinner des Krieges gab. Während sie selbst hungerte und nur ein Kleid besaß, schwelgte Gina in unvorstellbarem Luxus und hatte auch keine Skrupel, ihrer Freundin Milena ihren wertvollen Schmuck zu zeigen. Milena konnte nicht anders: Als Gina kurz abgelenkt war, nahm sie heimlich eine Brosche an sich. Gina bemerkte den Diebstahl und verdächtigte sofort Milena, konnte ihr aber nichts nachweisen. Der Freundschaft tat das keinen Abbruch. »Milena war die facettenreichste Freundin, die ich jemals gehabt habe«, schrieb Gina Kranz, die sich bald von Joseph Kranz trennte, sich wieder verliebte und dann Gina Kaus hieß.[9]

In Wien war die Situation der breiten Bevölkerung katastrophal. Viele Menschen starben an Hunger oder Krankheiten. Auch die Soldaten der österreichisch-ungarischen Armee konnten nicht mehr versorgt werden. Zudem war die militärische Lage aussichtslos. Eine Niederlage schien unabwendbar. Soldaten verweigerten den Befehl, verließen ihre Einheiten und schlugen sich in ihre Heimatorte durch. Zu allem Unglück wurde Europa auch noch von einer beispiellosen Epidemie heimgesucht. Anfang Oktober 1918 starben in Wien bis zu zweihundert Menschen pro Tag an der sogenannten Spanischen Grippe. Die Leichenhallen waren überfüllt, Krankenhäuser konnten keine Patienten mehr aufnehmen, Theater und Kinos wurden geschlossen.

In Prag wurde auch Franz Kafka ein Opfer der Spanischen Grippe. Mit hohem Fieber verfolgte er von der Wohnung seiner Eltern aus, wie sich in seiner Stadt eine Revolution ereignete. Für tschechische Patrioten wie Jan Jesenský war nun die Stunde der Befreiung bekommen. Menschenmengen zogen mit roten Fahnen durch die Straßen zum Wenzelsplatz. Der Name Masaryks wurde gerufen, dem es zu verdanken war, dass die Amerikaner und Franzosen die Unabhängigkeit der Tschechen und Slowenen unterstützten. Doppeladler, Symbole der Habsburger Monarchie, wurden von Gebäuden gerissen, Schilder mit deutscher Beschriftung wurden übermalt. Im nationalen Rausch wurde auf dem Altstädter Ring die Mariensäule umgestoßen. Johannes Urzidil, der es wagte, den Sinn dieser Aktion zu bezweifeln, wurde von einem wilden Mob gejagt und konnte sich mit knapper Not in einen Laden für Damenhüte retten.[10] Die befürchteten Ausschreitungen und blutigen Straßenkämpfe blieben jedoch aus. Die Revolution verlief wie durch ein Wunder friedlich. Und am 28. Oktober war es so weit: Eine unabhängige tschechoslowakische Republik wurde ausgerufen, und wenige Wochen später wurde Thomáš Garrigue Masaryk zum ersten Präsidenten des neuen Staates gewählt. Kafka, der mit über vierzig Grad Fieber im Bett lag, nahm das alles wie durch einen Schleier wahr. Die Ärzte hatten ihn schon aufgegeben. Aber er überlebte.

Milena in Wien erfuhr nichts von den Vorgängen in ihrer Heimatstadt. Als es auch in Wien zu Unruhen kam, saß sie mit anderen im *Herrenhof*. Vom Lärm auf der Straße neugierig gemacht, ging sie mit Gina Kaus und Franz Werfel zum Landtagsgebäude, wo eine Menschenmenge versammelt war. Auf dem Balkon des Landtages standen Abgeordnete und forderten unter Beifall die Abdankung des Kaisers und die Errichtung einer Republik. Milena und Gina bahnten sich einen Weg durch die Menge zur Redaktion des *Tagblattes*, um dort zu erfahren, was in Prag los war. Der Chefredakteur Karl Tschuppik stammte aus Prag, und Milena überredete ihn, die Reichskanzlei in Prag anzurufen. Tschuppik gab sich als Vertreter der kaiserlich-königlichen Sicherheitsverwaltung aus und wurde tatsächlich mit Prag verbunden. Im Redaktionsraum herrschte gespannte Stille, als er nach einem kurzen Gespräch den Hörer wieder auflegte und meinte: »Das ist das Ende Österreichs.« Er hatte keinen Beamten erreicht, sondern eine Putzfrau, und die hatte ihm geantwortet, dass die kaiserlich-königliche Sicherheitsverwaltung sie »am Arsch lecken« könne. Für Tschuppik war diese Auskunft mehr wert als treuherzige Versicherungen von Politikern. Dass es das alte Habsburger Reich nicht mehr gab, war für ihn nun eine Tatsache. Wenig später wurde er bestätigt. Es verbreitete sich die Nachricht, dass der Kaiser abgedankt habe und das Land verlassen wolle. Milena war begeistert von den Nachrichten aus Prag und stolz auf ihr Land, was Gina nicht verstehen konnte. »Du warst nie unterdrückt«, entgegnete ihr Milena.[11]

Wie die Tschechen und Slowenen sagten sich auch die Polen und Italiener vom einstigen Vielvölkerstaat los. Was übrig blieb, war ein »verstümmelter Rumpf«[12], ein Kleinstaat, der nicht überlebensfähig schien, weil die wirtschaftlichen Verbindungen zu früher zugehörigen Regionen abgeschnitten waren. Am härtesten bekamen das die Tschechen in Wien zu spüren. Sie galten als Abtrünnige, und auf Hilfe aus der Heimat konnten sie nicht rechnen. Die Grenzen waren geschlossen. Briefe und Hilfspakete kamen nicht an. Wie viele andere war Milena auf Zuteilungen angewiesen. Dazu gehörte ein hartes, gelbes, schimmliges Brot, das Milena sich nicht überwinden konnte zu essen, auch wenn sie noch so hungrig war. Der Winter war hart. In der überfüllten Trambahn fuhr sie vor die Stadt, um mit einem Heer von Frauen, Greisen und Kindern im Wienerwald nasses Holz zu sammeln, das sie in der Stadt verkaufte oder womit sie ihr Zimmer notdürftig heizte. »Die Züge fahren nicht mehr«, so schrieb sie über diese Zeit, »die Bevölkerung hat kein Brot, kein Mehl, keine Kartoffeln, Post, Telefon, Telegraf, alles funktioniert mit Müh und Not, unglaublich langsam, in Krankenhäusern und Kliniken liegen die Patienten in zerrissener Wäsche, und in den Gefängnissen brüllen die armen Verbrecher vor Hunger und Kälte, dass die Menschen, die in der Nähe wohnen, nicht schlafen können!«[13]

Milena war auf Hilfe angewiesen. Aber sie musste die ernüchternde Erfahrung machen, dass alle Männer, die sie um Hilfe bat, als Gegenleistung von ihr etwas wollten. Hätte es nicht einige wenige Menschen gegeben, die sie ohne Hintergedanken unterstützten, wäre sie, so bekannte sie später, auf dem Strich gelandet.[14] Sie selbst hatte trotz der großen Not ihre fast verschwenderische Hilfsbereitschaft nicht eingebüßt. So war es für sie keine Frage, Willy Haas, den es nach Wien verschlagen hatte, eine Wohnung zu besorgen. Als sie ihn bat, ihr etwas von seinem üppigen Militärsold abzugeben, und Haas zögerte, nahm sie ihm kurzerhand das Geld einfach weg. Für eine solche kleinkarierte Knausrigkeit hatte sie, wenn es um Freundschaftsdienste ging, keinerlei Verständnis.

Auf Dauer verletzte es jedoch ihren Stolz, auf fremde Hilfe angewiesen zu sein. Sie wollte ihr eigenes Geld verdienen und dabei war sie sich für keine Arbeit zu schade. Auf dem Westbahnhof schleppte sie Reisenden die Koffer. Das Trinkgeld, das sie dafür bekam, reichte nicht einmal für ein Essen. Die einzige Fähigkeit, die sie zu Geld machen konnte, waren ihre tschechischen Sprachkenntnisse. Und tatsächlich fanden sich Schulen bereit, sie gelegentlich als Tschechisch-Lehrerin einzusetzen. Dazu kamen noch Privatstunden für Unternehmer, deren Fabriken jetzt in der Tschechoslowakei lagen und die für ihre Geschäfte die neue Sprache lernen mussten. Einer von ihnen war Hermann Broch, der in den Textilfabriken seines Vaters arbeitete und dessen Nachfolge antreten sollte. Sehr zum Ärger seines Vaters saß Broch lieber im *Café Herrenhof* und sprach mit Ernst Polak, den er sehr verehrte, über Literatur und Philosophie. Kann sein, dass Polak ihn als Schüler zu Milena geschickt hat. Wenn ja, dürfte er das bald bereut haben. Denn Broch und Milena kamen sich durch den Unterricht näher – so nahe, dass Polak eifersüchtig wurde. Ob Milena diese Eifersucht provoziert hat? Wollte sie ihrem ständig untreuen Ehemann zeigen, dass sie nicht prüde war und es durchaus andere Männer gab, die sich für sie interessierten?

Grund genug dazu hatte sie. Sie fühlte sich von Polak vernachlässigt. Nach der Arbeit ging er direkt in den *Herrenhof*, und erst spätabends, wenn Milena schon schlief, kam er in die gemeinsame Wohnung in der Lerchenfeldstraße, meist in Begleitung von Freunden, mit denen er dann weiterdiskutierte. Manche von diesen späten Besuchern blieben über Nacht. Es war bekannt, dass Polak eine große Wohnung hatte und man bei ihm jederzeit »pennen« konnte und mit Kokain versorgt wurde. Einer dieser Gäste hatte sogar die merkwürdige Angewohnheit, sich zum Schlafen in einen Teppich einzurollen und dann in der Kammer hinter der Küche zu schlafen.[15] Milena nahm es hin, dass Polak seine Freundinnen mit in die Wohnung nahm. Eine, sie hieß Mitzi Beer, soll sogar für längere Zeit bei ihnen eingezogen sein. Nach den Erinnerungen von Milenas Tochter Jana, die natürlich in diesen Dingen nicht unbefangen ist, war diese Mitzi Beer ein sehr schönes, aber kapriziöses Dummchen.[16] Zutreffen dürfte es allerdings, dass Polak aus dem »Bett« kein philosophisches Problem habe machen wollen. Für seine geistigen Bedürfnisse hatte er die Freunde im *Herrenhof*, an Frauen schätzte er mehr ihre erotischen Qualitäten und ihre modische Eleganz.

Milena ließ sich im *Herrenhof* immer seltener sehen, und wenn, dann wurde sie wegen ihrer ernsten Miene, ihrem holprigen Deutsch und ihrer abgetragenen Kleider belächelt. Sie wiederum fand die Gesellschaft dort zunehmend »lächerlich«[17]. Sie hatte inzwischen ein anderes Wien kennengelernt, und näher fühlte sie sich jenen Menschen, die ihr in den Straßen der Stadt begegneten. Ihre beste Freundin war nun Pani Kohler, die Hausmeisterin in der Lerchenfeldstraße. Pani hatte ihre ungarische Heimat verlassen müssen und ihren Mann im Krieg verloren. Nun war sie die gute Seele des Hauses und kümmerte sich um Milena mit aller Liebe. Sie sorgte dafür, dass in Milenas Leben eine gewisse Ordnung herrschte. Sie räumte ihr Zimmer auf und flickte ihre Kleider und Strümpfe. Und wenn Milena Heimweh hatte, dann kochte ihr Pani böhmische Knödel oder das, was sie dafür hielt. Meistens saßen sie zusammen in der Küche und überlegten, welche Sachen sie noch im Leihhaus versetzen konnten, um wieder Geld für rote Rüben und Kraut zu haben. Pani Kohler war Milenas Stütze und ganzer Trost und sie hat ihrer Freundin ein liebevolles Denkmal gesetzt: »Diese Frau aus dem Volke, ein urwüchsiger, ungebildeter Trampel der vorigen Generation, hat das beste Herz der Welt, und ich empfinde für sie eine tiefe, innige Zuneigung. [...] Keine Krone, die sie nicht mit mir geteilt hätte, kein Stück Brot, dessen größeres Teil nicht mir zugefallen wäre. Wo wäre ich heute ohne sie? Damals nahm ich mir vor, dass auch sie von mir die Hälfte abbekommt, wenn ich einmal Millionär bin, und ich werde mein Versprechen halten. Sie werden sehen.«[18]

Es waren Menschen wie Pani Kohler, die Milena nun anzogen. Auf ihren langen Wanderungen durch die Stadt sprach sie mit der Kräuterfrau, dem Milchmann, dem Droschkenkutscher oder dem Schaffner in der Tram. Hatte sie früher den Blick abgewandt, weil sie die Armut und das eigene Schamgefühl nicht ertragen konnte, so entwickelte sie jetzt einen Blick für das Elend oder, richtiger gesagt, für die Würde des Elends. Der blinde Bettler, der mit eine Art Harfe, einem Glöckchen und einer Trompete eine schrille Musik machte und so die Aufmerksamkeit der gleichgültigen Passanten auf sich zog; der Zeitungsverkäufer in seiner alten

Uniform, der in den Kaffeehäusern von Tisch zu Tisch schlurfte; der Schuhputzer mit dem Holzbein und den vielen Pinseln, Fläschchen und Cremes, dessen offenes Gesicht zu verkünden schien, dass es Menschen gibt, »denen das Leben nichts anhaben kann«.

Alle diese Gestalten machten für Milena eine Art Werbung. Keine Werbung für Kommerz und Konsum wie die Angebote in den Schaufenstern und die Plakate an den Litfaßsäulen, sondern eine Werbung, die zwang, dem Elend ins Gesicht zu sehen: »Der Kapitalismus, der mit grellbunten Bildern Reklame macht, war gewissermaßen genial umgekehrt. Ein grenzenloser Zynismus der Hilflosigkeit, die ganze Hässlichkeit der Menschheit.« Manchmal allerdings begegnete Milena einem Elend, das keine Aufmerksamkeit wollte und mit seinem Leid wortlos die Welt anklagte: »Gestern habe ich etwas Schreckliches erlebt. Ich sah eine Frauengestalt, die sich an den Kirchenpfeiler presste, blass wie ein Schatten. Hier war keine Reklame. Nur schlimmes Leid. Hier gab es weder Bitten noch Tränen, hier war nur ein Gesicht, durch Klagen verstummt. Die Frau hielt ein Kind im Arm, das gerade verschied. Es war mit Ausschlag bedeckt. Sie blickte mich nicht an. Sie antwortete mir nicht. Aber als ich mich ihr näherte, stieß sie mich mit einer Geste fort, in der so viel Verachtung gegenüber *allem* lag und so viel Einsamkeit eines Menschen, der *bettelt*, dass ich von Entsetzen gepackt weit fortlief, als müsste ich mich retten.«[19]

Werbung musste Milena auch in eigener Sache machen, wenn sie ihren Mann nicht ganz verlieren wollte. Ernst Polaks Aufmerksamkeit konnten offenbar nur Frauen erregen, die in ihrem Verhalten und ihrem Auftreten jene Eitelkeit besaßen, die Polak an Milena vermisste. Mit den modisch gekleideten und koketten Frauen im *Herrenhof* konnte Milena nicht mithalten und wurde demgemäß von ihrem Mann immer weniger wahrgenommen. Es war wohl die schiere Verzweiflung, die sie antrieb, wieder einen Diebstahl zu begehen. Das war im Herbst 1919, am 11. August, einen Tag nach ihrem dreiundzwanzigsten Geburtstag. Hatte ihre Tat etwas mit diesem Geburtstag zu tun? Hatte Polak ihn vergessen oder waren ihm solche bürgerlichen Gedenktage völlig egal? Milena arbeitete zu dieser Zeit bei einem Schauspielerehepaar als Haushälterin und nahm Geld aus einer Schublade. Ihre Tochter Jana und ihre Freundin Margarete Buber-Neumann berichten, dass dieser Diebstahl noch ein Nachspiel hatte. Einiges haben sie offensichtlich in ihren Schilderungen dazuerfunden. Im Kern jedoch könnte es zu folgender Szene gekommen sein: Milena kleidete sich mit dem Geld in den teuersten Geschäften ein und ging dann in das *Café Herrenhof*, wo Polak mit seinen Freunden saß. Als er seine kaum wiederzuerkennende Frau sah, machte er ihr Komplimente und forderte sie auf, sich zu ihm zu setzen. Milena war jedoch über seine plötzliche Liebenswürdigkeit so wütend, dass sie ihm vor allen Leuten eine Ohrfeige verpasste.

Nachweislich wurde Milena noch am selben Tag wegen Diebstahls verhaftet und beim Landesgericht eingeliefert. Es kam zu einer Verhandlung, bei der sie zu einer kurzen Gefängnisstrafe verurteilt wurde. Legendär wurde Milenas Antwort auf die Frage des Richters, warum sie das Geld gestohlen und damit Kleider gekauft habe: »War ich in erotischer Krise.«[20]

Mit der Ohrfeige wollte Milena ihrem Ehemann wohl zu verstehen geben, dass sie nicht gewillt war, alles hinzunehmen, was er ihr zumutete. Mit ungläubigem Staunen wird es Ernst Polak verfolgt haben, wie Milena begann, ihre eigenen Wege zu gehen. Sie schrieb die Erlebnisse und Beobachtungen, die sie auf den Straßen Wiens gesammelt hatte, auf, und schickte die Texte an ihre Freundin Staša, die in Prag bei der Zeitschrift *Tribuna* arbeitete. Und siehe da, die Reaktionen waren begeistert, man wollte die Artikel drucken. Noch überraschter und mit einer Mischung aus Skepsis und Spott dürfte Polak Milenas Entscheidung aufgenommen haben, sich nun auch als Übersetzerin zu versuchen. Der Autor, auf den ihre Wahl fiel, war ausgerechnet der Schriftsteller, den Polak am meisten bewunderte: Franz Kafka.

Ernst Polak war einer der wenigen, die den Schriftsteller Kafka überhaupt wahrnahmen, und obwohl er für sein strenges, manchmal vernichtendes Urteil bekannt war, verehrte er diesen Bankbeamten aus Prag grenzenlos. Jeder Satz von Kafka sei »eigen«, schrieb er in einem Brief. Seine Texte seien »das Kitschfernste, was es gibt«.[21] Wenig Gedrucktes lag von diesem unbekannten Autor vor. Besonders berührt war Milena von der Erzählung *Der Heizer*. Darin versucht ein junger Mann, der in die Fremde, nach Amerika, verbannt wurde, vergeblich, einem Arbeiter zu seinem Recht zu verhelfen. Entdeckte Milena in dieser Geschichte eigene Erfahrungen? War sie nicht auch in eine fremde Welt geworfen worden? War ihr nicht auch das Elend der kleinen Leute in Wien so nahe gegangen? Wollte sie nicht auch helfen, ohne zu wissen, wie?

Ende Oktober 1919 schreibt sie einen Brief an Franz Kafka mit der Bitte, seine Erzählung ins Tschechische übersetzen zu dürfen. Als Kafka den Brief empfängt, zeigt er ihn stolz seiner Verlobten Julie Wohryzek.[22] In wenigen Tagen wollen die beiden heiraten. Wegen dieser Heirat war es zwischen Kafka und seinem Vater, der strikt gegen diese Ehe war, zu einem furchtbaren Streit gekommen. Kafka will einen Brief an seinen Vater schreiben, den dieser allerdings nie lesen wird. Die Ehe mit Julie Wohryzek kommt nicht zustande. Zwei Tage vor der Hochzeit macht Kafka alles wieder rückgängig.

GESCHRIEBENE KÜSSE

»Zwei Stunden Leben sind mehr als zwei Seiten Schrift.«

»Am besten unters Federbett kriechen, sich bis zu den Ohren zudecken und erst nach den Feiertagen hervorkommen. Auf diese Weise gedachte ich Weihnachten zu feiern!«[1] So beginnt Milena ihren Artikel über die Weihnachtstage 1919 in Wien, in dem sie ihre »Pilgerschaft« durch die Stadt auf der Suche nach Essbarem schildert und dabei auf krasse Gegensätze stößt. Die Auslagen der Geschäfte sind leer, aber auf dem Schwarzmarkt bekommt man, sofern man genügend Geld hat, alles. Viele Menschen hungern und frieren, andere schwelgen in Luxus. Familien vegetieren in muffigen Zimmern ohne Strom, nur mit Kerzenlicht, und andererseits sind die Theater und Kabaretts voll. Eine verrückte Stadt. Eine verrückte Zeit.

Milena gehört zu jenen, die keine Geschenke zu Weihnachten und keinen Festbraten bekommen, die vor Hunger und Kälte ins Bett fliehen und von früheren Weihnachtsfesten träumen. Doch immerhin sind die Zeiten des Kofferschleppens auf den Wiener Bahnhöfen vorbei. Sie hat jetzt einen Beruf. Sie schreibt Artikel und übersetzt Bücher ins Tschechische. Bei einem Kurzbesuch in ihrer Heimatstadt Prag hatte sie Arne Laurin, den stellvertretenden Chefredakteur der Zeitschrift *Tribuna*, kennengelernt. Er war so begeistert von ihren Reportagen aus Wien, dass er mehr haben wollte und dafür auch bezahlte. Ihren Vater hat sie nicht gesehen, dafür ergab sich ein Treffen mit Franz Kafka in einem Prager Kaffeehaus.

Die Begegnung war flüchtig gewesen, Kafka konnte sich später nicht einmal mehr an ihr Gesicht erinnern, nur an ihre Gestalt und ihr Kleid. Daher wunderte sich Milena, als sie Briefe von Kafka bekam. Erst aus Prag, dann aus Meran, wo er seine Lungenkrankheit kurierte. Was wollte er von ihr? Kafka war vierzehn Jahre älter als sie, und sie wusste von ihm lediglich, dass er in einer Prager Versicherungsanstalt arbeitete und nebenbei seine Geschichten schrieb. Auch von einer gescheiterten Verlobung mit einer Frau aus Berlin wird sie gehört haben und dass vor Kurzem die Heirat mit der Tochter eines Synagogendieners, mit der er weiterhin verlobt war, geplatzt war. Umgekehrt dürften Kafka die Skandalgeschichten um die Professorentochter nicht entgangen sein. Das sollte ihn eigentlich abschrecken.

Milena antwortete nicht, seine Fragen nach ihrem Befinden hielt sie wohl nur für eine unverbindliche höfliche Geste. Doch dieser großgewachsene, schlanke Mann, der in Prag scheu und zurückhaltend gewesen war, blieb hartnäckig. In einem erneuten Brief schlug er ihr vor, sie solle sich außerhalb von Wien, diesem »überheizten Ofen«[2], erholen, vielleicht sogar in Meran. Kafka hatte anscheinend falsche Vorstellungen von ihrem Leben. Während er, meist nackt, tagelang auf der Terrasse seines Hotels lag, saß sie, dick eingemummt, am Schreibtisch und schrieb. Sie musste Geld verdienen. An Urlaub und Erholung war nicht zu denken. Trotzdem berührte es sie, dass dieser merkwürdige Mensch offenbar Anteil an ihrem Leben nehmen wollte und sich Sorgen um sie machte, ohne etwas von ihr zu wollen. Das war sie nicht gewohnt. Das tat ihr gut.

Milena antwortete. Sie gestand, dass sie kein Geld habe, sich an manchen Tagen nur von Tee und einem Apfel ernähre und krank sei, lungenkrank. Mit dem Stichwort Lunge traf sie bei Kafka ins Schwarze. Vor Jahren hatte er eines Nachts einen Blutsturz erlitten. Die Ärzte hatten Tuberkulose festgestellt. Wegen dieser Krankheit hatte er die Verbindung mit seiner Verlobten Felice Bauer aufgelöst. Aber das war nur ein Vorwand gewesen. Kafka glaubte zu wissen, dass in Wahrheit diese Krankheit eine Folge dieser unglücklichen Liebesgeschichte war. Er wollte heiraten, ein normales Leben führen. Aber es ging nicht. Unzählige Briefe waren zwischen Prag und Berlin hin- und hergegangen. Und immer hatte er Angst davor gehabt, dass eines Tages in einem Brief von Felice das Wort »fremd« steht. Dass er ihr fremd sei. Fremd und abstoßend wie der Käfer, in den sich der Geschäftsreisende Gregor Samsa in einer seiner Geschichten verwandelt. Kafka hatte Felice das Buch geschickt. Sie hatte es widerwillig gelesen und es merkwürdig, unverständlich, fremd gefunden. Fremd wie seine vegetarische Ernährung, fremd wie seinen mangelnden beruflichen Ehrgeiz, fremd wie seine Angst vor körperlicher Nähe, fremd wie sein nächtliches Schreiben.

Milena gefielen nicht nur seine Geschichten, sie übersetzte sie sogar. Und sie schrieb selber. Außerdem imponierte es Kafka ungemein, dass sie gegen ihren Vater offen rebelliert hat, während er immer noch bei seinen Eltern lebte und es lediglich wagte, seinem Vater, der ihn einen »schlechten Sohn« nannte, einen Brief zu schreiben. Seit jeher war es sein größter Wunsch gewesen, ein eigenes, selbstbestimmtes Leben zu führen und Prag, das »Mütterchen mit Krallen«, zu verlassen. Milena hatte den Mut dazu aufgebracht. Sie hatte zu allem den Mut aufgebracht, woran er gescheitert war. Sie hatte geheiratet. Sie war in die Fremde gegangen.

In dieser Fremde hatte Milena viele Erfahrungen gemacht, mehr schlechte als gute. Sie war gedemütigt und ausgenutzt worden. Und nun erhielt sie Briefe voller Wärme, von einem Fremden, der ihr augenblicklich nahekam, wenn er schrieb: »Und was werden Sie nun tun? Es ist ja wahrscheinlich ein Nichts, wenn man Sie ein wenig behütet. Dass man Sie aber ein wenig behüten muss, muss doch jeder einsehn, der Sie lieb hat, da muss doch alles andere schweigen. Also auch eine Erlösung hier? Ich sagte ja, – nein, ich will keine Späße machen, ich bin auch gar nicht lustig und werde es nicht früher, ehe Sie mir nicht geschrieben haben, wie Sie Ihre Lebensweise neu und gesünder einrichten.«[3]

Franz Kafkas Briefe an Milena sind erhalten. Ihre Briefe sind dagegen verloren gegangen. Nur indirekt kann man aus Kafkas Antworten darauf schließen, was Milena geschrieben hat. Kafka empfand ihre Briefe wie einen »Sturm«[4], der in sein Meraner Zimmer wehte. Offenbar hielt Milena nichts davon, sich erst langsam abzutasten und belanglose Nettigkeiten auszutauschen. Sie wollte wissen, wer hinter diesen Zeilen aus Meran steckte. Und sie selbst zeigte sich mit einer Offenheit, die Kafka ängstigte und gleichzeitig anzog. Im Briefwechsel mit seiner ersten Verlobten Felice Bauer hatte er sich nur sehr zögerlich zu erkennen gegeben, die meiste Zeit hatten sie aneinander vorbeigeredet. Mit seiner derzeitigen Verlobten Julie Woryzeck konnte er viel lachen, mehr aber auch nicht.

Mit Milena war es ganz anders. Sie war »entsetzlich klug«[5] und von einer Aufrichtigkeit und Direktheit, die ihn überwältigte und verunsicherte. Ihre unverblümte Frage, ob er eine Geliebte habe, machte ihn fast sprachlos. Er pries ihre »Jugend«, ihre »Frische« und ihren »Mut«, er bewunderte ihre »Leben-gebende Kraft«[6]. Gleichzeitig erschrak er vor ihrer Heftigkeit und vor ihren Briefen, die oft mit einer Reihe von emotionalen Ausrufen begannen.

Milena ließ es nicht zu, dass er sich zurückzog, wenn er sich verletzt oder missverstanden fühlte. Sie forderte ihn auf, aufrichtig zu

Franz Kafka

sein, und sie war nicht bereit, es sich als Mangel an Humor oder Begriffsstutzigkeit anzulasten, wenn sie über seine Späße nicht lachen konnte oder einige seiner Erklärungen schlichtweg nicht verstand. Es störte sie auch, dass jedes seiner Worte »so wohlerwogen«[7] war. Ihre Briefe dagegen waren spontan und ihre Stimmungen wechselten anscheinend von Brief zu Brief. Mal kam sie sich überflüssig und unbedeutend vor, mal war sie wieder unbekümmert, sorgenfrei und gut gelaunt und fühlte sich den Freunden ihres Mannes überlegen. Kafka sah über solche Schwankungen hinweg. Sie gehörten für ihn zu Milenas lebensspendender Kraft, einer Kraft, die sie befähigte, sich hinzugeben, einer Sache oder einer Person, und daraus wieder neue Kräfte zu schöpfen. »Sie ist ein lebendiges Feuer, wie ich es noch nie gesehen habe«, schrieb Kafka an seinen Freund Max Brod. »Dabei äußerst zart, mutig, klug, und alles wirft sie in das Opfer hinein oder hat es, wenn man will, durch das Opfer erworben.«[8]

Den Kaffeehäusern blieb Milena mittlerweile fern. Nur selten begab sie sich in Gesellschaft. Die meiste Zeit saß sie in ihrem Zimmer in der Lerchenfeldstraße und schrieb. Mit der Redaktion der *Tribuna* hatte sie vereinbart, dass sie jeden Monat zwei bis drei Artikel liefern soll. Darüber hinaus wollte sie weitere Bücher übersetzen, nicht nur von Kafka, sondern auch von Alfred Döblin, Franz Werfel, Upton Sinclair und die Briefe Rosa Luxemburgs aus dem Gefängnis. Im Mai 1919 erschien ihre Übersetzung von Kafkas *Der Heizer* auf der ersten Seite der literarischen Wochenzeitschrift *Kmen*. Kafka war gerührt von der »Treue«, mit der sie, »Sätzchen auf und ab«, seine Geschichte ins Tschechische übersetzt hatte.[9] Das war anerkennend gemeint. Milena empfand dieses Lob als gönnerhaft und von oben herab. Sicher, sie war eine unbedeutende Anfängerin und er ein anerkannter Autor. Doch sie wollte ernstgenommen und von ihm auch nicht »Kindchen«

genannt werden. Kafka beeilte sich dann auch ihr zu versichern, wie uneingeschränkt er ihr vertraue und wie sehr er ihr Sprachgefühl bewundere. Er versäumte es nicht, sich in Prag die neueste Ausgabe der *Tribuna* mit ihren Artikeln zu besorgen, die er nicht genug loben konnte. Begierig las er auch Milenas Artikel über Mode, die sie aus reiner Geldnot schrieb, für die sie sich schämte und die sie eigentlich vor ihm verheimlichen wollte. Es war das »Blitzartige ihres Denkens«[10] und dass der Ton ihrer Persönlichkeit noch in den nebensächlichsten Themen zu spüren war, was ihn beeindruckte: »Du hast einen durchdringenden Blick«, schrieb er ihr, nachdem er wie zufällig zum »Du« übergegangen war, »das wäre aber nicht viel, das Volk läuft ja auf der Gasse herum und lockt den Blick an sich, aber Du hast den Mut dieses Blicks und vor allem die Kraft, noch weiterzusehen über diesen Blick hinaus; dieses Weitersehen ist die Hauptsache und das kannst Du.«[11]

Milena nannte Kafka »Frank«, eine kleine neckische Reaktion auf seine schwer leserliche Unterschrift. Anfangs nämlich unterzeichnete er seine Briefe mit »FranzK«, wobei das »z« kaum zu erkennen war. Milena blieb bei dieser Anrede, als ob der besondere Mensch, der Kafka für sie war, einen besonderen Namen haben musste, den nur sie verwenden durfte. Milena gewöhnte sich an die Briefe von »Frank«, ja sie beschwerte sich bei ihm, wenn sie einige Tage keinen bekam. Dennoch verhehlte sie ihm nicht, dass sie mit manchen Briefen unzufrieden war. Etwas fehlte ihr. Und Kafka schien sie zu verstehen, als er eingestand, man könne seine Briefe drehen und wenden, wie man wolle, aber »es fällt nichts heraus«[12]. Was nicht herausfiel und was Milena vermisste, das wurde schlagartig deutlich, als sie nach wenigen Wochen eine Frage stellte, die Kafka von Anfang an befürchtet hatte und die ihn an seinem empfindlichsten Punkt traf: »Kommst Du nach Wien?«

An dieser Frage offenbarte sich, dass Briefeschreiben für Milena und Kafka etwas völlig Verschiedenes war. Briefe waren für Kafka ein Schutzraum, in dem er bewahrt blieb vor den Verletzungen und Enttäuschungen einer realen Begegnung. Er konnte sich eindrücklich vorstellen, wie Milena bei ihm in Meran war, er konnte glaubhaft versichern, wie sehr er sich ihr zugehörig fühlte – sein Gesicht blieb dennoch, wie er einsehen musste, eines aus Papier, Küsse in Briefen blieben »geschriebene Küsse«[13], die ihr Ziel nicht erreichten, und die beschworene Nähe war letztendlich nur eine fantasierte.[14] Für Milena dagegen waren Briefe immer nur Vorstufe zum Leben. »Von Briefen erwarten wir keine Kunst«, schrieb sie in einem ihrer Essays, »von Briefen erwarten wir *Menschliches.*«[15] Für sie war es ein Wunder, dass man mit geschriebenen Worten einen Menschen erreichen und berühren konnte. Aber keinesfalls hätte sie der Auffassung zugestimmt, dass Briefe ein Ersatz für gelebtes Leben sein können. Dementsprechend entschieden reagierte sie auch, als sie merkte, dass Kafka am liebsten seine Beziehung zu ihr als Briefliebe fortgesetzt hätte. »Zwei Stunden Leben«, so schrieb sie ihm, »sind mehr als zwei Seiten Schrift.« Worauf Kafka ebenso wahrheitsgemäß, das heißt seiner Wahrheit entsprechend, antwortete: »Die Schrift ist ärmer, aber klarer.«[16]

Je dringlicher Milena Kafka aufforderte, nach Wien zu kommen, umso größer wurde seine Angst vor dem Sprung aus der kontrollierbaren Welt der Wörter in die unberechenbare Realität. Was würde es für unabsehbare Folgen haben, wenn er wirklich Ernst machte? Was würde er für Katastrophen auslösen? Ausführlich berichtete er Milena von einem tragischen Todesfall, der sich in Prag ereignet hatte, offenbar, weil er darin einen warnenden Wink des Schicksals für seinen eigenen Fall sah. Jarmila, Milenas Freundin, die mit Josef Reiner, einem jungen Redakteur bei der *Tribuna*, verheiratet war, hatte eine Liebesaffäre mit Willy Haas angefangen, woraufhin sich der verzweifelte Ehemann das Leben nahm. Fürchtete Kafka tatsächlich, dass Ernst Polak ähnlich reagieren würde? Schickte er deshalb seine Briefe an Milena unter dem Decknamen »Kramer« an eine Postfachadresse in der Wiener Bennostraße? Oder war das eine Vorsichtsmaßnahme Milenas, die nicht wollte, dass ihr Mann diese Briefe in die Hände bekam?

Polak wusste, dass Milena in Kontakt war mit Kafka. Sie stieg dadurch in seiner Achtung. Ein Grund zu erhöhter Eifersucht war das für ihn nicht. Es gab andere Männer in Wien, von denen mehr Gefahr ausging. Franz Werfel hatte sich in Milena verliebt, war aber von ihr abgewiesen worden. Kleine Liebschaften seiner Frau hätte Polak zweifellos akzeptiert, hielt er doch an seinem Ideal einer offenen Ehe fest. Warum also sollte seine Frau nicht mit Kafka Briefe wechseln oder sich mit ihm treffen?

Ich komme, ich komme nicht. Wochenlang ging das so, ehe Kafka die Kraft fand, seine Koffer zu packen und in den Zug nach Wien zu steigen. Am Dienstag, den 29. Juni 1920 kam er dort an und nahm sich ein Zimmer im billigen *Hotel Riva* am Südbahnhof. Erst am nächsten Tag war er so weit, sich mit Milena vor dem Hotel zu treffen. Milena zeigte ihm ihre Wohnung in der Lerchenfelder Straße, er lernte Pani Kohler kennen, und sie besuchten Orte, die er bisher nur aus ihren Briefen kannte. Was Milena in diesen Tagen mit Kafka erlebte, hat sie später Max Brod geschildert.[17] Als Kafka im Postamt ein Telegramm aufgab, meinte er beim Wechselgeld eine Krone zu viel herausbekommen zu haben und gab diese der Frau am Schalter zurück. Kurz darauf stellte er fest, dass er sich verrechnet hatte und wollte die Krone am überfüllten Schalter wieder zurückfordern. »Also, lass es doch sein«, meinte Milena zu Kafka, der nicht verstehen konnte, wie man über ein solches Problem einfach hinweggehen kann. Ähnlich war es bei einer Bettlerin, der Kafka eine Zwei-Kronen-Münze gab und eine Krone zurückhaben wollte. Die Bettlerin hatte aber kein

Wechselgeld, und es fiel ihm unendlich schwer, ihr die eine Krone auch noch zu überlassen.

Was mag sich Milena, die doch die Großzügigkeit in Person war, als Begleiterin Kafkas gedacht haben? Hielt sie Kafka für unerträglich zwanghaft, für kleinkariert, krankhaft geizig oder gar für verrückt? Nein. Sie verstand, dass er ein Mensch war mit einer so überempfindlichen moralischen Wachheit, dass er die alltäglichsten Dinge nicht als selbstverständlich nehmen konnte. Für ihn gab es keine Routine, keine Gewohnheiten, keine festen Grundsätze, die ihm das Leben erleichterten oder ihn davor schützten. Er war der Wirklichkeit schutzlos ausgeliefert und das machte ihm Angst. An Max Brod schrieb Milena: »Gewiss steht die Sache so, dass wir alle dem Augenschein nach fähig sind zu leben, weil wir irgendeinmal zur Lüge geflohen sind, zur Blindheit, zur Begeisterung, zum Optimismus, zu einer Überzeugung, zum Pessimismus oder sonst zu was. Aber er ist nie in ein schützendes Asyl geflohen, in keines. Er ist absolut unfähig, zu lügen, so wie er unfähig ist, sich zu betrinken. Er ist ohne die geringste Zuflucht, ohne Obdach. Darum ist er allem ausgesetzt, wovor wir geschützt sind. Er ist wie ein Nackter unter Angekleideten.«[18]

Milena erwies sich für Kafka als die erhoffte Retterin. Sie verstand seine Angst und, was noch mehr war, konnte sie besänftigen. Sie wandte dabei auch ein Rezept an, das sie von ihrem Vater gelernt hatte. Am vierten Tag, es war Kafkas Geburtstag, nahm sie ihn mit vor die Tore Wiens, in den Wienerwald, und machte mit ihm eine lange Wanderung. Den ganzen Tag liefen sie in der prallen Sonne. Kafka war glücklich und von seiner Krankheit war nichts zu spüren. Wenn seine Angst in ihm hochkroch, brauchte er nur Milena in die Augen zu sehen und schon verschwand sie wieder. So groß war sein Vertrauen zu ihr, dass er mit ihr sogar über seine Angst vor Frauen reden konnte, vor dem, was Milena verächtlich »eine halbe Stunde im Bett«[19] nannte. Wie behutsam sie mit dieser seiner verwundbarsten Stelle umgehen konnte, bewies sie, als sie nebeneinander im Wald lagen und Milena ihre Bluse ein wenig wegzog, damit er seinen Kopf auf ihre nackte Brust legen konnte. Für Kafka waren das die glücklichsten Augenblicke seines Lebens. Er hatte sich einer Frau ausgeliefert und war nicht verletzt oder enttäuscht worden. Milena verstand nicht nur seine Angst, sie hatte ihm gezeigt, dass sie besiegbar war, dass sie nicht sein musste. Leben war wieder möglich – aber nur mit Milena.

Das Zusammensein im Wienerwald war für Kafka wie eine heimliche Vermählung. Nach diesem Wunder war es für ihn eine unumstößliche Gewissheit, dass er und Milena zusammengehörten. Wenn sie genauso empfand, dann musste sie Wien und ihren Mann verlassen und zu ihm nach Prag kommen. Wie ernst es ihm war, zeigte sich, als er in Prag zurück war. Er machte endgültig Schluss mit seiner Verlobten Julie Wohryzek, die daraufhin einen verzweifelten Brief an Milena schrieb. Sie konnte nicht verstehen, warum für Kafka nun plötzlich eine verheiratete Frau in Wien, mit der er nur wenige Tage zusammen gewesen war, die Liebe seines Lebens sein sollte.

Offensichtlich erwartete Kafka nun, dass Milena den gleichen Schritt machte und sich von Ernst Polak trennte. Er unterschätzte die Kräfte, die dieses Paar aneinanderband. Milena fühlte sich, als habe sie ihren Mann verraten. Immerhin hatte Polak sie von ihrem Vater befreit und sie hatten einiges zusammen erlebt. Sie erzählte ihm alles und ließ ihn auch Briefe Kafkas lesen. Polak wurde schockartig bewusst, dass es sich hier um sehr viel mehr handelte als um einen harmlosen Flirt. Er, der Frauenheld und Egomane, war immer sehr angewiesen auf Anerkennung, auch auf die seiner Frau. Dass diese sich einem Mann zuwandte, den er bewunderte und der im Gegensatz zu ihm kreativ war, muss ihn schwer getroffen haben. Polak begann um Milena zu kämpfen, und das nicht nur mit Worten. In Kafkas Briefen gibt es Andeutungen, dass es in der Wohnung der Polaks in Wien zu heftigen Auseinandersetzungen gekommen ist, bei denen vermutlich auch Gewalt und Kokain im Spiel waren.

Milena stand zwischen zwei Männern. Und es wurde noch komplizierter. Sie erhielt einen Brief von ihrem Vater, den ersten seit drei Jahren. Milena war alles andere als erfreut. Jan Jesenský zeigte sich mit seinen altbekannten zwei Seiten, seiner herzlichen und seiner despotischen.[20] Dass ihm alles leidtue, schrieb er, und er »schrecklich traurig« sei. Ihr Trotz sei ihm immer unverständlich gewesen, aber nun müsse sie einsehen, dass ihre Ehe gescheitert sei. »Selbstverständlich« sei er bereit zu helfen, aber nur unter der Bedingung, dass sie sich von Polak scheiden lasse und nach Prag zurückkomme. Glaubte ihr Vater also immer noch, über sie bestimmen zu können? Konnte er nicht begreifen, dass sie ihr eigenes Leben führen musste und eine Versöhnung nur möglich war, wenn er sie endlich wie einen gleichwertigen Menschen behandelte?

Nun zerrten also drei Männer an Milena. Die Situation war verfahren. Prag hatte sie verlassen müssen, weil sie einen Juden geheiratet hatte. Nun sollte sie diesen Juden verlassen, um mit einem andern Juden, nämlich Kafka, in Prag zusammenzuleben – unter den Augen ihres Vaters, der Juden hasste. Keine angenehme Vorstellung! Den Zorn und die Verachtung des Vaters hätte Milena noch ertragen können. Viel wichtiger und entscheidender war die Frage, ob sie wirklich mit Kafka leben konnte.

Zwischen Prag und Wien gingen wieder Briefe und Telegramme hin und her. Oft mehrmals am Tag. Milena erfuhr von Max Brod, wie schlimm es wirklich um Kafkas Gesundheit stand. Sie wusste, dass nur sie ihm helfen konnte, dass ohne ihre Hilfe seine Krankheit tödlich werden würde. Fühlte sie sich wieder in die Rolle einer Retterin gedrängt, wie damals, als sie als Mädchen ihre kranke Mutter pflegen musste? In Wien hatte sie sich mühsam ein eigenes Leben aufgebaut. Dieses Leben aufzugeben, um nach Prag zu gehen, das konnte sie nicht. Ebenso wenig brachte sie es über sich, Kafka die Hoffnung auf eine gemeinsame Zukunft zu nehmen. Glaubte sie selber noch daran?

Milena lag verzweifelt und krank im Bett und wusste nicht mehr, wie es weitergehen sollte. Inständig bat sie Kafka, nach Wien zu kommen. Sie musste mit ihm reden. Nicht mittels Briefen, sondern von Angesicht zu Angesicht. Kafka hatte ihr versprochen, sofort zu ihr zu fahren, wenn sie in äußerster Not sei. Er kam nicht. Er war nicht fähig, seinem Vorgesetzten eine Lüge auftischen, um frei zu bekommen. Milena war so enttäuscht und ratlos, dass sie den »dummen Einfall« hatte, sich zu vergiften. Es war ihre Freundin Pani Kohler, die sie bewusstlos in der leeren Wohnung fand und sie so lange mit böhmischen Knödeln vollstopfte, bis sich Milena endlich übergeben konnte. Später meinte sie scherzhaft, dass es die Angst vor Panis Knödeln war, die sie für immer davon abhielt, sich noch einmal zu vergiften.[21]

Der Zauber der Wiener Begegnung, die Wirkung von Milenas körperlicher Nähe drohten sich zu verflüchtigen. Kafka glaubte, dass Milena doch mehr an ihrem Mann hing, als sie zugeben wollte, und zwischen beiden ein »unzerreißbarer Zusammenhalt«[22] bestehe. Hier irrte sich Kafka. Es war nicht die Liebe zu Polak, die sie in Wien hielt. Die Ehe mit ihm war längst zerrüttet. Recht hatte jedoch Kafka, wenn er meinte, dass er nicht mit Polak um Milena kämpfe, sondern der Kampf nur in ihr, in Milena, geschehe. Vielleicht aber, so die Hoffnung beider, würden alle Missverständnisse und Zweifel, die sich in den Briefen eingeschlichen hatten, wieder verfliegen, wenn sie sich wiedersähen. Vielleicht ließe sich die Sicherheit der Wiener Tage wiedergewinnen.

Es war Kafkas Idee, sich in Gmünd zu treffen, einem Grenzort zwischen Prag und Wien. Dorthin konnte er an einem Wochenende kommen, ohne seinen Chef anlügen zu müssen. Am 14. August trafen beide am späten Nachmittag in Gmünd ein. Bis zum Nachmittag des nächsten Tages konnten sie zusammen sein. Sie nahmen verschiedene Zimmer im selben Hotel, gingen spazieren, lagen im Gras, redeten, hörten einander zu. Doch der Tag im Wienerwald ließ sich nicht wiederholen. Die Glücksmomente einer völlig mühelosen und angstlosen Nähe, eines seelischen und körperlichen Gleichklangs stellten sich nicht mehr ein. Irgendetwas war verloren gegangen. Sie waren sich fremd geworden.

In den folgenden Wochen versuchten Milena und Kafka, dieser Störung auf die Spur zu kommen und sie zu überwinden. Kafka durch Briefe. Milena, indem sie ihn in ihre Lebensgeschichte einband. Sie wünschte sich, dass er das Grab ihres früh verstorbenen Bruders besuchte, dass er in Prag Einkäufe für sie machte und mit Staša und Jarmila sprach. Kafka befolgte gutwillig ihre Anordnungen. Zu guter Letzt traf er sich mit der Gehilfin Jan Jesenskýs. Sie sollte ihrem Chef ein realistisches Bild vom Leben seiner Tochter vermitteln und auf ihn einwirken, damit er Milena wenigstens ein regelmäßiges Mittagessen bezahlte. Milena war mit Kafkas Vermittlung höchst unzufrieden und schrieb ihm einen bösen Brief. Sie fürchtete, dass sie vor ihrem Vater nun wie eine Bittstellerin dastand.

All das waren hilflose Versuche, etwas zu heilen, was längst unheilbar zerbrochen war. Kafka spürte Milenas Zweifel und hielt sie schließlich für unüberwindbar. Er glaubte sicher zu wissen, dass er und Milena nie zusammenleben würden. Und wie immer, wenn eine Liebe für ihn aussichtslos war, zog er sich langsam zurück in sein Schreiben. Er bat Milena, keine Briefe mehr zu schreiben, denn Briefe waren für ihn nun die Quelle allen Unglücks.

Milena ihrerseits gestand sich ein, dass ihre inneren Widerstände gegen eine Verbindung mit Kafka stärker waren als die Kräfte, die sie zu ihm zogen, stärker auch als der Wunsch, ihm zu helfen. Außerdem wollte sie sich nicht in die Rolle einer Frau drängen lassen, die sich zwischen zwei Männern entscheiden musste. Schließlich ging es um sie. Und warum sollte es für sie nicht andere Alternativen geben? Schon im Juni 1920 hatte sie an Kafka geschrieben: »Am liebsten möchte ich auf einem dritten Weg fortlaufen, der weder zu Dir führt noch mit ihm, irgendwo in die Einsamkeit.«[23]

Warum konnten Kafka und Milena kein Paar werden? Mary Hockaday schreibt in ihrem Buch über die Liebe zwischen den beiden, dass Milena nicht nur intellektuell Kafka ebenbürtig war, sondern auch existentiell.[24] Kafka hatte in Milena eine Geistesverwandte erkannt, als er ihr bescheinigte, dass ihr Blick durch die Oberfläche geht, in die Tiefen, dorthin, wo die Kräfte walten, die unser Leben bestimmen. Dort lauert die Angst, von der Kafka so durchdrungen war. Anders als die Furcht, richtet sich die Angst nicht auf etwas Bestimmtes, sie ist grenzenlos und unbestimmt. Für den Philosophen Martin Heidegger erfahren wir in der Angst die Unheimlichkeit der Welt, ihre Brüchigkeit und Beliebigkeit. Es meldet sich darin die Erinnerung, wie ungeheuerlich es im Grunde ist, dass die Welt ist und wir sind. Das Normale wird zum Schrecken. »Wovor die Angst sich ängstigt«, heißt es bei Heidegger, »ist das In-der-Welt-Sein selbst.«[25] In der Angst entgleiten uns alle Sicherheiten. Leben wird zu einem dünnen Eis, auf dem wir jeden Augenblick einbrechen können.

Für Kafka war Angst das bestimmende Lebensgefühl. Sie befähigte ihn dazu, schärfer und genauer zu sehen als andere Menschen. Diese Hellsichtigkeit bewahrte ihn davor, der Realität auszuweichen und sich in falsche Sicherheiten zu flüchten. Andererseits aber machte ihn die Angst zum Beobachter, zum Zuschauer. Seine Angst saugte seine Fähigkeit auf, praktische, eindeutige Entscheidungen zu treffen. Sie ließ es nicht zu, dass er sich in das Leben fallen ließ, wo ein Wort, eine Handlung unabsehbare Folgen haben konnte. Und sie bewirkte, dass er mit dem »Geschenk des Geschlechtes«[26] nichts anzufangen wusste, weil dieses Gebiet für ihn angstbesetzt blieb. Er sei, so schrieb ihm Milena, ein Mensch, der »keine Ahnung« habe von Erotik.[27] Sex bedeutete für ihn immer nur Schmutz.

Auch Milena kannte diese Angst. Sie hielt sie für gut und richtig. Doch für sie hatte diese Angst nicht das letzte Wort. Anders als Kafka verfügte sie noch über andere elementare Kräfte, mit denen sie diese Angst beschwichtigen, eindämmen, ja zum Verschwinden bringen konnte. Der Abgründigkeit der Wirklichkeit hatte sie etwas entgegenzusetzen. Was sie getragen habe, so schrieb sie in einem Brief an Max Brod, sei »etwas sehr Unbewusstes, eine unwillkürliche Liebe zum Leben«[28]. Milena war eine sinnliche, vitale Frau, ein, wie sie einmal halb entschuldigend sagte, »ein kleines, triebhaftes Weibchen«[29]. Zu einem Freund meinte sie einmal halb spaßhaft, sie sei im Innersten »eigentlich eine tschechische Bauersfrau«, und oft habe sie sich gewünscht, »viele Kinder zu haben, Kühe zu melken und Gänse hüten zu dürfen und einen Mann zu haben, der mich ab und zu durchprügelt«.[30] Im Zusammenleben mit Ernst Polak war sie für die praktischen Erfordernisse des Alltags zuständig, sie stahl und log, wenn es sein musste. In einer Ehe mit Kafka hätte sie wesentliche Teile ihrer Persönlichkeit unterdrücken, wenn nicht ganz verleugnen müssen. Dieses Opfer wollte sie letztendlich nicht bringen. Um eine Retterin für Kafka zu sein, war ihr der Preis zu hoch. An Max Brod schrieb sie: »Aber ich war mit beiden Füßen unendlich fest mit dieser Erde hier zusammengewachsen, ich war nicht imstande, meinen Mann zu verlassen, und vielleicht war ich zu sehr Weib, um die Kraft zu haben, mich diesem Leben zu unterwerfen, von dem ich wusste, dass es strengste Askese bedeuten würde, auf Lebenszeit. In mir aber ist eine unbezwingbare Sehnsucht, ja eine rasende Sehnsucht nach einem ganz anderen Leben, als ich es führe und als ich es wohl je führen werde, nach einem Leben mit einem Kinde, nach einem Leben, das der Erde sehr nahe wäre.«[31]

In der Begegnung mit Kafka hat Milena viel über sich erfahren. Sie wusste nun, dass ihr Weg ein anderer war, ein Weg, der ins Leben führte, in ein gefährliches Leben. Willy Haas, der nach dem tödlichen Eifersuchtsdrama in Prag mit Jarmila nach Berlin ging, meinte rückblickend, er sei in seinem ganzen Leben »nur einem einzigen Menschen begegnet, der zu einem gefährlichen und tragischen Leben geboren war, und das war eine Frau, ein Mädchen: Milena«.[32]

DIESSEITS UND JENSEITS DES HORIZONTS

»Nur papierne Menschen haben einen geradlinigen Charakter.«

Das junge Paar auf dem Bürgersteig hat sich offenbar gestritten. Das Mädchen wendet sich wütend und entrüstet ab, als ob es, nun endgültig enttäuscht und verletzt, für immer weggehen wolle. Doch schon nach ein paar Schritten macht die Frau kehrt, geht langsam wieder auf den Mann zu und berührt mit ihrer Hand vorsichtig immer wieder seinen Ellbogen. Der dreht sich nicht zu ihr um und scheint seinen Sieg zu genießen.

Milena hat diese Szene durch das Fenster der vorbeifahrenden Trambahn verfolgt. Solche Beobachtungen behält sie im Gedächtnis und schreibt sie in ihrer Wohnung in der Lerchenfeldstraße auf. Sie glaubt, dass in diesen kleinen Begebenheiten oftmals der Schlüssel zu einem ganzen Leben liegt und darin die Gefühle und Abhängigkeiten, die zwischen Menschen bestehen, blitzartig sichtbar werden. Doch Milena ist nie eine unbeteiligte Beobachterin. Sie versetzt sich in die Lage der jungen Frau und beschreibt, was ihr beim Anblick des jungen Paares durch den Kopf ging: »Ich dachte: Die einzige Befreiung aus einer solchen Situation wäre ein Schlag mit der kleinen Faust gewesen, mitten ins Gesicht, wenn es überhaupt eine Befreiung von den kleinen Schmähungen der Abhängigkeit gibt. Aber ich weiß, dass sie das niemals getan hat, dass sie das niemals vermocht hätte. Dass sie wohl heimgekehrt ist und die Erniedrigung ins Unermessliche stieg.« [1]

Sicher, Milena *war* fähig, ihrem Mann ins Gesicht zu schlagen. Doch wie viele kleine Schmähungen hat sie in ihrer Ehe schon einstecken müssen? Wie oft ist sie dennoch wieder zu ihm zurückgekehrt? Dabei war Milena weit davon entfernt, sich als Opfer zu sehen. Sie wusste, worauf sie sich einlässt, als sie Ernst Polak heiratete, und sie war bereit, die Folgen zu tragen. Wenn sie bei jemandem die Schuld suchte, dann nicht bei ihm, sondern bei sich. Und diese Schuld wollte sie sich keinesfalls hinwegreden lassen von einer Psychologie, die das Handeln eines Menschen mit unbewussten Beweggründen oder einer schweren Kindheit entschuldigt. Ihrer Überzeugung nach sind wir auch für Dinge verantwortlich, die wir nicht in der Hand haben.

Verantwortlich fühlte sich Milena auch für die missglückte Liebe zu Franz Kafka. Sie wurde den Gedanken nicht los, dass sie etwas falsch gemacht hatte. Weiterhin ging sie jeden Tag zum Postamt in der Bennostraße, wo nun aber keine Briefe mehr auf sie warteten. Erst im Januar 1921 erhielt sie wieder ein Lebenszeichen von Kafka. Er meldete sich aus Matliary, einem abgelegenen Ort in den Karpaten, wohin er mehr oder weniger geflüchtet war. Er bat Milena eindringlich, ihm nicht mehr zu schreiben und in Zukunft jede Begegnung zu verhindern. Diese Bitte verstärkte ihre Gewissensbisse und sie wandte sich mit verzweifelten Briefen an Kafkas Freund Max Brod. »Bitte verstehen Sie, was ich will«, schrieb sie. »Ich weiß, wer Frank ist; ich weiß, was geschehen ist, und ich weiß nicht, was geschehen ist, ich bin an den Grenzen des Wahnsinns, ich habe mich bemüht, richtig zu handeln, zu leben, zu denken, zu fühlen, dem Gewissen gemäß, aber irgendwo *ist* Schuld. Darüber will ich hören. [...] Ich renne durch die Gassen, sitze ganze Nächte lang am Fenster, manchmal hüpfen mir die Gedanken wie die kleinen Funken beim Messerschleifen, und das Herz hängt mir wie an einem Angelhaken, wissen Sie, an einem ganz dünnen Häkchen, und das reißt so, mit solch einem ganz dünnen, entsetzlichen Schmerz.«[2]

Kafka machte ihr keine Vorwürfe. Schuldig waren für ihn höchstens sie beide, weil sie sich unzählige Briefe geschrieben und darin Hoffnungen geschürt hatten, die in Wirklichkeit uneinlösbar waren. Überhaupt liegt für Kafka in der Möglichkeit, Briefe zu schreiben, ein böser Zauber, durch den Menschen sich betrügen und betrogen werden. Und er glaubte, dass durch moderne Erfindungen wie den Telegrafen und das Telefon diese Welt der »Gespenster«, in der es kein richtiges Gegenüber mehr gibt und wo Begegnungen im leeren Raum stattfinden, nur vergrößert wird und eine »schreckliche Zerrüttung der Seelen«[3] stattfindet. Kafka konnte nicht wissen, dass es einmal ein weltweites Kommunikationsnetz geben würde, in dem Menschen in einem unvorstellbaren Ausmaß in einem Geisterreich der Informationen und Kontakte miteinander verbunden sind.

Was Kafka den bösen Zauber von Briefen nannte, war für Milena eine Gefahr, die im alltäglichen Zusammenleben von Mann und Frau lauerte, nämlich dann, wenn man überhöhte Ansprüche an sich selbst und an andere stellt. In ihrem Umkreis erlebte sie viele Ehen, die schon nach kurzer Zeit scheiterten oder, wenn sie nicht geschieden wurden, einen Berg von Problemen hinter sich herschleppten und unaufhaltsam auf eine Katastrophe zusteuerten. Der Hauptgrund für dieses Scheitern war für Milena, dass Männer wie Frauen nicht weniger von einer Ehe erhofften als das große Glück. Die Folge ist, dass sie Versprechen geben, die sie nicht einhalten können, und vom Partner Dinge erwarten, die er nie erfüllen kann.

In einem Artikel über die Ehe und das Glück von Anfang 1923 schrieb sie: »Alle diese fantastischen großen Worte sind eine Ausrede, wie sich bei der ersten wirklich schwierigen Situation erweist, wo man sich anständig verhalten sollte. Aber warum versprechen die Menschen einander nicht, dass sie niemals zu faul sein werden, eine Apfelsine, einen Strauß Veilchen, einen neuen Bleistift oder eine Tüte Rosinen mitzubringen? Warum versprechen sie nicht, zum Frühstück gewaschen zu erscheinen, nach Wasser und Seife duftend, frisch und sorgfältig gekleidet, sowohl am Tage nach der goldenen Hochzeit wie jeden Tag bis dahin? Warum versprechen sie nicht, dass sie im Zorn lieber sich selber schlagen, als einander etwas Widerwärtiges, Geschmackloses, Hässliches vorzuhalten? Warum versprechen sie nicht, sich immer um den anderen und seine Interessen zu bemühen, mögen diese Kunstgeschichte, dem Fußball oder einer Schmetterlingssammlung gelten? Warum versprechen sie nicht, sich gegenseitig die Freiheit des Schweigens, die Freiheit des Alleinseins, die Freiheit ungezwungener Bewegung zu lassen? Warum versprechen sie nicht diese unendlich schweren ›Kleinigkeiten‹, die man erfüllen kann und die doch niemals erfüllt werden, anstelle von etwas so Nebensächlichem wie Glück?«[4]

Das waren Fragen, die Milena natürlich auch an sich selbst richtete. Sie hatte sich von der Ehe mit Ernst Polak vielleicht nicht das große Glück erhofft, aber doch mehr, als daraus geworden war. Inzwischen hatte sie gelernt, ihren Ehemann so zu akzeptieren, wie er war. Ja, man darf ihr glauben, wenn sie behauptete, dass sie ihn gern hatte. Das bedeutet nicht, dass sie die Kränkungen und Erniedrigungen, die er ihr gewollt oder ungewollt zufügte, auf Dauer ertragen konnte, zumal Polak nicht der Mann war, der seine notorische Untreue durch kleine Gesten der Aufmerksamkeit und gelegentliche Worte der Zuneigung erträglicher machen konnte. Milena wollte und musste sich aus seinem Bann befreien und unabhängiger werden. Ein erster Schritt hierzu war es gewesen, mit ihren Artikeln ihr eigenes Geld zu verdienen. Sie wollte auch einen Teil der Wohnung untervermieten, um eine weitere Einnahmequelle zu haben.

Ein nächster Schritt war es, dass sie einen Mann kennengelernt hatte, der ihr half, sich von Ernst langsam zu lösen. Er hieß Franz Xaver Graf Schaffgotsch und entstammte einer alten schlesischen Adelsfamilie. Schaffgotsch, der sechs Jahre älter war als Milena, war als junger Soldat schon zu Beginn des Weltkrieges verwundet worden und in russische Gefangenschaft geraten. Die Kriegsjahre hatte er in verschiedenen Lazaretten und Militärhospitälern in Russland verbracht, ehe er im April 1918 wieder in seine Heimat entlassen worden war. Nach Kriegsende hatte er einer Gesandtschaft angehört, die in Petersburg über die Rückkehr von österreichischen und deutschen Kriegsinvaliden verhandelte. Auf Umwegen und nach einer unglücklichen Ehe hatte es ihn nach Wien verschlagen. Er gehörte zum Strandgut des Krieges, zu jenen Menschen, die nach dem Zusammenbruch des Kaiserreiches ihren Platz in der Welt verloren hatten und nach neuen Aufgaben suchten. In den Kaffeehäusern war Schaffgotsch bekannt als »der rote Graf«, weil er sich für die Russische Revolution begeisterte und ein überzeugter Kommunist war. Gina Kaus behauptete, dass Schaffgotsch kurze Zeit ihr Liebhaber gewesen sei und sie ihn dann mehr oder weniger an Milena weitergegeben habe.[5] Milena erwähnte später davon nichts. Ihrer Version nach hatte der Graf, aus reiner Not oder aufgrund seiner kommunistischen Ideale, wie sie auf den Wiener Bahnhöfen Koffer geschleppt. Dabei war eine Freundschaft entstanden.

Schaffgotsch war für Milena die reinste Erholung. Anders als die »intelligenten Lümmel«[6], die sie zur Genüge kannte, war der Graf ein richtiger Gentleman. Er hatte ausgezeichnete Manieren und behandelte sie mit Respekt und Achtung. Außerdem hatte Schaffgotsch mehr Zeit für sie als Polak. Er begleitete sie auf ihren

Erkundigungen durch die Stadt und ging mit ihr ins Kino. Milena liebte das Kino und schrieb darüber. Sie mochte durchaus kitschige und unterhaltsame Filme, die sie nicht ernstzunehmen brauchte. Zuwider waren ihr allerdings Filme, die vorgaben, das Leben zu zeigen, und dann Menschen vorführten, die es in der Realität nicht gibt, die entweder gut oder böse, edel oder schlecht, treu oder untreu sind. Das waren für sie Filme »für Feiglinge«, die sich gerne betrügen lassen, um das wirkliche Leben besser auszuhalten.

Dagegen schätzte Milena die Filme von Charlie Chaplin, weil darin echte Menschen vorkamen. »Nur papierne Menschen haben einen geradlinigen Charakter«, schrieb sie in einem Artikel. »Wirkliche Menschen widersprechen sich hundertmal am Tage, sie gleichen ihren Edelsinn durch Schlechtigkeiten aus und zahlen für ihre Niederträchtigkeiten mit inneren Schönheiten.«[7] Milena hatte Fotos von Charlie Chaplin auf ihrem Schreibtisch, und sie wusste nie, ob sie weinen oder lachen sollte, wenn sie sein Gesicht betrachtete. Sie liebte den kleinen, abgerissenen Landstreicher, den Chaplin darstellte, weil selbst die härtesten Schicksalsschläge ihm nichts anhaben konnten. Milena kannte viele Leute in Wien, die schreckliche Schicksalsschläge erlitten hatten und daran nicht zerbrochen waren – aber nicht, weil sie so viel Kraft besessen hätten, sondern weil sie keine Tiefe hatten. Sie waren einfach nur zäh. »Ihr Schmerz«, so meinte sie, »weiß gar nicht, wo er sich eingraben soll. Er gleitet ab und verschwindet.«[8] Schmerz ohne Tiefe werde nicht zu Erfahrung und bereichere das Leben nicht.

In den Vorstädten Wiens traf Milena auf Existenzen, die Furchtbares erlebt hatten und in bitterster Armut lebten. Sie wunderte sich darüber, wie klaglos diese Männer und Frauen ihr Schicksal hinnahmen und nicht aufbegehrten, nicht rebellierten. Vom Grafen Schaffgotsch hatte sie erfahren, dass es auch anders gehen kann. In Russland hatten Männer wie Lenin die allgemeine Unzufriedenheit zur Explosion gebracht. Die Zarenfamilie war ermordet worden und das Proletariat hatte die Herrschaft übernommen. Schaffgotsch konnte in Feuer geraten, wenn er von der kommunistischen Idee sprach, die Unterdrückten zu befreien, Gleichheit unter den Menschen herzustellen, Ausbeutung und Ungerechtigkeit abzuschaffen. Milena war kein politischer Mensch, noch nicht. Von Leiden und Ungerechtigkeit wurde sie unmittelbar berührt, ohne groß über die Ursachen und Mittel dagegen nachzudenken. Jedem Bettler gab sie eine Münze, auch wenn sie wusste, dass die Hälfte unter ihnen nur eine »Komödie der Armut« vorspielte. »Ich bin kein Politiker«, schrieb sie. »Ich weiß nicht, was der beste Weg ist, den Armen zu helfen. Ich weiß nicht, ob der sogenannte Sozialismus der beste Weg ist oder Kommunismus oder Wohltätigkeit oder Arbeit. Ich weiß nur eine Sache, dass, solange es unter uns nur einen einzigen hungernden Menschen gibt, die Welt ein schlechter Ort ist.«[9]

Milena gehörte selbst noch zu jenen, die manchmal hungerten und jede Münze umdrehen mussten. Die Honorare, die sie für ihre Artikel bekam, reichten nicht. Ihr Vater hatte ihr zeitweise regelmäßig Geld geschickt, aber seine Unterstützung wieder eingestellt, wenn er sie zu etwas zwingen wollte. Milena machte Schulden. Vom Kaufhaus *Zwieback* wurde sie angezeigt, weil sie Kleider bestellt, aber nicht bezahlt hatte. Schlimmer noch war, dass es ihr gesundheitlich schlecht ging, woran auch ihr Kokaingenuss seinen Anteil gehabt haben mag. Der Arzt, den sie aufsuchte, meinte, sie würde die nächsten paar Monate nicht überleben, wenn sie sich nicht endlich an einem geeigneten Ort behandeln lasse.[10] Eine Kur war für sie unbezahlbar. Ihr Ehemann war selbst verschuldet, und Schaffgotsch, der für ein kommunistisches Blatt literarische und politische Texte aus dem Russischen übersetzte, war nicht besser dran als sie. Es blieb ihr nichts anderes übrig, als sich an ihren

Vater zu wenden. Der erklärte sich bereit, ihr einen Aufenthalt in einem Sanatorium auf dem Spitzberg zu bezahlen.

Im Sommer 1921 reiste Milena über Prag in den geliebten Böhmerwald. Vor dem Krieg war sie das letzte Mal hier gewesen, doch nichts hatte sich verändert. Die Wege, die Bäume, alles war vertraut. Als sie Anfang Oktober auf der Rückreise nach Wien in Prag Station machte, war sie gut erholt. Besser jedenfalls als Kafka, der Ende August nach langen Monaten in den Karpaten nach Prag zurückgekehrt war und dessen Zustand sich nicht wesentlich verbessert hatte. Als Milena erfuhr, dass Kafka in Prag war, wollte sie die Gelegenheit nutzen, ihn zu sehen. Sie schrieb ihm eine Nachricht. Und obwohl Kafka sich vor einem Treffen fürchtete, war er einverstanden, dass sie ihn besuchte. Und so betrat Milena zum ersten Mal die Wohnung der Kafkas am Altstädter Ring. Der Empfang durch Kafkas Eltern muss höflich, aber frostig gewesen sein. Milena hatte im Hause Kafka keinen guten Ruf. Was diese Professorentochter mit dem skandalösen Leben mit ihrem Sohn Franz verband, wollten Julie und Hermann Kafka wohl gar nicht so genau wissen. Kopfschütteln dürfte es bei ihnen ausgelöst haben, als Milena auch die nächsten Tage wieder vor der Tür stand.

Worüber Kafka und Milena sprachen, weiß man nicht. Dass er vor Kurzem ein Testament verfasst hatte, in dem er seinen Freund Max Brod bat, nach seinem Tod alles von ihm Geschriebene zu vernichten, hat Kafka sicher nicht erwähnt. Vermutlich hat Milena erzählt, dass sie nun für die angesehene Tageszeitung *Národní listy* schrieb, ein Sprachrohr der tschechischen Unabhängigkeitsbewegung, das vor allem von überzeugten Nationalisten wie Jan Jesenský gelesen wurde. Über ihre kurze Liebesgeschichte zu reden, haben beide wohl vermieden. Aber zum Abschied tat Kafka etwas, womit er sich Milena restloser offenbarte und auslieferte, als es lange mündliche Erklärungen vermocht hätten: Er übergab ihr seine Tagebücher. Ein stärkerer Beweis seines Vertrauens in sie war nicht möglich. Einen tieferen Einblick in seine Seele konnte er ihr nicht geben. Nachdem Milena ihn Ende November, bei einem erneuten Aufenthalt in Prag, nochmals besucht hatte, schrieb er in sein Tagebuch: »M. nach vier Besuchen weggefahren, fährt morgen weg. Vier ruhigere Tage innerhalb von gequälten. Ein langer Weg von da, dass ich über ihre Abreise nicht traurig bin, nicht eigentlich traurig bin, bis dorthin, dass ich wegen ihrer Abreise unendlich traurig bin. [...] Immer M. oder nicht M., aber ein Prinzip, ein Licht in der Finsternis.«[11]

In Wien wurde Milena schon von zwei anderen Männern sehnlichst zurückerwartet. Schaffgotsch fühlte sich ohne sie in der Stadt verloren. Und Polak stand den Aufgaben und Pflichten des Alltags oft hilflos gegenüber. Wenn Milena nicht seine Schuhe putzte, war er ratlos.[12] Außerdem war er oft krank und sein schwaches Herz machte ihm zu schaffen. Wenn er tagelang im Bett lag, musste er gepflegt werden. Zu allem Überfluss streikte nun Milenas Freundin Pani Kohler. Sie hatte sich verlobt mit einem Schuster, und der wollte nicht, dass sie noch länger die Wohnung der Polaks in Ordnung hielt. Offenbar hatte ihm Pani Kohler einiges über Herrn Polaks Liebesleben erzählt, und er hatte nun Angst, dass der auch seine Verlobte verführen könnte. Der Haushalt blieb nun an Milena hängen. In den freien Minuten schlich sie in ihr Zimmer, schrieb ihre Artikel und arbeitete an ihren Übersetzungen.

Ihre Arbeit brachte es mit sich, dass sie nun zwischen Wien und Prag hin- und herpendelte. Das Angebot ihres Vaters, bei ihm zu wohnen, wenn sie in Prag war, lehnte sie ab und nahm sich ein kleines, billiges Zimmer im Stadtteil Smíchov. Sie versäumte es nie, bei Kafka vorbeizuschauen. Das letzte Mal im Mai 1922. Kafka rechnete damit, demnächst als arbeitsunfähig erklärt und von seiner Behörde vorzeitig pensioniert zu werden. Milena war wie immer »lieb und stolz«, dennoch befangen wie bei einem Krankenbesuch.[13] Kafka wusste, dass Milena für ihn eine letzte Chance gewesen wäre. Sein Freund Albert Ehrenstein war sogar der Meinung, dass ihm mit Milena das Leben selbst die Hand gereicht habe. Wenn das stimmte, dann hatte er diese Hand nicht ergriffen und sich gegen das Leben entschieden.

Unter all den Männern, die in ihrem Leben eine Rolle spielten, blieb Kafka für Milena ein Seelenverwandter. Schaffgotsch war ein guter Freund. Polak eine erloschene Leidenschaft. Und ihr Vater der ewige Feind, an dem sie trotzdem hing. Milena schätzte und liebte diese Männer. Sie waren wichtig für sie gewesen, um ihr Selbstverständnis als Frau, als Geliebte, als Tochter zu gewinnen. Gleichzeitig musste sie ihnen gegenüber ihren Freiraum verteidigen. War das ein unmöglicher Spagat? Und wie sollte dieser Freiraum aussehen?

Wie schwer es war, als Frau ein selbstbestimmtes Leben zu führen, das musste Milena Tag für Tag erfahren, und an diesen Erfahrungen ließ sie die Leser ihrer Artikel teilhaben. Sie machte ihrem Ärger darüber Luft, dass viele Frauen es nicht wagten, alleine ins Kino oder ins Theater zu gehen, und schräg angeschaut wurden, wenn sie nur zwei Minuten alleine auf der Straße auf jemanden warteten. Natürlich sollten solche Vorurteile überwunden werden, doch zunächst galt es für Milena, die Realität ins Auge zu fassen, und in der waren Männer eben viel freier und unabhängiger als Frauen: »Selbst wenn sie alles verlieren, verlieren sie doch fast nichts, sie können immer wieder von vorne anfangen; und auch wenn sie alleine sind, sind sie nicht verlassen, denn ihnen steht die Welt der Tat und des Arbeitens offen; ganz anders als die Welt der Frauen, die immer instinktiv ist; dagegen erfüllt die Arbeit der Männer auch ein enttäuschtes und einsames Leben. Für eine Frau ist das Unglück einer Trennung ein Schicksalsschlag, der das ganze

Leben infrage stellt, ein Mann dagegen nimmt es als gewöhnlichen Kummer. Für eine Frau ist Einsamkeit eine Katastrophe, einem Mann mag sie zwar Unbehagen bereiten, doch sie hat nichts Verhängnisvolles.«[14]

Solche Ungleichheiten sind gesellschaftlich bedingt. Für Milena bestand kein Zweifel, dass Frauen genauso leistungsfähig und klug sind wie Männer. Aber ebenso stand für sie außer Frage, dass es zwischen Frauen und Männern grundsätzliche Unterschiede gibt, die man nicht leugnen und schon gar nicht beseitigen kann. Frauen können schwanger und Mütter werden, und das bestimmt auch ihr Selbstwertgefühl und ihre Art, in der Welt zu wirken. An dieser Eigenart von Frauen wollte Milena festhalten, und sie war bereit, dafür auch »altmodische Ansichten« zu vertreten. Frauen sollten sich ihrer Ansicht nach nicht dafür schämen müssen, einen Haushalt zu führen oder Kinder zu erziehen. Diese Erziehungsarbeit sei, so Milena, beileibe keine Kleinigkeit und vielleicht genauso wichtig, wie eine Firma zu leiten oder eine Rede im Parlament zu halten. Frauen sollten daher das, was sie von Männern unterscheidet, nicht als Schwächen verstehen, sondern als Stärken. »Auf dem Grunde ihres Herzens bleibt sie das, wozu Gott sie geschaffen hat: eine Frau und Mutter. Glücklicherweise will sie das auch nicht ändern, entgegen allen Forderungen der Frauenbewegung, und das ist ihr größter Wert.« [15]

Milena war für viele ihrer Leserinnen ein Vorbild an Emanzipation, auch wenn manche ihrer Ansichten konservativ waren. Das war für Milena kein Widerspruch. Die Wirklichkeit zu sehen, wie sie war, und sich vorzustellen, wie sie sein könnte, das gehörte zusammen. Sogar in ihren Artikeln über Modethemen appellierte sie an die Frauen, sich von den starren, künstlichen und letztlich unterdrückenden Schönheitsidealen der Vergangenheit zu befreien, einfache, bequeme und doch stilvolle Kleider zu tragen, auf

Gesundheit und Hygiene zu achten. Mode sei letztlich nebensächlich, schrieb sie. Nur eine Frau mit einer zutiefst ausgebildeten Individualität sei eine schöne Frau.[16]

Zur Individualität einer Frau gehöre es in erster Linie, unabhängig zu sein, auch finanziell unabhängig. Die Zeiten, in denen der Mann der »Herr des Hauses« war, allein das Geld verdiente und die Frau nur glücklich sein durfte, wenn er mit ihr zufrieden war, seien vorbei. In einer modernen Beziehung begegneten sich für Milena beide auf Augenhöhe. »Wenn eine Person weniger wert ist als die andere«, so schrieb sie, »kann es eine ruhige Zufriedenheit der Freundschaft nicht geben.« Die Eigenständigkeit der Frau muss aber nicht bedeuten, dass sie auf Familie und Kinder verzichten muss. Um aber beides miteinander zu verbinden, bedarf es nach Milena einer neuen »Organisation der Arbeit«.[17]

In den Texten über die Lage der Frauen dringt immer wieder jene alte Sehnsucht nach einem anderen Leben durch, nach einem, wie sie Max Brod schrieb, erdnahen Leben, »einem Leben mit einem Kinde«. Ein solches Leben schien in Wien in weiter Ferne. Es fehlte dazu auch der richtige Mann. Milena dachte oft darüber nach, ob es möglich wäre, alles hinter sich zu lassen und völlig neu zu beginnen.

Möglich erschien es ihr, wenn sie am Fenster ihres Zimmers stand, über die Dächer schaute und in ihr das Verlangen übermächtig wurde, in die Welt zu fliehen, dorthin, wo jenseits des Horizonts das Unbekannte lag, eine vielversprechende Ferne. »Dort ist Platz für neue Wege«, schrieb sie in einer Art Fantasie. »Hier die Tür hinter sich schließen und *dort* neu beginnen. Völlig von Anfang an, alles anders […]; hier bricht alles zusammen, aber *dort* kann man sich retten. So hast du es dir wohl einmal vorgestellt, mein Herz, an einem Spätsommerabend, am Fenster, plötzlich hast du nichts gesagt, nur fort, fort, fort; hast alles verstummen lassen, überall Schluss gemacht, alle Gefühle in Koffer gepackt, bunt durcheinander, eines zerknautscht auf dem anderen.«[18]

Im Sommer 1923 packte Milena tatsächlich ihre Koffer. Sie stieg in den Zug und reiste nach Italien. In Venedig hatte sie nicht genug Augen, um alles Herrliche um sich herum zu betrachten, die märchenhaften Paläste, das Meer, die Gondeln, die Sonne. Sie vergaß, dass sie losgefahren war, um etwas zu suchen. In Pisa stand sie staunend und voller Begeisterung vor dem schiefen Turm. Doch als sie sich unvermittelt fragte, ob sie hier leben könnte, verkrampfte sich ihr Herz vor Angst. Bei der Vorstellung, hier bleiben zu müssen, fühlte sie sich so verlassen wie nie zuvor. Und in den Gassen und Arkaden von Padua blieb sie plötzlich wie versteinert stehen. In diesem einen Augenblick wurde ihr klar, dass sie sich getäuscht hatte. Zu denken, dass alles gut wird, wenn sie von Ort zu Ort reist, war Unsinn. Es gab viele schöne Dinge, alles war lehrreich und begeisternd – aber was blieb ihr von alledem? Keine noch so interessante Sehenswürdigkeit wollte sie sich mehr anschauen. Die Welt, die sie gesucht hatte, musste etwas anderes sein, etwas anderes als Heimat und Fremde, etwas Drittes, das vielleicht unerreichbar war. »Welt« war etwas anderes als die Wirklichkeit mit ihren Straßen, Häusern und Menschen. Musste sie diese Welt nicht bei sich suchen? War nicht das Einzige, auf das sie sich verlassen konnte, ihr eigenes, »kleines Herz«?

Milena konnte es nicht erwarten, wieder nach Hause zu kommen. Endlich stand sie vor dem Haus in der Lerchenfeldstraße. Sie flog die Treppen hinauf und stürzte atemlos in ihr vertrautes Zimmer. Was in ihr vorging, hat sie in einem ungewöhnlichen Reisebericht geschildert: »Das Erste, was du tatest, Herz: Du blicktest aus dem Fenster. Dort hinter den Dächern, hinter dem Himmel und der Straße liegt die Welt. Heute so unbekannt, ersehnt, lockend wie an dem Tag, als du fortgefahren bist. Hier am Fenster stehst du, um eine Erfahrung ärmer, mit der Erkenntnis: Diese Welt dort draußen, und wenn sie zehnmal so groß wäre, hat keine Anfänge in sich. Der Weg zu ihnen führt nicht über Eisenbahnschienen in die Ferne. Es gibt nur einen Weg zu einer neuen inneren Welt: tapfer zuschauen, wie die alte Welt zusammenbricht. Sie muss völlig zusammenbrechen, sodass alles durcheinander und öde ist, und das müsstest du aushalten.«[19]

Die alte Welt brach schneller zusammen als gedacht. Milena hatte gerne in Wien gelebt, aber auf die Dauer war ihr die Stadt zu wenig herausfordernd, die Menschen zu oberflächlich, immer um jeden Preis lustig. Mit ihrem Beruf konnte sie überall leben. Vielleicht in Paris oder in Berlin? Hauptsache, sie schaffte es, finanziell unabhängig zu werden. Erfolgreich war sie schon. Manche Leser sahen in ihr eine Lebensberaterin und sie bekam Briefe von ihnen. In einem wollte eine Frau wissen, wie sie sich gegenüber ihrem untreuen Mann verhalten sollte. Nun, da war Milena Expertin. Ihre Antwort dürfte die Fragestellerin überrascht haben. Frauen sollten sich nicht als Opfer sehen und Männer nicht als Schurken hinstellen. Männer seien, so meinte sie, »große Kinder«, die wie Schuljungen ihre Kräfte ausprobieren müssten und sich und anderen beweisen wollten, dass sie immer noch jung seien. Im Grunde, so Milena, würden Männer nur so tun, als verstünden sie das Leben. In Wirklichkeit verstehe ein Mann nur sich selbst. Wenn er zwischen zwei Frauen hin- und hergerissen sei, mache ihn dieser Konflikt nur egoistisch. Von tragischen Gesten, Szenen und Drohungen riet Milena ab. Stattdessen sollte eine Frau ihrem Mann aufmerksam in die Augen sehen, genau auf seine Gesten achten und sorgfältig hinhören, was und wie er etwas sagt, und dann würde sie feststellen, dass er arm und schwach ist, und sie würde die richtigen Worte finden, die beiden helfen. »Leben Sie neben ihm«, riet Milena der Leserin, »nicht, indem Sie ihm Vorwürfe darüber machen, was er nicht kann, sondern anerkennen, was er kann. […] Wir sind keine Richter und lassen Sie uns bitte keine Moralisten sein. Wir sind Menschen. Und es ist notwendig, auch einem Feigling zu helfen.«[20]

Diese Ratschläge gehen zweifellos auf Milenas Erfahrungen mit ihrem eigenen Mann zurück. Hatte sie entdeckt, dass seine notorische Untreue nur Schwäche war? Eine Schwäche allerdings, die er nicht ablegen konnte und die für Milena unerträglich wurde, selbst wenn sie noch so viel Geduld und Verständnis aufbrachte. Sie erfuhr, dass eine junge Frau ein Kind von ihm erwartete. Damit nicht genug. Ein gewisser Ernst Weiß, ein Arbeitskollege Polaks, beschwerte sich bei der Direktion der Bank, dass dieser ein Liebesverhältnis zu seiner Frau Mia unterhalte und sie zum Kokaingenuss verleitet habe.[21] Die Sache endete dramatisch. Bei einem Streit mit ihrem Mann erlitt Mia Weiß einen Nervenzusammenbruch und wurde in ein Sanatorium eingeliefert. Dort sprang sie aus dem Fenster, landete auf einer Markise und brach sich das Hüftgelenk. Davon blieb ihr ein lebenslanges Hinken.

Diese Vorfälle gaben Milena den Rest. Ihr Entschluss stand nun fest. Sie würde ihren Mann verlassen, endgültig. Und sie würde aus Wien wegziehen. Um Polak nicht völlig verschuldet zurückzulassen, wollte sie die Wohnung und die Möbel verkaufen und damit seine Schulden begleichen. Am 20. März 1924 schrieb sie an Karel Hoch, den Chefredakteur von *Národní listy*: »Also: Ich würde gerne von meinem Mann weggehen. Ich bin irgendwie unendlich müde von diesem Leben, ich glaube nicht, dass er sich ändert, und ich würde vielleicht heute gar nicht mehr hier leben wollen, selbst wenn er sich änderte. Schon seit Jahren widerfahren mir schmerzhafte Dinge, und auch wenn ich weiß, dass niemand etwas dafür kann, auch wenn ich dadurch unheimlich viel gelernt habe und ein reifer und fester Mensch geworden bin, kann ich einfach so nicht mehr weiter. Aber eine Scheidung (jede Scheidung) ist eine schreckliche Sache, ja eine Quälerei, und ich weiß nicht, ob ich es aushalte. [...] Aber weil ich mein Leben von Grund auf verändern und mich von allen Abhängigkeiten befreien will, möchte ich vor allem finanziell unabhängig werden.«[22]

Wusste Milena, dass Kafka auf dem Weg nach Wien war? Nicht, um sie zu besuchen, sondern weil er sich in der Universitätsklinik behandeln lassen wollte. Seine Krankheit war weit fortgeschritten. Er wog mit Winterkleidung nicht einmal fünfzig Kilo, und sein Kehlkopf war so angeschwollen, dass er nicht mehr richtig essen konnte. Kafka war nicht alleine. Er hatte doch noch eine Frau gefunden, die zu ihm passte. Dora Diamant hieß sie und er hatte sie bei einem Aufenthalt an der Ostsee kennengelernt. Mithilfe der jungen, erst vierundzwanzigjährigen Dora hatte er es tatsächlich geschafft, Prag und seinen Eltern den Rücken zu kehren. Die beiden hatten wenige, aber glückliche Monate in Berlin verlebt, ehe die Krankheit Kafka zwang, seinen Traum von einem selbstbestimmten Leben mit Dora wieder abzubrechen. Mitte April wurde er in die laryngologische Klinik in Wien eingeliefert. In dem riesigen Krankensaal, in dem er lag, starben die Patienten wie die Fliegen. So wollte er nicht sterben. Dora nahm es in die Hand, dass er in ein privates Sanatorium in Kierling, am Stadtrand von Wien, verlegt wurde.

Milena hat vierzehn Jahre später in einem Brief behauptet, dass sie neben Kafka saß, als er im Sterben lag.[23] Das ist bezweifelt worden, weil es dafür keine Belege gibt. Aber warum sollte sie lügen? Kafka starb am 3. Juni 1924. An diesem Tag war Milena nachweislich in Prag. Seinen Tod konnte sie nicht miterlebt haben, da war nur Dora an seiner Seite. Aber es ist durchaus vorstellbar, ja sehr wahrscheinlich, dass sie ihn kurz vor seinem Tod besucht hat.

Zwischenstation in Buchholz bei Dresden 1924/25: Otto Rühle, Milena, Staša, Graf Schaffgotsch (v.l.n.r.)

Drei Tage nach Kafkas Tod erschien in *Národní listy* ein Nachruf von Milena Jesenská. Darin heißt es: »Vorgestern starb im Sanatorium Kierling in der Nähe von Klosterneuburg bei Wien Dr. Franz Kafka, ein deutscher Schriftsteller, der in Prag lebte. Hier kannten ihn wenige, weil er ein Einzelgänger war, so ein wissender, vom Leben verschreckter Mensch; er war jahrelang lungenkrank, und obwohl er die Krankheit behandeln ließ, hat er sie doch wissentlich genährt und gedanklich gefördert. [...] Sie verlieh ihm eine geradezu wunderbare Zartheit und eine erschreckend kompromisslose Subtilität; als Mensch lud er jedoch all seine intellektuelle Furcht vor dem Leben auf die Schulter seiner Krankheit. Er war scheu, ängstlich, sanft und gut, aber er schrieb grausame und schmerzhafte Bücher. [...] Er war zu hellsichtig, um leben zu können, um mit der Schwäche der edlen, schönen Menschen zu kämpfen, die den Kampf nicht aus Furcht vor Missverständnissen, Lieblosigkeiten und geistiger Lüge meiden, obwohl sie im Voraus wissen, dass sie machtlos sind, und die so unterliegen, dass sie den Sieger bloßstellen. [...] Er war ein Mensch und Künstler von so feinem Gewissen, dass er auch dort etwas spürte, wo sich andere, die nicht so empfindlich waren, ungefährdet fühlten.«[24]

Ende Juni 1924 verließ Milena zusammen mit Schaffgotsch Wien, für immer. Die Ehe mit Polak wurde im folgenden Jahr in Prag geschieden. Polak wurde durch die Trennung von Milena aus der Bahn geworfen. Er kündigte seine Arbeitsstelle und versuchte, in Paris und Berlin von seiner schmalen Pension zu leben. 1926 kehrte der inzwischen Vierzigjährige nach Wien zurück und wartete darauf, dass sich in seinem Leben noch einmal eine entscheidende Wende ereignet. Diese Wende kam zwei Jahre später. Er holte das Abitur nach und begann ein Studium der Philosophie und Germanistik. »Es war meine beste Wendung in Lebenskunst«, schrieb er an einen Freund.[25] Mit Milena blieb er in Kontakt. Und Milena beteuerte zeit ihres Lebens, dass sie nie aufgehört habe, ihn zu lieben.

ZERBRECHLICHES GLAS

»Ich bin furchtbar allein, ihr seid alle gesund.«

Das Paar auf dem Foto sieht aus, als hätte es sich für einen Theaterbesuch fein gemacht. Milena trägt ein knöchellanges, elegantes Kleid. Graf Schaffgotsch steht seitlich zu ihr, im dunklen Anzug mit Krawatte und einem weißen Einstecktuch in der Brusttasche. Seine rechte Hand liegt auf Milenas Schulter. Die beiden befinden sich in einem großen Garten, der zum Haus des Ehepaars Alice Gerstel und Otto Rühle in Buchholz bei Dresden gehört. Alice Gerstel stammt aus einer reichen Prager Familie und kennt Milena schon aus ihrer Jugendzeit. Vor vier Jahren, 1921, hat sie den zwanzig Jahre älteren Otto Rühle geheiratet, eine schillernde Figur im politischen Deutschland. Er war SPD-Abgeordneter im deutschen Reichstag gewesen und hatte gegen die Mehrheit seiner Partei neue Kredite zur Fortführung des Krieges abgelehnt. Zusammen mit Rosa Luxemburg und Karl Liebknecht gründete er den legendären Spartakus-Bund, der nach Kriegsende eine kommunistische Revolution herbeiführen wollte. Luxemburg und Liebknecht waren im Januar 1919 von Mitgliedern eines rechten Freikorps brutal ermordet worden. Rühle hatte sich später von der Politik zurückgezogen und widmete sich der Frage, wie man die Ideen des Kommunismus mit modernen Erziehungsmethoden verbinden kann. Rühle und seine junge Frau Alice, eine Schülerin des Individualpsychologen Alfred Adler, betrieben in Buchholz den Verlag »Am anderen Ufer«, der politische und pädagogische Schriften herausgab.

Aus dem geplanten kurzen Besuch in Buchholz wurden neun lange Monate. Für Milena war diese Zeit eine Atempause vor einem neuen Lebensabschnitt. Eine Gelegenheit, sich Gedanken zu machen über ihre Zukunft. Beschlossen hatte sie bereits, nicht nach Paris oder London zu gehen, sondern nach Prag zurückzukehren. Dort waren die Zeitungen und Verlage, für die sie arbeitete. Dort konnte sie am ehesten ein unabhängiges Leben aufbauen. Und darüber hinaus? Sollte sie jetzt Karriere machen? Und was war mit ihrem Traum von einem erdnahen Leben mit einem Partner und einem Kind? War der Graf der richtige Mann dafür?

»Wenn ich nach meinem Dafürhalten leben würde«, so bekannte sie einer Freundin, »und nicht danach, wie ich weiß, dass ich leben sollte, würde ich vielleicht irgendwo dort landen, was man als ›unten‹ bezeichnet.«[1] »Unten« zu landen, würde andererseits bedeuten, von anderen abhängig zu sein. Also musste Milena Kompromisse eingehen und weiter pünktlich ihre Artikel und Übersetzungen abliefern, auch wenn die Linie eines nationalkonservativen Blattes wie *Národní listy* nicht mehr ihren Vorstellungen entsprach. Von Buchholz aus versuchte sie den Redakteur Karel Scheinpflug davon zu überzeugen, in der Weihnachtsausgabe nicht wieder eine beschauliche Weihnachtsgeschichte aus Prag zu drucken, sondern eine Novelle von Robert Louis Stevenson, dem Verfasser der *Schatzinsel*, dei sei übersetzen wollte. »Sagen Sie Ja«, schrieb sie ihm, »ist sie im Handumdrehen auf Ihrem Tisch; zwei Nächte reichen dafür. Lieber, goldiger, einziger, geliebter, teurer, gütiger, unbeschreiblich gütiger Herr Scheinflug. *Bitte*, tun Sie mir den Gefallen!«[2] Wer könnte da Nein sagen!

Wie eine verlorene Tochter kehrte Milena im Herbst 1925 endgültig nach Prag zurück und wurde mit offenen Armen empfangen. Nach den Erinnerungen der Journalistin Hana Šklíbová war der Eindruck, den sie machte, »überwältigend«: »Sie war elegant gekleidet, trug kurzgeschnittenes Haar, war witzig, fröhlich. Mir kam es vor, als hätte sie diese sonderbare Art von Wiener Charme und dekadentem Leichtsinn mit nach Prag gebracht. Ich war kein Aschenputtel, aber Milena, das war die große Welt.«[3] Mit ihren lebendigen Berichten aus Wien hatte Milena in Prag schon eine treue Leserschaft gewonnen. Ihr Name war so publikumswirksam, dass man damit eine Sammlung von Kochrezepten herausgeben konnte, die sich prächtig verkaufte. Dabei spielte es keine Rolle, dass Milena eine schlechte Köchin war und die meisten Gerichte nicht hätte zubereiten können. Der Prager Verlag *Topič* druckte daraufhin einen Band ihrer früheren Feuilletons unter dem Titel *Der Weg zur Einfachheit*. Milena widmete das Buch ihrem »teuren Vater«. War das ein Friedensangebot?

Jan Jesenský war ohne Zweifel stolz auf seine Tochter, auch wenn er das nicht zeigte. Nicht einverstanden war er allerdings mit ihrem neuen Lebenspartner. Dieser Graf war zwar kein Jude, aber ein Kommunist, und das war für den Professor fast genauso schlimm. Der Adelstitel und die vornehme Herkunft imponierten Jesenský wenig. Als Milena ihm Schaffgotsch vorstellte, warf der Vater nur einen kurzen Blick auf ihn, brummte eine knappe Begrüßung und verschwand wieder hinter seiner Zeitung.

Graf Schaffgotsch hatte es schwer in Prag. Während Milena bereits ein Netz von Kontakten hatte und ihre Wohnung am Malteser Platz, auf der Prager Kleinseite, zum Treffpunkt von Künstlern, Journalisten und Schriftstellern wurde, fand er keinen Zugang zu künstlerischen oder politischen Kreisen. Der »ausgeflippte Graf«[4], wie man ihn nannte, blieb ein Fremder in Prag, und man machte sich über ihn lustig, wenn er in den Cafés auftauchte und verzweifelt nach Milena fragte. Polak hatte sein eigenes Leben geführt und Milena hatte sich oft vernachlässigt gefühlt, aber beide waren durch eine gemeinsame »innere Sprache« verbunden gewesen, weshalb die Trennung von ihm für sie so schmerzlich war. Mit einem Mann wie Schaffgotsch, der wie eine Klette an ihr hing und eine ganz andere »innere Sprache« hatte, konnte sie nicht zusammenleben, mehr noch, er wurde ihr unerträglich. Darum war sie auch nicht unglücklich, als er Prag wieder verließ und nach Wien zurückkehrte. »Ich hatte eine derbe Freude daran, dass er wegging«, schrieb sie einem Freund, »und eine genauso derbe Angst, er könnte zurückkommen. Ich hasse ihn noch heute.«[5]

Wien war eine Stadt, die noch von und in der Vergangenheit lebte. In Prag dagegen herrschte Aufbruchsstimmung. Es hatte sich eine Gruppe gebildet, die den Mief der Donaumonarchie abschütteln wollte und begierig alles aufsaugte, was es an neuen Ideen in der Kunst, der Fotografie, dem Film, der Architektur, dem Theater, der Mode in Europa gab. Für die Mitglieder von *Devětsil*, wie sich die Künstlervereinigung nannte, war es selbstverständlich, »links« zu sein. »Links« war gleichbedeutend mit Fortschritt, Zukunft, Befreiung von alten Mustern und Zwängen, der Suche nach einer besseren Welt. Und der erste sozialistische Staat, der nach der Oktoberrevolution in der Sowjetunion entstanden war, galt vielen als der Ort, wo all diese Utopien verwirklicht wurden. Milena teilte das Lebensgefühl der *Devětsil*-Leute. Mit den führenden Köpfen wie Karel Teige war sie befreundet. Und mit ihren Artikeln wollte sie die neuen Ideen einem breiteren Publikum vermitteln. Dabei ging es ihr um die Haltung einer »neuen Sachlichkeit« – für Milena eine »magische Formel«, mit der man sich befreien konnte von den Lebensweisen und der Ästhetik des neunzehnten Jahrhunderts, »von Stuckverzierungen, von Gipsstatuen, von echten und symbolischen alten Zöpfen«.[6] Diese neue Lebensform sollte sich sowohl in der politischen Gesinnung als auch in einer veränderten Mode und einem anderen Selbstverständnis von Frauen ausdrücken.

Mehr und mehr zweifelte sie allerdings daran, ob *Národní listy* der richtige Ort für ihre Anliegen war. Das Leib-und-Magen-Blatt ihres Vaters war ihr zu national eingestellt, die Beiträge zu würdig, steif, pathetisch, langweilig und leblos. »Um uns herum ist alles in Bewegung«, schrieb sie an Karel Hoch, »entwickelt und verändert sich und wir sind wie abgestandenes Wasser.«[7] Viel reizvoller erschien es ihr, auf das Angebot ihrer Freundin Staša einzugehen und bei einer neuen Zeitung mitzuarbeiten. *Pestrý týden*, Bunte Woche, sollte sie heißen und ein Magazin nach amerikanischem Vorbild werden. Staša war als verantwortliche Redakteurin vorgesehen. Zu ihrem Team sollten neben Milena der Zeichner Hugo Brunner und der vielseitig begabte Adolf Hoffmeister gehören. Staša war seit acht Jahren verheiratet und hatte zwei Töchter, Zwillinge. Doch nicht nur Milena fiel auf, dass sich Staša und der junge, attraktive Hoffmeister sehr gut verstanden und sie mehr verband als die berufliche Arbeit.

Milena konnte die beiden beobachten bei einer Dampferfahrt auf der Moldau an einem Sommertag im Jahr 1926. Der Prager Verein Bildender Künstler hatte dazu eingeladen. Die Fahrt ging flussaufwärts zu dem kleinen Ort Zbraslav, wo die Gesellschaft das Barockschloss besuchte und sich dann im Garten eines Gasthauses niederließ. Unter den Teilnehmern der Lustfahrt waren nur wenige, die Milena nicht kannte. Einer von ihnen war der junge Architekt Jaromír Krejcar, von dem alle nur mit großer Bewunderung redeten. Milena kam mit ihm ins Gespräch, und sie stellten schnell fest, dass sie viele Gemeinsamkeiten hatten. Krejcar schrieb Artikel über Architektur und Politik für verschiedene

Jaromír Krejcar

Prager Zeitungen und hatte schon mehrere Bücher grafisch ausgestaltet. Bei allem, was er über seine Vorstellungen von modernem Wohnen sagte, konnte Milena nur begeistert zustimmen. Auf der Rückfahrt nach Prag hatten die beiden nur Augen und Ohren füreinander, und als die Ausflügler nach der Ankunft in alle Richtungen auseinanderliefen, verschwanden Milena und Krejcar zusammen in den Gassen Prags. Wo sie in dieser Nacht noch überall aufgetaucht waren und was sie alles unternommen haben sollen, darüber gab es nachher die wildesten Gerüchte.

Milena hat sich einmal gewünscht, jemanden zu finden, der ihre Fähigkeit zur Leidenschaft entfesselte, und zwar so, dass sie zu dieser Fähigkeit ohne Reue stehen könne.[8] Hatte sie mit Jaromír so jemanden gefunden? Die beiden konnten jedenfalls über alles reden und sie konnten unbeschwert sein wie kleine Kinder.

Beide liebten die Natur. Sie streiften durch die Wälder um Prag und schwammen in der Moldau. Es konnte vorkommen, dass sie plötzlich Sehnsucht nach dem Böhmerwald überkam und sie sich kurzentschlossen Geld von Freunden ausliehen, um sich mit dem Taxi zum Spitzberg fahren zu lassen. Obwohl Krejcar ein anerkannter Architekt war, hatte er immer wenig Geld. Daran war er seit seiner Kindheit gewohnt. Er kam aus sehr einfachen Verhältnissen und hegte einen Groll gegen alle Kapitalisten, die er, wie er einmal sagte, mit den eigenen Waffen bekämpfen wolle.[9]

Krejcar, der zwei Jahre älter war als Milena, hatte sehr früh seinen Vater, einen Förster, verloren. Seine Mutter zog daraufhin mit ihrem einzigen Kind aus dem Geburtsort in Niederösterreich nach Prag und verdiente mit einem kleinen Süßwarenladen das Geld für die Ausbildung ihres Sohnes. Jaromír machte eine Lehre als Maurer und besuchte verschiedene Fachschulen, ehe er an der Akademie studieren konnte. Er war ein hochbegabter Student und bekam nach seinem Abschluss Aufträge von Privatpersonen und Geschäftsleuten. Er stand am Anfang seiner Karriere und alle sagten ihm eine große Zukunft voraus.

Wie Milena hatte Jaromír Krejcar bereits eine gescheiterte Ehe hinter sich, und er war Vater eines dreijährigen Sohnes, der bei seiner Mutter aufwuchs. Zu der Zeit, als er Milena kennenlernte, war Krejcar liiert mit einer jungen Chemikerin, die sich zusätzlich einen Namen als Übersetzerin literarischer Texte gemacht hatte. Von Milena war Krejcar jedoch so überwältigt, dass neben ihr alles andere an Bedeutung verlor und er nach kurzer Zeit entschlossen war, sie zu heiraten. Und Milena? In ihrem Artikel über die Ehe hatte sie behauptet, dass es nur einen Grund gebe, zu heiraten, und zwar den, dass man ohne den anderen nicht leben könne. Auf Jaromír traf das offenbar zu. Hoffte Milena, darüber hinaus mit Jaromír ein Leben führen zu können, wie sie es sich immer

Die leidenschaftliche Schwimmerin

gewünscht hatte, nämlich unabhängig zu bleiben und dennoch Familie und Kinder zu haben? Am 30. April 1927 heirateten die beiden. Jan Jesenský gab seinen Segen zu dieser Verbindung, obwohl er an Krejcar einiges auszusetzen hatte. Seine linke Gesinnung gefiel ihm nicht und er hielt ihn für einen Weiberhelden.

Die Bedenken ihres Vaters waren Milena gleichgültig. Sie war überglücklich, fühlte sich »wie gerettet« und nahm sich vor, »ehrlich zu leben, nicht zu lügen und nicht einmal die geringste Unanständigkeit zu begehen, damit ich eine aufrichtige, gerade Beziehung mit meinem schönen, edlen, wunderbaren Mann führen kann«.[10] Das junge Paar zog in die Spálená Straße, in das Haus, in dem Jaromírs Mutter im Erdgeschoss ihren Süßwarenladen hatte. Sie richteten die Wohnung im ersten Stock nach ihrem Geschmack ein, was viel Geld kostete – Geld, das sie eigentlich nicht hatten. Was Milena mit ihren Artikeln verdiente, reichte gerade für den Haushalt, Kleider und die Miete. Von Geldsorgen wollte sie sich ihr Glück aber nicht trüben lassen. Ein geistiger Mensch, so meinte sie, hoffe zwar immer auf Geld, doch auch wenn er wirtschaftlich ungesichert sei und sogar hungern müsse, sei ihm doch im letzten Winkel seiner Seele »das Geld irgendwie gleichgültig«.[11]

Jaromír dachte offenbar genauso. Trotz Schulden ließ er sich nicht davon abbringen, ein Auto anzuschaffen, das er vermutlich nie abbezahlen konnte. Mit diesem Austro-Daimler unternahmen er und Milena weite Reisen. Zusammen mit Freunden fuhren sie nach Wien, wo ihnen Milena ihre früheren Lebensorte zeigte. Und im Herbst 1927 reiste sie mit Jaromír nach Stuttgart, um die internationale Werkbundausstellung *Die Wohnung* zu besuchen. Für *Národní listy* berichtete Milena begeistert über die revolutionären architektonischen Entwürfe des Franzosen Le Corbusier und des Deutschen Walter Gropius. Der Bericht wäre kein typischer

Milena mit Freundin Staša

Milena-Text, wenn sie nicht auch von ihren persönlichen Eindrücken von Deutschland erzählen würde. Sie bewunderte den vortrefflichen Zustand der deutschen Straßen, die Sauberkeit und Ordnung, die überall herrschten, aber was sie schmerzlich vermisste, war etwas von der Ungezwungenheit der slawischen Seele. »Für einen Deutschen liegt der Lebenssinn darin, Befohlenes auszuführen und Verbotenes zu meiden. [...] Den Deutschen fehlt jegliche Beziehung zu den Genüssen des Lebens, jeglicher Sinn für die Qualität der Dinge, sie sind einfach blind für den Zauber der Welt. Sie gehen nirgendwohin, wenn es keine Verpflichtung ist, und man merkt mit Erstaunen, dass Pflicht, sobald sie nicht der Weg, sondern das Ziel ist, vor dem Angesicht Gottes und der Unendlichkeit lächerlich erscheint, was die letzte slawische Seele bei der kleinsten Verrichtung und jedem Atemzug weiß.«[12]

Diese slawische Seele erlebte Milena vor allem in der Redaktion von *Pestrý týden*. Das Team um sie und Staša war für sie wie eine Familie, in der gelacht, gefeiert und gearbeitet wurde. Daher war es für sie ein schwerer Schock, als sie Ende 1927 entlassen wurde. Angeblich ging dem Besitzer des Blattes Milenas Sympathie für sozialistische Ideen zu weit. Staša war über den Rausschmiss ihrer Freundin so empört, dass sie kündigte. Ihre leidenschaftliche Beziehung zu Adolf Hoffmeister hielt sie aufrecht. Und es sollte nicht mehr lange dauern, bis sie ihren Ehemann verließ und darauf wartete, dass auch Hoffmeister sich von seiner Frau trennte und sie endlich zusammenfinden würden.

Der berufliche Rückschlag geriet bald in Vergessenheit, als Milena Anfang 1928 feststellte, dass sie schwanger war. Sie war nun einunddreißig Jahre alt. Sollte ihr Traum von einem Leben mit einem Kind endlich in Erfüllung gehen? Sie wünschte sich einen Jungen. Wie er heißen würde, stand für sie schon fest, nämlich Honza, eine Koseform von Jan, dem Vornamen ihres Vaters. Milena konnte nicht wissen, dass sie den Höhepunkt des Glücks bereits erreicht hatte. Am Ende des Jahres sollte von diesem Glück nicht mehr viel übrig sein. Wie es dazu kommen konnte, lässt sich nur schwer nachzeichnen. Zu verschieden und widersprüchlich sind die Quellen. Angefangen haben soll es damit, dass Milena sich beim Skifahren im Frühjahr ein Bein gebrochen hat.[13] Das ist unwahrscheinlich, weil sie im Juni hochschwanger auf den Bergen des Böhmerwaldes herumwanderte. »Ich wälze mich hier mit Honza über die Berge«, schrieb sie an Staša, »bergauf schnaufe ich, bergab kullere ich, Honza protestiert und kriecht mir im Bauch herum wie eine Spinne.«[14] Kurz darauf müssen bei ihr starke Schmerzen im rechten Bein aufgetreten sein, die so schlimm wurden, dass man sie mit hohem Fieber nach Prag ins Krankenhaus brachte. Zur Ursache dieser Erkrankung gibt es verschiedene

Erklärungen. Einer zufolge soll das Bad in einem kalten Gebirgssee der Auslöser für eine Thrombose im Knie gewesen sein. Eine andere geht davon aus, dass sie von ihrem Mann Jaromír mit einer Geschlechtskrankheit angesteckt worden war.

Wie auch immer – ihr Zustand wurde so ernst, dass die Ärzte um ihr Leben fürchteten. Von der Geburt ihres Kindes, das am 14. August 1928 mit einem Kaiserschnitt zur Welt kam, scheint Milena wenig mitbekommen zu haben. Es war ein Mädchen und wurde Jana genannt, aber der ursprünglich vorgesehene Jungenname blieb an ihm haften. Ihr Leben lang riefen Jana alle nur Honza. Wie schon bei Milenas Schwangerschaftsabbruch war Jan Jesenský ständig an der Seite seiner Tochter und sorgte dafür, dass sich nur die besten Ärzte um sie kümmerten. Aber auch diese konnten nicht verhindern, dass Milenas Bein steif wurde. Mehrmalige Versuche, ihr Knie auf einer Apparatur gewaltsam zu beugen, waren so schmerzhaft, dass diese Tortur nur mit Morphium zu ertragen war. Wochenlang musste sie bewegungslos auf dem Rücken liegen. Das Angebot ihres Vaters, sich um Honza zu kümmern, wies sie empört zurück. Lieber wolle sie das Kind eigenhändig ersäufen, als es ihm anzuvertrauen, soll sie gesagt haben.[15] Honza blieb bei ihr im Krankenhaus und zeitweise bei Jaromír und seiner Mutter.

Zum Jahresende hatte sich noch immer keine Besserung ergeben. Sie sei todtraurig, »wie ertrunken in schwarzem Wasser«, schrieb sie an Adolf Hoffmeister. »Ich lebe nur von den Morphiumspritzen, von denen kaum jemand weiß und deren Zahl niemand kennt, und das, was ich für diese Quälerei bekam, reicht mir nicht mehr: das Kind und das Bewusstsein, dass Jaromír ohne mich nicht weiterleben würde. Für beides lohnt es sich, ohne Bewegungsmöglichkeit Monate zu liegen, aber darüber freuen kann man sich erst, wenn man wieder gesund ist. Ich bin in einem ständigen Rausch, und wenn ich zu mir komme, empfinde ich nur

Angst, Schmerz und wieder Angst und eine schreckliche Ungeduld und Misstrauen. Ich bin furchtbar alleine, ihr seid alle gesund.«[16] Es waren nicht nur die körperlichen Schmerzen, die jeden Tag zur Qual machten. Es verletzte sie tief, dass sie in der Weihnachtsausgabe von *Národní listy*, in der alle Mitarbeiter des Blattes vorgestellt wurden, mit keinem Wort erwähnt wurde. Auch hatte keiner ihrer Kollegen sie im Krankenhaus besucht oder ihr zur Geburt ihres Kindes gratuliert. »Ich bitte Sie, seien Sie so lieb und sagen Sie mir: *Was habe ich getan*?«[17], schrieb Milena flehentlich an einen Redakteur. Eine Antwort bekam sie nicht. Sie fürchtete, vergessen oder ausgegrenzt zu werden. Alles, was sie sich beruflich aufgebaut hatte, drohte verloren zu gehen.

Im Frühjahr 1929 kam sie zur weiteren Behandlung nach Pieštany, einem Kurort über dreihundert Kilometer südöstlich von Prag. Endlich durfte sie das Bett verlassen und, gestützt auf Krücken, kleine Spaziergänge machen. Jaromír konnte nur selten aus dem weit entfernten Prag nach Pieštany kommen. Wenn sie sich in der Frühlingssonne auf der Terrasse des Sanatoriums gegenübersaßen, war die Stimmung zwischen ihnen gedrückt. Wie immer ging es um Geld und darum, wie sie Milenas kostspielige Behandlung bezahlen sollten. Jaromír mag sich in einigen Augenblicken gefragt haben, ob das noch die Frau war, die er geheiratet hatte. Milena war vom Morphium abhängig geworden und wirkte oft wie hinter einem Schleier. Sie war nicht mehr die schlanke, sportliche und vitale Frau von früher. Die Ärzte hatten ihr schonend beigebracht, dass ihr Knie steif bleiben und sie ihr Leben lang hinken würde.

Milena ihrerseits fragte sich, ob Jaromír, der sich gern mit schönen Frauen umgab, sie noch liebe, nachdem er sie in diesem elenden Zustand gesehen hatte, mit diesem geschwollenen, dunkel verfärbten Bein. Auf keinen Fall wollte Milena ihrem Ehemann oder ihrem Vater zur Last fallen. Noch in Pieštany versuchte sie, an ihr altes Leben anzuknüpfen. Sie schrieb Beiträge für *Národní listy*, die zunehmend skeptisch aufgenommen wurden, vor allem wenn Milena wieder über ihr Lieblingsthema, das Verhältnis von Mann und Frau, schrieb. Empörte Leserbriefe gingen bei der Redaktion ein nach einem Artikel, in dem sie Frauen angriff, die zwar Gleichberechtigung forderten, aber dann einen Mann heirateten, der sie versorgen und beschützen sollte. Milena antwortete auf diese Kritik an ihr mit einem sehr persönlichen Bekenntnis: »Wenn ein Mann aufgehört hat, mich zu lieben, und mich verlässt, macht es mir nichts aus. Ich wäre mehr verletzt, wenn er aufgehört hätte, mich zu lieben, und bei mir bleiben will. Ich habe keine Angst davor, verlassen zu werden; wenn ich vor etwas Angst habe, dann davor, dass man mich für schwach hält, für unfähig, alleine zu bleiben.«[18] Für die konservative Leserschaft von *Národní listy* waren solche Ansichten eine zu starke Zumutung. Die Zeitung beendete die Zusammenarbeit mit Milena. Glücklicherweise hatte sie Fürsprecher wie den sehr angesehenen Journalisten Ferdinand Peroutka, der viel von ihrem Talent hielt und sie einlud, für die liberale Zeitung *Lidové noviny* zu schreiben.

Im Spätsommer 1929 wurde Milena nach Hause entlassen. Die Ärzte hatten es zwar geschafft, dass ihr krankes Bein nicht ganz steif war, sie konnte sich aber anfangs nur mit Mühe in der Wohnung bewegen. Ohne die Hilfe eines Kindermädchens war der Alltag nicht zu bewältigen. Honza war jetzt schon ein Jahr alt, und sie musste sich erst daran gewöhnen, dass ihre Mutter ab jetzt immer da war. Milenas Gefühle zu Honza waren durchaus zwiespältig. Ein Kind zu haben, war immer ihr Lebenstraum gewesen. Honzas Geburt blieb jedoch verbunden mit der Erinnerung an Krankheit und Schmerzen, mit beruflichen Rückschlägen und der Behinderung, mit der sie sich nun abfinden musste.

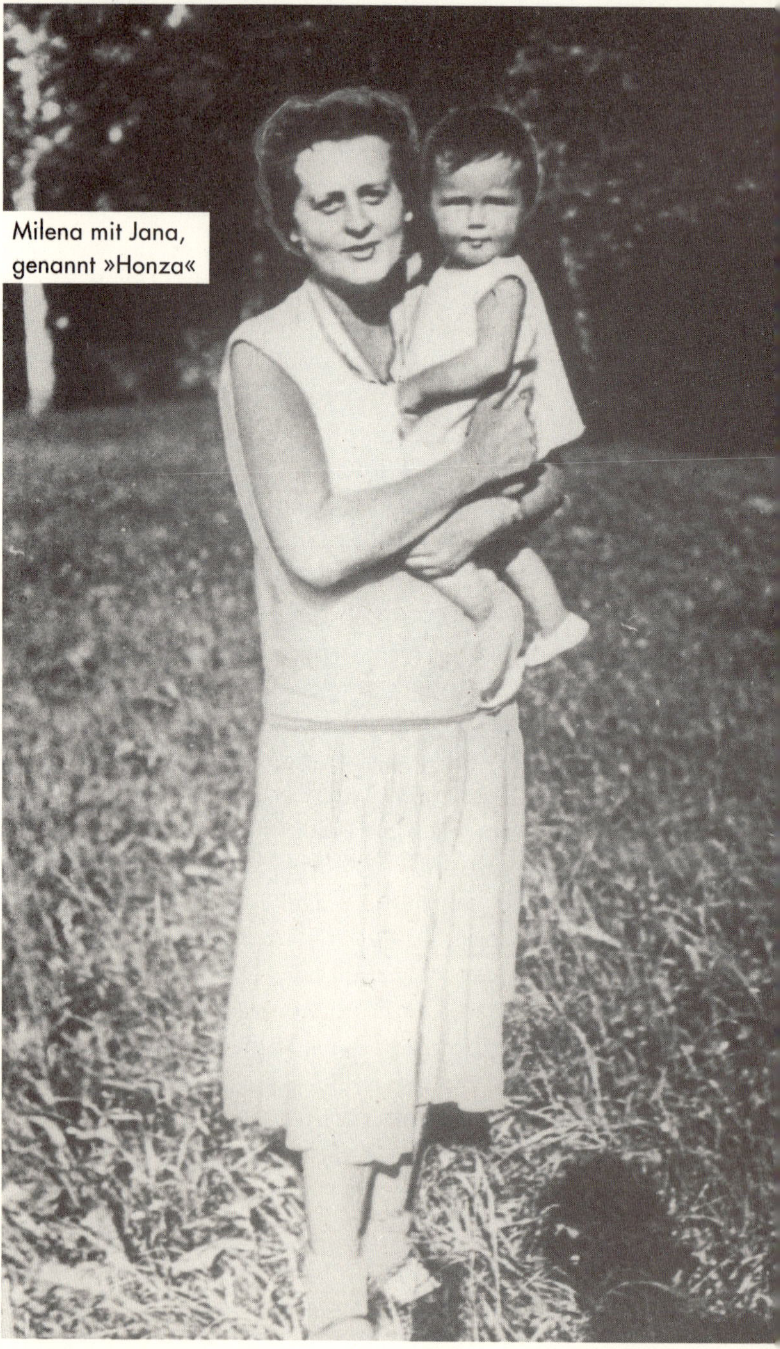

Milena mit Jana,
genannt »Honza«

In der ersten Zeit war Milena an die Wohnung gebunden. Für ihre Artikel konnte sie nicht außer Haus recherchieren. Sie machte aus der Not eine Tugend und schrieb für *Lidové noviny* über ihren Familienalltag: wie Honza oft hin- und hergerissen war zwischen ihrer Mutter und Jája, dem geliebten Kindermädchen. Wie sehr Honza die seltenen Zeiten genoss, wenn der Vater da war und mit ihr spielte. Wie das Verhältnis von Vater und Mutter war, darüber erfährt der Leser aus den Artikeln nichts. Das wäre wohl zu persönlich gewesen. Indirekt aber, aus Milenas allgemeinen Überlegungen zur Partnerschaft, kann man doch Rückschlüsse darauf ziehen, was Milena auch privat beschäftigte. Milena vergleicht eine Beziehung mit einem »zerbrechlichen Glas«[19], das man sorgsam vor äußeren Störungen schützen müsse. Wenn in das Zusammenleben etwas eindringe, worüber man nicht sprechen könne, dann gingen Ehrlichkeit und Verlässlichkeit verloren. Gab es diese dunklen Punkte in Milenas Ehe?

Ein dunkler Punkt waren sicher die anhaltenden Geldschwierigkeiten der Familie, die durch die Weltwirtschaftskrise von 1929 noch verschlimmert wurden. Milenas Behandlungen hatten eine Menge Geld verschlungen und Jaromír bekam immer weniger Aufträge. In der ganzen Tschechoslowakei waren die Folgen der Krise schon zu spüren. Die Bergarbeiter im Norden des Landes streikten, und in Prag bildeten sich kommunistische Gruppen, die für die Kinder der Streikenden Ferien in Prag organisierten. Milena hielt es nicht mehr in der Wohnung. Ihr lahmes Bein konnte sie nicht davon abhalten, bei dieser Aktion mitzumachen, die Kinder vom Bahnhof abzuholen und eines bei sich aufzunehmen. Es reichte ihr nun nicht mehr, nur Artikel zu schreiben. Sie wollte etwas tun. Und vor allem wollte sie verstehen, wie der Streik der Bergarbeiter und das Schicksal ihrer Familien von politischen Entscheidungen abhingen.

Aufmerksam verfolgte Milena, was jenseits der Grenze in Deutschland vor sich ging. Dort hatte die Wirtschaftskrise dazu geführt, dass dem Führer einer faschistischen Bewegung, Adolf Hitler, massenweise Leute zuliefen. Hitlers *Nationalsozialistische Deutsche Arbeiterpartei* wurde bei den Reichstagswahlen 1930 die zweitstärkste Partei. Diese Entwicklung wurde in der jungen tschechoslowakischen Republik mit wachsender Unruhe verfolgt. Innerhalb der deutschen Minderheit gab es viele, die mit den Nazis sympathisierten. Vor allem linke Gruppen riefen dazu auf, sich dem aufkeimenden Faschismus entgegenzustellen, und Milena nahm an deren Treffen und Demonstrationen teil.

Es gab noch einen weiteren dunklen Punkt in ihrem Leben, und das war ihre Abhängigkeit vom Morphium. Sie wollte sich davon befreien und ließ sich dazu für zwei Wochen in eine Klinik einweisen. Ohne Erfolg. Der Versuch, sich theoretisch mit ihrer Sucht auseinanderzusetzen, brachte ihr nur weitere Schwierigkeiten ein. Es war vermutlich ein Artikel über Drogenmissbrauch, der dazu führte, dass sie auch ihren Job bei *Lidové noviny* verlor. Selbst liberalen Blättern waren ihre Ansichten nun zu radikal. Einen Artikel über den Paragrafen 144 konnte sie nur in dem kommunistischen Magazin *Tvorba* unterbringen.[20] Dieser Paragraf war ein Relikt aus der Kaiserzeit und stellte jeden Schwangerschaftsabbruch unter Haftstrafe. Die Folge war, dass gerade Frauen aus den unteren Schichten unter allzu häufigen Geburten und Fehlgeburten litten. Illegale fachmännische Eingriffe konnten sich nur begüterte Familien leisten. In ausweglosen Situationen gingen Arbeiterfrauen zu sogenannten Engelmacherinnen, was sie oft mit dem Tod, lebenslangen Krankheiten oder schweren Traumata bezahlten.

Im Vergleich zu solchen Schicksalen war Milenas Leben privilegiert. Im Herbst 1931 zog die Familie sogar in eine neue, luxuriöse Wohnung, die Jaromír zu günstigen Bedingungen angeboten worden war. Sie lag im obersten Stock eines Genossenschaftshauses, war umgeben von einer Terrasse und hatte ein Flachdach, wo Honza ihren Sandkasten und ihre eigene Dusche hatte und von wo aus man ganz Prag überblicken konnte. Das Penthouse hatte ein riesiges Wohnzimmer mit großen Fenstern und einem offenen Kamin. Milena hatte ein eigenes Zimmer, in dem über ihrem Bett das Kreuz ihrer Mutter hing. Ein Teil der Wohnung war Jaromírs Atelier und Büro. Dort schlief er auch, auf einer Matratze.[21]

Milena wusste, dass es Menschen gab in Prag, die ganz anders lebten. Und als sie wieder beweglich und kräftig genug war, suchte sie diese Orte auch auf. Familien, die in schimmeligen Holzbaracken und feuchten Kellerräumen hausten. Viele Prager spendeten Geld für diese Opfer der Wirtschaftskrise. Solche Akte der Nächstenliebe waren gut gemeint, aber inzwischen für Milena zu wenig. Das waren lediglich private Hilfeleistungen, die darüber hinwegtäuschten, dass die Wurzeln dieser Missstände politischer Natur waren und auch nur durch politische Veränderungen behoben werden konnten. Milena empfand es als grotesk und herzlos, wenn eine Zeitung fotografierte, wie einer Frau in den Elendsvierteln das Geldgeschenk großzügiger Spender überreicht wurde. Das sei, so meinte sie, ein billiger Weg, sich aus der Verantwortung zu ziehen. Es würde mehr kosten, auf diesen Glanz der Hilfsbereitschaft zu verzichten und die Ursachen der Not zu verändern. »Menschenliebe ist wie eine weiße Blume, die auf einem Beet aus stinkendem Mist wächst«, schrieb sie.[22]

Ebenso kurz gegriffen sei es, wenn Prager liberale Zeitungen dazu aufriefen, der drohenden faschistischen Gefahr durch eine Vereinigung der demokratischen Kräfte entgegenzutreten. Sie würden übersehen, dass Hitler in der Weimarer Demokratie mit legalen Mitteln zur Macht kam. Wer ihm den Weg ebnete, das waren »das Kapital, Nationalismus, die Polizei und, ja, eine kapitalistische Demokratie, die wie ›ein Tor in den Raum‹ des Faschismus ist«.[23]

Für viele Künstler und Intellektuelle in ganz Europa war die einzige wirkliche Alternative zu Hitler der Kommunismus. Der sowjetische Machthaber Josef Stalin war für sie der Gegenpol zu Hitler. Dass Stalin zu nicht weniger totalitären Mitteln wie die Nazis griff, um seine Macht zu sichern, und seine Gegner mit brutalen Mitteln ausschaltete, davon wussten die meisten nichts oder es wurde von ihnen ausgeblendet. Sie betrachteten Stalins Reich als Paradies der Arbeiter, in dem der technische und künstlerische Fortschritt eine neue Blüte erlebte. Milena und Jaromír waren da keine Ausnahme. Sie überlegten sogar, in die Sowjetunion auszuwandern. Als die Entscheidung anstand, siegte Milenas Liebe zu Prag. Sie blieb. Jaromír dagegen war überzeugt, seine Ideen einer modernen und zweckmäßigen Architektur in der Sowjetunion besser verwirklichen zu können. Im Kaukasus sollte er Erholungsheime für Arbeiter und Funktionäre bauen. Er verließ Prag Anfang 1934. Milena blieb allein mit Honza in Prag zurück. Das zerbrechliche Glas ihrer Ehe hatte schon längst durch zu viele Störungen tiefe Risse bekommen. Das machte für beide diese Entscheidung leichter.

Ein Jahr zuvor, am 30. Januar 1933, war Hitler vom Reichspräsidenten Paul von Hindenburg zum Reichskanzler ernannt worden. Das war das Ende der Weimarer Demokratie und der Anfang des faschistischen Terrors, dessen Auswirkungen sehr bald die Nachbarländer erreichen sollten.

»MUTTER MILENA« UND DIE WUNDERBRILLEN

»Jeder, der selbstständig denken will, wird sofort beseitigt.«

»Mutter Milena«, hatte Franz Kafka sie genannt, weil er auch in schlechten Zeiten von ihrer »Leben-gebenden Kraft« zehrte.[1] Auch für ihre Tochter Jana, die alle Honza nannten, war neben ihren blauen Augen und ihrem lockigen Haar nichts typischer für Milena als ihre Lebenskraft.[2] Von ihr wurden vor allem Menschen angezogen, die mit ihren Problemen nicht alleine zurechtkamen und nach jemandem suchten, der sie verstand und auf den sie sich stützen konnten. Milena war immer bereit, fremde Lasten zu tragen oder wenigstens mitzutragen. Gleichzeitig hatte sie immer ein wenig Angst vor hilfsbedürftigen Menschen, die sich an sie klammerten, weil ihr bewusst war, dass sie deren Erwartungen nie ganz erfüllen konnte. Nicht einmal sie, »Mutter Milena«, konnte das. Niemand kann das. Es geht über alle menschlichen Kräfte.

Einer dieser hilfsbedürftigen Menschen war Evžen Klinger oder, zu Deutsch, Eugen Klinger, ein junger ungarischer Jude mit so anarchistischen Ansichten, dass man ihn aus der *Slowakischen Kommunistischen Partei* geworfen hatte. Lange Zeit hatte er daraufhin im Gefängnis in Mürau gesessen und war in den kalten und nassen Zellen an Tuberkulose erkrankt. Nach seiner Entlassung hauste er in einem Kellerloch in Prag, ehe Milena ihn in ihre Obhut nahm. Der Chefredakteur von *Svět prací*, einer kommunistischen Zeitung, für die Milena arbeitete, hatte sie gebeten, sich um den schwerkranken Genossen zu kümmern. Milena nahm ihn bei sich auf und pflegte ihn gesund. Dass sich der zehn Jahre jüngere Mann in sie verliebte, damit hatte sie wohl nicht gerechnet. Nach dem Weggang von Jaromír hatte sie keine Lust, sich auf ein neues Liebesabenteuer einzulassen, zumal sie noch verheiratet war und es nicht ausgeschlossen war, dass ihr Mann wieder nach Prag zurückkehrte. Andererseits war sie dankbar, in diesen schweren Zeiten als Alleinerziehende einen Partner an ihrer Seite zu haben. Evžen, ein Bär von einem Mann mit einem sanften Gemüt, blieb bei ihr wohnen. Er wurde ein guter Freund – und für Jana ein Vaterersatz.

Nach der schweren Krankheit und ihren Folgen, nach dem Verlust ihrer Arbeit und der Trennung von Jaromír war Milena in einer verzweifelten Lage. Zeitweise wusste sie nicht mehr, wie es weitergehen sollte. Dass die liberalen Zeitungen ihre Artikel nicht mehr drucken würden, damit hatte sie gerechnet. Zu unvereinbar waren ihre Ansichten und die Erwartungen der Redakteure. Für Milena waren die bürgerlichen Medien wie Presse und Film nicht mehr in der Lage, die Probleme der Gegenwart zu erfassen, geschweige denn Lösungen zu finden. Missstände wurden ihrer Meinung nach beschönigt. Arbeitslose wurden durch Unterhaltung und Halbwahrheiten besänftigt und für dumm verkauft, anstatt sie über die wahren Gründe ihrer Lage aufzuklären und sich darüber zu empören.[3] Dagegen schienen ihr die Kommunisten die Sorgen und Nöte des »kleinen Mannes« besser zu verstehen, weil sie sahen, dass viele der privaten Probleme der Menschen politische Ursachen hatten. Außerdem war Milena enttäuscht von vielen ihrer früheren Kollegen, die sie während ihrer Krankheit im Stich gelassen hatten. Schon das Wort »Genosse« barg für sie das Versprechen, dass es unter den Kommunisten eine viel stärkere und schönere Solidarität gab. Zusammen mit Gleichgesinnten hoffte sie ihre große Sehnsucht einlösen zu können, nämlich »auf der Welt noch etwas Nützliches zu tun«[4].

All das mag dazu beigetragen haben, dass Milena eine überzeugte Kommunistin wurde. Jedenfalls bemühte sie sich, eine solche zu werden. Sie lernte, dass viele ihrer Ansichten »kleinbürgerlich« waren. Und sie unterwarf sich geduldig der »revolutionären Disziplin«[5], die verlangte, dass sie nur das sagen, schreiben und tun sollte, was die offizielle, von Moskau vorgeschriebene Lehre verlangte. Diese Vorgaben einzuhalten, war für Milena auch eine Frage des Überlebens. Denn die kommunistischen Zeitungen waren die einzigen, die ihre Artikel noch abdruckten. Das Honorar, das sie dafür bekam, reichte gerade, um über die Runden zu kommen. Von ihrem Vater hatte sie keinerlei Unterstützung mehr zu erwarten. Als er erfuhr, in welchen Kreisen Milena jetzt verkehrte und mit wem sie zusammenlebte, wollte er nichts mehr mit ihr zu tun haben und verbot ihr, sein Haus zu betreten. Ernst Polak war Jude gewesen, der Graf Schaffgotsch und Jaromír Krejcar waren Kommunisten. Evžen Klinger war beides. Schlimmer ging es für Jan Jesenský nicht.

Für Milena kam es noch schlimmer. Jaromír teilte ihr mit, dass er sich in der Sowjetunion in eine Frau verliebt habe und sie heiraten wolle. Milena willigte in seinen Wunsch ein, sich scheiden zu lassen. Da die Partner so weit voneinander entfernt waren, wurde die Scheidung im Herbst 1934 auf eine sehr ungewöhnliche Art durchgeführt. Ein Jurist arrangierte ein Telefongespräch zwischen Prag und Moskau, bei dem alles geregelt wurde. Sieben Jahre lang hatte die Ehe mit Jaromír gehalten, so lange wie die Ehe mit Ernst Polak. Milena meinte später, dass es ihr Schicksal gewesen sei, immer an schwache Männer zu geraten. Diese Männer würden es nicht lange ertragen, eine Frau neben sich zu haben, die zu viel Initiative zeige. Sie suchten dann eine andere Frau, die sie beschützen und umsorgen könnten. Für diese »zerbrechlichen Püppchen mit Schmollmund«, die ihre Männer bewundern, würden sie dann Dinge tun, zu denen sie vorher nicht imstande waren: auf Wohnungssuche gehen, Ämter aufsuchen, Geld verdienen.[6]

Milena musste wieder die Initiative ergreifen. Das Appartement, in dem sie noch mit Jaromír gelebt hatte, konnte sie sich nicht mehr leisten. Mit Jana und Evžen zog sie um in eine Einzimmerwohnung in der Straße Horní Stromky. Jeden Morgen fuhr Milena mit der Tram in die Redaktion ihrer Zeitung. Meistens wurde es sehr spät, bis sie wieder nach Hause konnte, »weinend vor Müdigkeit«[7]. An der Endstation der Tram zog sie ihre Schuhe aus, weil ihr lahmes, geschwollenes Bein schmerzte, und ging barfuß nach Hause. Bei jedem Schritt wurde sie daran erinnert, dass sie früher für ihren eleganten Gang bekannt war und jetzt eine behinderte Frau war; und sie wurde erinnert an die glücklichen Zeiten mit Jaromír, die durch ihre Krankheit so jäh beendet worden waren. Seither hinkte sie und seither war sie suchtkrank.

Für Jana gehörte das kleine, gelbe Kännchen auf dem Küchenschrank wie selbstverständlich zum Alltag. Darin befand sich nicht Zucker oder Mehl, sondern *Decodit*, ein Hustenmittel, das das Morphiumderivat Codein enthielt. Wenn der Inhalt des Kännchens zur Neige ging, mussten Jana oder Evžen die Apotheken in Prag abklappern, um das rezeptpflichtige Medikament zu bekommen.

Das Zusammenleben in der engen Einzimmerwohnung wurde nicht nur durch Milenas Sucht belastet. Oft nahm Milena auch Genossen auf, die polizeilich gesucht wurden und ein paar Tage untertauchen mussten. Es waren aber nicht nur überzeugte Parteimitglieder, die bei Milena Unterschlupf fanden. In ihrer Wohnung traf sich auch heimlich eine Gruppe, die sich weigerte, blindlings den Forderungen der Parteiführung zu folgen. Diese kritischen Kommunisten liefen Gefahr, als abtrünnige »Trotzkisten« diffamiert und aus der Partei ausgeschlossen zu werden. Zu dieser Gruppe stieß eines Tages auch der junge Fritz Beer. Er war sehr stolz darauf, dass man ihn in diese Runde aufnahm, und vor allem war er maßlos beeindruckt von Milena. »Sie war leicht entflammbar«, schrieb er in seinen Erinnerungen, »aber in ihrer Liebe und Freundschaft immer vorbehaltlos und bis zur Selbstzerfleischung ehrlich.«[8]

Beer wollte unbedingt Milenas Freundschaft gewinnen und sie beeindrucken. Er wusste, dass sich ein Spitzel der Partei in die Gruppe geschlichen hatte, und er erzählte Milena die erfundene Geschichte, dass er diesen Mann bei der Parteiführung als Mitglied der Opposition denunziert habe. Den Ruf eines Gegners zu beschmutzen gehörte zum politischen Handwerk, und Beer erwartete Lob. Er hatte sich getäuscht, zumindest was Milena betraf. Sie war entsetzt. Beer war am Boden zerstört, als sie ihm mit ruhiger Stimme erklärte, dass man den »Dreck in der Partei« nicht mit dreckigen Methoden bekämpfen dürfe. Sie habe ihn gern gehabt, aber mit ihrer Freundschaft sei es nun vorbei.[9]

Nur sehr selten entzog Milena jemandem ihre Freundschaft. Mit ihrem Ex-Mann Ernst Polak, der weiter in Wien lebte, blieb sie freundschaftlich verbunden. Er war einer der wenigen gewesen, der sie im Krankenhaus besucht hatte. Und auch mit Jaromír nahm sie ein freundschaftliches Verhältnis auf, als er im April 1935 mit seiner jungen Frau Riva nach Prag zurückkehrte. Von seinem Glauben an die bessere Welt einer kommunistischen Gesellschaft war nichts mehr übrig. Im Gegenteil, er war ein entschiedener Gegner des Kommunismus geworden. Kein einziges der von seinen Gastgebern zugesagten Projekte hatte er realisieren können. Freiheit und Fortschritt hatte er erlebt als Fassade, hinter der sich Misswirtschaft, Korruption und nackter Terror verbargen. Er erzählte vom grotesken Personenkult um Stalin und davon, dass missliebige Personen umgebracht wurden oder verschwanden und niemand wagte, nach ihnen zu fragen. Riva, eine Jüdin aus Lettland, war in der Sowjetunion seine Dolmetscherin gewesen. Ihr hatte er es zu verdanken, dass er überhaupt lebend das Land verlassen konnte.

Jaromír half Milena, eine größere Wohnung zu finden, nur zwei Straßen weiter, Kouřímská Nr. 6. Das war nicht ganz uneigennützig. Er hatte den Auftrag bekommen, für die Weltausstellung in Paris den tschechoslowakischen Pavillon zu gestalten. Das war die große Chance, in seinem Beruf wieder Anschluss zu finden. Durch seine Arbeit hatte er aber wenig Zeit für seine Frau Riva, die in Prag fremd war, und er hoffte, dass Milena sich um sie kümmern würde. Riva, eine kleine, zierliche Frau, wohnte tatsächlich später zeitweise in Milenas neuer Wohnung, sehr zum Ärger von Jana, die die neue Frau ihres Vaters nicht ausstehen konnte. Angeblich litten alle unter Rivas Launen und ihrer Unselbstständigkeit. Für Jana war Riva ein ganz anderer Typ von Frau als ihre Mutter. Und sie empfand es als eine heilsame Lehre, einmal ein typisches »Weibchen« kennenzulernen. Mit dieser Art von Frauen wollte sie in Zukunft nichts mehr zu tun haben.[10]

In der Wohnung in der Kouřímská Straße waren ständig Leute zu Gast. Anfang des Jahres 1936 stand plötzlich Milenas alte Freundin Alice Gerstel vor der Tür. Wie viele andere Verfolgte des NS-Regimes hatte sie Deutschland verlassen müssen. Ihr Mann Otto Rühle war bereits im Exil in Mexiko und seine Frau wollte ihm folgen. Kaum hatte Alice Gerstel im Juli Prag verlassen, zog ein mit ihr befreundetes deutsches Ehepaar bei Milena ein. Heinz Jacoby war von den Nazis ins Gefängnis geworfen worden. Nach seiner Entlassung war sein Leben weiterhin gefährdet gewesen und er war mit seiner Frau aus Deutschland geflohen. Bei Milena fanden sie nun eine erste Bleibe. Nach Heinz Jacobys Erinnerungen hatte Milena zu dieser Zeit innerlich schon mit der *Kommunistischen Partei* gebrochen.[11] Zum endgültigen Bruch kam es, als in Prag eine Liste kursierte, mit der nicht linientreue Mitglieder der Partei, darunter viele deutsche Flüchtlinge, als Nazispitzel denunziert wurden. Als Milena bezweifelte, dass einige der Leute auf dieser Liste, die sie persönlich kannte, Verräter sein sollten, wurde sie am nächsten Tag aus der Partei ausgeschlossen.

Milena war über ihren Rauswurf eher erleichtert als enttäuscht. Sie hielt weiter fest an ihrer Sehnsucht, »etwas Nützliches zu tun«, aber sie konnte und wollte nicht mehr weiter nach der Pfeife von Leuten tanzen, die ihr vorschrieben, was sie denken sollte. Es war ihr unerträglich geworden, dass an einem Tag etwas als falsch erklärt wurde, was am Tag vorher noch als richtig gegolten hatte. Jeder, der selbstständig denken wolle, schrieb sie in einem Brief, werde sofort beseitigt.

Auch Evžen Klinger wurde vorgeworfen, ein abtrünniger »Trotzkist« zu sein. Als der Chefredakteur von *Svět prací* deswegen von Milena verlangte, sich von Evžen zu trennen, soll sie über diese Forderung so empört gewesen sein, dass sie dem Mann eine Ohrfeige gab, kündigte und die Tür der Redaktion mit einem lauten Knall hinter sich zuwarf. Jana, die solche Auftritte ihrer Mutter offenbar öfter erlebte, hat später bestätigt, dass Milena im Türzuwerfen »großartig« gewesen sei.[12]

Mit dem spektakulären Abgang bei *Svět prací* hatte Milena endgültig ihre »romantische Verblendung«, wie sie ihre Zeit in der *Kommunistischen Partei* nannte, hinter sich gelassen. Allerdings verlor sie damit ihre letzte Stelle und war ab August 1936 arbeitslos. Auf der Straße und in den Cafés wurde sie von früheren Genossen nicht mehr gegrüßt. Von Woche zu Woche wurde ihre Situation verzweifelter. Sie konnte die Miete nicht mehr bezahlen und im kalten Winter wurde ihr der Strom abgestellt. Bei Kerzenschein übersetzten Milena und Evžen für einen Verlag ungarische Bücher ins Tschechische, wobei ungewiss war, ob und wann sie Geld dafür bekommen würden. Jana besuchte jeden Sonntag ihren Großvater und aß bei ihm zu Mittag. Jan Jesenský wollte zwar seine Tochter nicht mehr sehen, aber sein einziges Enkelkind konnte er nicht abweisen. Jana erzählte ihrem Opa nichts von der Not zu Hause, um ihn nicht zu beunruhigen. Jesenský hatte jedoch andere Quellen, um zu erfahren, wie es mit seiner Tochter stand. Beim Abschied steckte er Jana ein Geldstück und ein Kuvert zu. Die Münze war für Jana, der Umschlag für Milena.

Der unversöhnliche Vater war immerhin noch hilfsbereiter als viele ihrer besten Freunde. Wenn Milena sie anrief, ließen sie sich am Telefon verleugnen, und wenn sie sie persönlich aufsuchte, benahmen sie sich so merkwürdig, dass Milena nicht wusste, ob sie lachen oder weinen sollte. An manchen Tagen war sie so hungrig und ratlos, dass sie herzzerreißende Bettelbriefe an Leute schrieb, die sie nur flüchtig kannte. Das war sehr demütigend. Es sei sicher eine »Frechheit«, sie um Hilfe zu bitten, schrieb sie an die Schauspielerin Olga Scheinpflug, aber sie habe nicht einmal mehr das Geld, sich ein Abendessen zu kaufen: »Ich helfe mir, indem ich einfach Menschen bitte, mir zu helfen – was kann ich anderes tun? […] Und nun komme ich zu Dir, Olga, weil ich weiß, dass Du nicht kleinlich bist und vielleicht begreifen kannst, wie ich mich herumschlage und kämpfe.[…] Und ich werde sicher wieder hochkommen, Olga. Ich habe mich im Leben durch so viele schwere Dinge durchgekämpft, dass nur ein Teil davon Stoff für fünf schlechte Filme ergäbe. Und ich bin immer noch hier und immer noch fühle ich Kraft zum Leben und Arbeiten.«[13]

Um wieder hochzukommen, musste Milena nicht nur wieder Arbeit finden, sondern sich auch von ihrer Sucht befreien.

Sie wollte es aus eigener Kraft schaffen und sperrte sich in ihrer Wohnung in ein Zimmer ein. Lange hielt sie es nicht durch. Die Folgen des Entzugs waren so unerträglich, dass sie Jana durch das Schlüsselloch befahl, schnellstens *Decodit* zu besorgen. Die neunjährige Jana, die schon früh ein sehr selbstständiges und selbstbewusstes Kind war, überredete einen Taxifahrer, sie zu einer weit entfernten Apotheke zu fahren, wo sie auf Evžen traf, der mit Milenas Zusammenbruch gerechnet hatte und das begehrte Mittel schon in Händen hielt.[14] Das kleine, gelbe Kännchen stand weiterhin gut gefüllt auf dem Küchenschrank. Erst Anfang Februar 1937 entschloss sich Milena, fremde Hilfe anzunehmen. Sie ließ sich in eine Prager Klinik einweisen. Als Jana sie dort besuchte, erzählte ihr Milena, dass sie in einem Käfig mit mehreren Frauen eingesperrt sei, die in ihren Exkrementen herummanschten und Tag und Nacht ihre tierischen Klagelaute ausstießen.[15] Milena wollte dieses Mal unbedingt durchhalten und schon nach zehn Tagen konnte sie als geheilt entlassen werden.

Milena hatte sich von einer doppelten Abhängigkeit befreit. Nicht nur von der körperlichen Sucht, sondern auch von der geistigen Vereinnahmung durch eine Ideologie. Es war wie der Aufruf, zu ihrer eigentlichen Persönlichkeit zurückzukehren, als sich Ferdinand Peroutka bei ihr meldete und ihr eine Stelle als Redaktionssektretärin bei der Zeitschrift *Přítomnost* anbot. Milena kannte den fast gleichaltrigen jungen Peroutka schon seit ihren Anfängen als Journalistin. Trotz mancher politischer Differenzen hatte Peroutka ihr immer wieder geholfen, auch damals, als sie nach ihrer Beinoperation wieder in ihren Beruf zurückkehren wollte. Man könne mit Milena nicht unter einem Dach leben, meinte Peroutka einmal, aber man könne gut mit ihr arbeiten. Außerdem sei sie ein absolut treuer Mensch, egal ob man ihre Überzeugungen teile oder nicht.[16]

Peroutka war ein enger Freund Masaryks, des ersten Präsidenten des Landes. Masaryk war Ende 1935 zurückgetreten. Sein Nachfolger war der frühere Außenminister Edvard Beneš. Zusammen mit Masaryk hatte Peroutka die Zeitschrift *Přítomnost* ins Leben gerufen, um die demokratischen Kräfte im Land zu stärken. Die fähigsten Journalisten und bekanntesten Literaten schrieben für *Přítomnost.* Und jetzt sollte auch Milena dazugehören. Sie hatte das Gefühl, erst wieder schreiben lernen zu müssen, nachdem sie sich in der Arbeit für die kommunistische Presse daran gewöhnt hatte, die immer gleichen Parolen und Phrasen zu wiederholen. Hatte sie nicht Franz Kafka bewundert, weil dieser nie, auch nicht sprachlich, in ein »schützendes Asyl« geflohen war, um sich die Realität vom Leib zu halten? Weil er nie, wie so viele Menschen, die »Wunderbrille«[17] einer bestimmten Weltsicht oder Ideologie aufgesetzt hatte, die das Leben zwar einfacher macht, aber eben auch ärmer und meistens auch unmenschlicher? Kafka hatte ihr bescheinigt, nicht nur den Mut zu einem »durchdringenden Blick« zu haben, sondern auch einen »helfenden Blick«. Milena bewies jetzt, dass sie die Fähigkeit, genau hinzusehen *und* zu helfen, nicht verloren hatte.

Im Herbst 1937 reiste sie in die Grenzgebiete, um über das Schicksal der Flüchtlinge zu berichten. Die Tschechoslowakei war unter den Nachbarn Deutschlands das Land, das am großzügigsten Verfolgte des Naziregimes aufnahm. Darunter auch berühmte Künstler wie Thomas Mann, der die tschechoslowakische Staatsbürgerschaft erhielt und dem das kleine Städtchen Poreč Heimatrecht gewährte. Aber nicht diese prominenten Fälle interessierten Milena, sondern die vielen unbekannten Emigranten, denen nicht die Aufmerksamkeit und die Fürsorge zuteil wurden wie dem weltberühmten Schriftsteller. In einer ersten Welle waren 1933, nach der Machtübernahme Hitlers, politisch Verfolgte hier gestrandet. Später, nach den Nürnberger Rassengesetzen, in einer zweiten Welle jüdische Flüchtlinge. Die meisten kamen zu Fuß über die Grenze, ohne Papiere und ohne Geld. Sie hatten Hals über Kopf fliehen müssen und waren auf die Hilfe der Bevölkerung angewiesen. Es bildeten sich sogenannte Patronate, Vereinigungen von Bürgern, die sich um die Vertriebenen kümmerten. Einer spendierte ein Essen, der zweite bot eine Unterkunft an, ein dritter gab ein Paar Schuhe, die er nicht mehr brauchte. Als der Flüchtlingsstrom immer mehr anschwoll, mussten Massenunterkünfte geschaffen werden, leer stehende Fabrikgebäude oder halb verfallene landwirtschaftliche Gebäude, die von Kollektiven beaufsichtigt und organisiert wurden.

Milena besuchte Orte wie Kladno, Most und Brünn und sprach mit den Flüchtlingen. Nicht sensationslüstern wie eine »Hyäne« wollte sie über deren Schicksal berichten, sondern wie eine, die Anteil nimmt und die durch das gedruckte Wort helfen will. Sie erzählt von der jungen Frau mit dem schönen Haar und dem ansteckenden Lachen, die in den Gefängnissen der Gestapo geschlagen wurde und der man das Kind weggenommen hatte. Sie erzählt von dem jungen Arbeiter aus der deutschen Widerstandsbewegung, der wenige Wochen nach seiner Heirat in den Untergrund gehen musste und dessen schwangere Frau auch im Gefängnis nicht den Aufenthaltsort ihres Mannes preisgegeben hatte. Erst nach drei Jahren sahen sich die beiden wieder und konnten bei Nacht und Nebel, mit dem Kind im Arm, in die Tschechoslowakei fliehen.

Milena rief ihre Landsleute dazu auf, diesen heimatlosen Menschen mit Gastfreundschaft, der »würdigsten Form des Mitgefühls und der Unterstützung«, zu begegnen, und sie forderte die Politiker dazu auf, alles zu tun, um diese Flüchtlinge einzugliedern, damit sie nicht zu einem Fremdkörper in der Gesellschaft werden und Neid und Ängste hervorrufen. Dazu gehört es für sie auch, ihnen, wann und wo immer möglich, eine Beschäftigung und eine Perspektive zu bieten. Denn schlimmer als Hunger kann es für diese Menschen sein, nicht arbeiten zu dürfen und keine Zukunft zu haben. Im Schicksal der Vertriebenen die Gefahren zu sehen, die der eigenen Freiheit und Unabhängigkeit drohten, davon hing für Milena die Zukunft ihres Landes ab: »Es sind fremde Menschen, sie sprechen eine fremde Sprache und sie kommen aus einem fremden Land. Aber eines haben wir gemeinsam: Beim Wort Hakenkreuz zieht sich uns das Herz mit den gleichen Gefühlen zusammen. Dieses Häuflein Vertriebener kann uns lehren, was das Hakenkreuz ist: Sie sind die lebendigen Zeugen einer großen Vergewaltigung und einer mächtigen Lüge.«[18]

Nicht allen zog es bei dem Wort Hakenkreuz das Herz zusammen. Im Sudetenland, also in jenen grenznahen Gebieten, wo überwiegend Deutsche wohnten, gab es viele, die mit Hitler sympathisierten. Gerade in den industriellen Zentren, wo die Wirtschaftskrise immer noch nicht überwunden war und unter den Deutschen viele arbeitslos waren, blickte man mit Bewunderung und Neid über die Grenze ins »Reich«, wo, so glaubte man, alles besser sei. Am 1. Oktober 1933 hatte der Bankangestellte und Turnlehrer Konrad Henlein die *Sudentendeutsche Heimatfront* gegründet, die zwei Jahre später zur *Sudetendeutschen Partei* umbenannt wurde und große Wahlerfolge feiern konnte. Hatte Henlein anfangs noch seine christliche Weltanschauung und seine Staatstreue bekundet, so wurde er mit der Zeit immer mehr zum verlängerten Arm Hitlers, der längst beschlossen hatte, Österreich und die Tschechoslowakei dem Deutschen Reich einzuverleiben. Seine Taktik war dabei immer die gleiche. Er empörte sich über die angebliche Unterdrückung der deutschen Minderheit im jeweiligen Land und nahm sie zum Vorwand, um den leidenden Volksgenossen militärisch zu Hilfe zu kommen und damit das Land zu besetzen.

Gegen Österreich ging diese Taktik auf. Hitler setzte den österreichischen Bundeskanzler Schuschnigg so unter Druck, dass er den Führer der österreichischen Nationalsozialisten an die Macht kommen ließ. Kaum war das erreicht, erhielt Hitler angeblich einen Hilferuf der neuen Regierung und am 11. März 1938 überquerten die bereitstehenden deutschen Truppen die Grenze. Von großen Teilen der Bevölkerung wurden sie mit Blumen und Hakenkreuzfahnen begeistert empfangen. Andere, die von den Nazis zu »Volksfeinden« erklärt worden waren, mussten nun um ihr Leben fürchten.

Ernst Polak hatte lange die drohende Gefahr unterschätzt. Erst im April, als viele Juden und Regimekritiker schon in den Folterkellern der Gestapo saßen oder aus Verzweiflung Selbstmord begangen hatten, floh er aus Wien über die gesperrte Grenze nach Prag. Er war nun schon ein älterer Herr mit angeschlagener Gesundheit. Zwei Herzinfarkte hatte er bereits überlebt. Nach Meinung seiner Freunde waren diese der Preis für ein Leben mit zu viel Sex, Nikotin und Alkohol.[19] In Prag bekam Polak Besuch von Milenas Tochter Jana, die neugierig war auf jenen Mann, von dem sie so viele abenteuerliche Geschichten gehört hatte. Dieses Bild konnte sie allerdings nicht in Einklang bringen mit dem netten Herrn mit den grauen Schläfen, der sie mit seinem Dackel zur Haltestelle der Trambahn begleitete.

Prag war voll von Künstlern, Literaten und Journalisten, die aus Wien geflohen waren. Für viele war Prag eine »Mausefalle«, aus der sie schnell wieder wegwollten, weil sie befürchteten, dass die Tschechoslowakei das nächste Opfer Hitlers sein würde. Milena konnte es sich nicht vorstellen, dass ihr Land das gleiche Schicksal wie Österreich erleiden sollte. Stand es doch unter dem Schutz von Großmächten wie Frankreich und England, die, da war sie sicher, unweigerlich eingreifen würden, wenn Hitler weitere Gebietsansprüche erheben würde. Im *Café Bellevue* lernte Milena ein junges Paar kennen, das aus Wien geflohen war und beabsichtigte, in die USA zu emigrieren. Es waren der Journalist und Schriftsteller William S. Schlamm und seine Frau Stephanie. Schlamm hatte nicht nur sein Land verlassen müssen, sondern war auch politisch heimatlos geworden. Ähnlich wie Milena hatte er für kommunistische Zeitungen geschrieben und war dann in Ungnade gefallen. Den endgültigen Hass seiner ehemaligen Gesinnungsgenossen zog er sich mit einem Buch zu, in dem er mit der »Diktatur der Lüge« im stalinistischen Regime der Sowjetunion abrechnete. In Prag gab Schlamm eine Wochenzeitschrift heraus, in der er einen Zweifrontenkrieg gegen Faschismus und Kommunismus führte. Er schrieb auch Artikel für *Přitomnost*, die Milena ins Tschechische übersetzte.

Das Ehepaar Schlamm und Milena wurden Freunde. Milena half den beiden, die nötigen Papiere für die Ausreise zu bekommen. Als es dann so weit war und sie Abschied nehmen mussten, war das für Milena eine schmerzliche Trennung. »Willi« Schlamm war für sie einer der wenigen Menschen in ihrem Leben geworden, denen sie sich völlig öffnen konnte und denen sie die ganze Fülle ihrer Zuneigung entgegenbrachte. »Ich kann laue Beziehungen nicht ertragen«, hatte sie Fritz Beer bekannt.[20] Was es bedeutete, von Milena geliebt zu werden, erfuhr Willi Schlamm, als er auf seiner Reise durch Europa Briefe von ihr bekam. Diese Briefe sind erhalten, und sie geben einen Eindruck davon, wie die Briefe Milenas an Franz Kafka ausgesehen haben müssen – »entsetzlich wahrheitsliebend«[21], warmherzig, fordernd, ungeschützt emotional und trotzdem souverän.

Aus Bemerkungen Milenas in ihren Briefen geht hervor, dass

»Willi«, wie sie ihn nannte, von dieser Art Liebe überfordert war oder zumindest damit nicht umgehen konnte. Er reagierte auf sie irritiert, hilflos oder mit den Gesten eines wohlerzogenen Mannes, der zu mehr als höflichen Erwiderungen nicht fähig ist. Verglichen mit ihrer »notorischen Offenheit«[22] und der ungehemmten Wucht ihrer Gefühle scheinen seine Antworten geradezu kümmerlich und kleinkariert gewesen zu sein. Milena versuchte ihm begreiflich zu machen, dass sie von ihm keine Gegenliebe erwartete, nur eine tiefe Freundschaft. Was sie aber in ihrem Stolz verletzte, war jene »wohlwollende, liebenswürdige, lauwarme Freundschaft«, die Schlamm mit den gleichen Worten auch vielen anderen Menschen entgegenbrachte. »In einem Rudel Deiner Freunde zu stehen, ist kein Glück, Willi«, schrieb sie ihm.

Kurz vor seiner Abreise aus Prag hatte Milena mit dem Ehepaar Schlamm noch einige Tage auf dem Land verbracht und es war zu einer schwierigen Aussprache zwischen ihr und Willi gekommen. Daraufhin schrieb sie ihm einen erklärenden Brief: »Ich weiß nicht genau, wie, ich weiß nur, dass ich Dich sehr liebe. Aber die Voraussetzung zu dieser Liebe war die Gewissheit, dass Du mich nicht liebst. Und das weißt Du nicht. Hätte ich geglaubt, dass auch Du mich lieben könntest, wäre ich doch weggelaufen bis ans Ende der Welt. Wie Du das erklären willst, ist einerlei – aber es ist wahr: Ich habe nur Deine Freundschaft gebraucht. Etwas mehr wäre viel weniger gewesen. Nur so war es mir möglich, ruhig zu Dir zu kommen, mich bei Dir unendlich glücklich zu fühlen. Gerade Deine Freundschaft war der sichere Boden, die merkwürdige, verzauberte Welt von einigen Stunden, die ich sicher mein ganzes Leben lang zu den schönsten rechnen werde. Gerade die Tatsache, dass Du mich nicht liebst, dass Du ein gutes Herz hast, dass Du mir gut bist und dass Du ein Gesicht hast, das ich so unsagbar liebe.«[23]

LIEBE UND POLITIK

»Politische Artikel müssen geschrieben werden wie Liebesbriefe.«

Es war eine kleine Zeitungsnotiz über ein Ereignis, das schon vier Jahre zurücklag, die Milena nicht mehr aus dem Kopf ging.[1] Von Feuerwehrleuten wurde da berichtet, die sich im Februar 1934 im Wiener Stadtteil Floridsdorf bewaffnet hatten, um die Hauptfeuerwache gegen österreichische Faschisten zu verteidigen. Angeführt worden war die Gruppe von dem Ingenieur Georg Weissel, einem überzeugten Sozialisten und Antifaschisten. Die Feuerwache wurde schließlich gestürmt und die Männer verhaftet. Der verletzte Georg Weissel übernahm die volle Verantwortung für die Aktion. Er wurde aus dem Krankenbett gezerrt und am Würgegalgen hingerichtet. An elf seiner Mitkämpfer wurde nun die Frage gestellt, ob sie bereit wären, ihrem neuen Führer mit der gleichen Treue zu folgen, mit der sie ihre früheren Ideale verteidigt hatten – und sie gelobten es.

Was Milena an diesem Fall so bewegte, war, dass dieser Georg Weissel lange Zeit ein ganz normaler, unbekannter und unbescholtener Bürger gewesen war. Seine Überzeugungen hatte er mehr oder weniger gefahrlos vertreten können, sie beeinträchtigten weder sein Familienleben noch seinen beruflichen Aufstieg. Doch dann hatten sich die Zeiten geändert. Persönliche Ansichten waren keine Privatsache mehr. Für seine Grundsätze einzutreten oder nur seine Meinung zu äußern, konnte nun bedeuten,

Nachteile in Kauf zu nehmen, sich Gefahren auszusetzen oder gar sein Leben zu riskieren. Niemand hatte dem Familienvater Georg Weissel befohlen oder ihn gezwungen, so zu handeln. Er tat es einfach, ohne Reue. Wer mit einem Schicksal wie das von Georg Weissel konfrontiert wird, der kann sich für Milena nicht der Frage entziehen, wie er selbst in einer ähnlichen Situation handeln würde.

Nach dem »Anschluss« Österreichs war dies für Milena eine Frage, die sich jeder in ihrem Land stellen musste. Zu sagen, dass die Zukunft des Landes in den Händen von Politikern liege, war für sie zu einfach und letztlich fatal. Entscheidend ist, wie jeder Einzelne sich im Ernstfall verhalten wird. »Wir müssen wissen«, schrieb sie, »was wir gerade auf dem Stück Erde, auf dem wir leben, und an dem Platz, an dem wir arbeiten, tun werden.« Sie erwartete nicht, dass jeder sich verhält wie Georg Weissel. Sie überhöhte ihn nicht zum Helden oder Märtyrer, noch maßte sie sich an, über seine Mitstreiter zu richten. Sie bezweifelte allerdings, ob es richtig ist, sich bereitwillig anzupassen und Kehrtwenden zu vollziehen, nur weil man weiterleben will. Die Frage, *wie* man weiterleben will, hielt sie für mindestens so wichtig wie die Frage nach dem reinen Überleben. Und wem daran liegt, weiterhin ein Leben zu führen, in dem Werte wie Freiheit und Gleichheit gewahrt werden, der müsse auch bereit sein, sich zur Wehr zu setzen. Wie dieser Widerstand aussieht, das kann sehr unterschiedlich sein. Zurückhaltung muss nicht Feigheit bedeuten, Handeln kann dumm und sinnlos sein. In einem Artikel für *Přítomnost* schrieb sie: »Jeder von uns steht heute vor der schweren Aufgabe, die Grenze zwischen Besonnenheit und Feigheit, zwischen Mut und Tollkühnheit zu finden. Das gilt nicht nur für unsere führenden Politiker, sondern auch für den kleinen und kleinsten Mann.«

Milenas Interesse galt der Frage, wie die einzelnen Menschen sich verhalten in Situationen, wo es um Krieg oder Frieden, Leben und Tod geht. Vom Schreibtisch aus konnte sie diese Frage nicht beantworten. Im Frühjahr 1938 reiste sie in das Sudetenland, wo im Mai die Gemeindewahlen stattfanden. Keine trockenen Berichte wollte sie für *Přítomnost* schreiben, sondern Texte, die die Menschen aufrüttelten. Überhaupt war Milena der Meinung, dass politische Artikel geschrieben werden sollten »wie Liebesbriefe, mit der gleichen aufrichtigen Vertrautheit, Ernsthaftigkeit und der gleichen fieberhaften Unruhe. Werden sie nicht so abgefasst, sind es keine politischen Artikel, sondern bloßes Papier, das keinen für sich einnehmen wird.«[2]

Nach dem Anschluss Österreichs war die Stimmung in den grenznahen Landesteilen besonders aufgeheizt. Die Anhänger Henleins rechneten fest damit, dass sie bald von den Truppen Hitlers »befreit« würden. Wer nicht deutsch war oder eine andere politische Richtung vertrat, war enormem Druck ausgesetzt. Sogar die Kinder beschimpften sich als »Tschechensau« oder »Marxistenschwein«[3]. Wie tief die Gräben zwischen den Bevölkerungsgruppen und politischen Parteien waren, bekam auch die zweisprachige Milena zu spüren. Redete sie Deutsch, wurde sie in den Hotels und Cafés höflich behandelt. Redete sie Tschechisch, ließ man sie meistens stehen. Mit ihrer Menschenkenntnis und ihrem offenen Wesen schaffte es Milena allerdings immer wieder, auch mit unzugänglichen Leuten ins Gespräch zu kommen. Ihrer Tochter Jana zufolge beherrschte Milena »die Kunst, mit Menschen umzugehen«[4], waren es nun Arbeiter, Flüchtlinge oder politische Gegner. Insgesamt besuchte sie siebenundzwanzig Gemeinden und sprach mit unzähligen Menschen. Und sie bekam einen Eindruck davon, was Propaganda, Gleichschaltung und Meinungsterror bewirken können.

In den Kleinstädten, wo jeder jeden kannte, war es unmöglich, dem sozialen und politischen Druck zu entgehen. Schon äußerlich wurde die Gesinnung demonstriert und somit kontrolliert. Die Anhänger Henleins trugen meist Trachtenkleidung, weiße Kniestrümpfe und klobige Wanderschuhe. Bei den Umzügen am 1. Mai war das die »Uniform« vor allem der *Henlein-Jugend.* Diese Kinder und Jugendlichen waren die Stütze der Bewegung. In den deutschen Turnhallen wurden sie militärisch gedrillt und mit der richtigen Weltanschauung versehen. Sie lernten, dass Tschechen, Juden und nicht deutsch gesinnte Deutsche Volksfeinde sind und dass es einen großen Führer gibt, der das Sudetenland heim ins Reich führen wird.

Schon die Kinder in der Schule wurden in diesem Geist erzogen. Viele Lehrer gehörten der SdP, der *Sudetendeutschen Partei,* an. Sie brachten den Kindern bei, wie man den rechten Arm zum Hitlergruß hebt, und ließen sie Nazilieder singen. Die Kinder wurden auch angehalten, in der Schule zu erzählen, was zu Hause gesprochen wurde. Je bereitwilliger und ausführlicher sie berichteten, was sie am Familientisch aufgeschnappt hatten, desto mehr wurden sie gelobt und belohnt. »Der gewiefteste Geheimdienstler könnte jemandem nicht so viele Einzelheiten entlocken, wie es diesen armen, kleinen, krummen Geschöpfen gelingt«, schrieb Milena. »Die Geheimnisse eines jeden Haushalts liegen offen vor dem Lehrer ausgebreitet, und die Eltern fürchten sich nicht nur vor ihren Arbeitgebern, Nachbarn, Verwandten – sondern sogar vor den eigenen Kindern.«[5]

Auch außerhalb der Familien war die Überwachung lückenlos. Milena beobachtete stundenlang junge, etwa vierzehnjährige Mitglieder der *Henlein-Jugend,* die vor jüdischen oder tschechischen Geschäften standen und jeden aufschrieben oder fotografierten, der hier einkaufte. Wer auf diese Weise sich an der Volksgemeinschaft versündigte, wer nicht an der Kundgebung teilnahm, wer

Sozialist war oder aus religiösen Gründen sich verweigerte, dessen Name kam auf eine schwarze Liste und er musste mit Konsequenzen rechnen. Schlimmstenfalls verlor er seine Arbeit. Viele beugten sich diesem Druck. Andere blieben standhaft. Milena lernte Arbeiter kennen, die aufgrund ihrer politischen Einstellung jahrelang arbeitslos waren. Sie bekamen ein paar Kronen Arbeitslosengeld und täglich eine Suppe, die sie kalt werden ließen, um die graue Fettschicht als Brotaufstrich für ihre hungernden Familien zu verwenden. Ein anderer Arbeiter, der nicht die Seiten wechseln wollte, verlor ebenfalls seine Arbeit, und am nächsten Tag fand man ihn – erhängt.

Jemanden in Misskredit zu bringen, war einfach. Es genügte, ein Gerücht in die Welt zu setzen; und war es noch so absurd, es tat seine Wirkung. Oder es reichte der Hinweis in der Henlein-Zeitung *Der Kamerad*, dass die Tochter eines Bürgers mit einem Juden gesehen worden sei. Ob das nun stimmte oder nicht – mit Juden in Zusammenhang gebracht zu werden, war der soziale Todesstoß. Milena nannte Juden die »Neger Europas«[6], weil sie wie die Farbigen in den USA nicht aufgrund einer politischen Einstellung diskriminiert wurden, sondern einfach darum, weil sie existieren und so sind, wie sie sind. »Es braucht keine farbige Haut, um zum Neger zu werden«, meinte sie. In einem kleinen Landstädtchen sprach Milena mit einem jungen jüdischen Arzt, der seine Praxis schließen musste. Niemand ließ sich mehr von ihm behandeln, niemand grüßte ihn mehr, weil ein Gerücht im Umlauf war, dass in seiner Wohnung ein »kommunistisches Waffenlager« versteckt sei. Diese Art Rufmord war für Milena schlimmer als ein tödlicher Anschlag. »Denn ein Toter«, so schrieb sie, »wird auf den Friedhof gebracht, wo er seine Ruhe hat. Der Mensch aber, an dem ein Rufmord begangen wird, muss weiterleben und kann nicht leben.«[7]

Die Gemeindewahlen verliefen wie erwartet. Die SdP gewann mit großem Abstand. Auch deswegen, weil die tschechischen Parteien und die Sozialisten heillos zerstritten waren. Hätten sie gemeinsam einen demokratischen Block gebildet, so Milenas Überzeugung, wären sie ein ernstzunehmender Gegner für die Henlein-Partei gewesen. Überhaupt hielt sie es für den schwersten Fehler der Regierung, dass die demokratischen Kräfte in den Grenzgebieten, vor allem die Tschechen und die Deutschen, die keine Nazis waren, zu wenig unterstützt wurden und es keine Propaganda gab, die sich der »Angstpropaganda« der SdP entgegengestellt hätte.

Immerhin war es für Milena ein wichtiges Signal der Prager Regierung, dass sie nach den Wahlen Soldaten ins Sudentenland schickte, um Stärke zu demonstrieren und immer wieder aufflackernde Revolten und Unruhen zu unterbinden. Milena traute ihren Augen nicht, welche Wandlungen sich über Nacht vollzogen. Leute, die einen Tag vorher noch ein markiges »Sieg Heil!« geschrien hatten, grüßten jetzt mit einem sanften »Guten Tag«. Trachtenjoppen und weiße Kniestrümpfe waren aus dem Straßenbild verschwunden. »Es sieht so aus«, schrieb sie in ihrer Reportage, »als ob dieser Menschentypus, zu dem auch die Henlein-Deutschen gehören, nur dann Courage zeigt, wenn er in Reih und Glied marschieren und dabei grölen kann. Sobald er jedoch gezwungen wird, als Einzelner aufzutreten, ist es aus mit dem Mut. Und dann, vergessen wir nicht: Keiner von ihnen wollte und will Krieg, sondern den Anschluss. Einen stillen, ruhigen, unblutigen Anschluss: Nur muss man das Wort unblutig so verstehen, dass nicht ihr Blut fließen soll.«[8]

Milenas Berichte aus dem Sudetenland erschienen in *Přítomnost*, allerdings mit weißen Flecken. Dort hatte der Zensor eingegriffen und viele Zeilen gestrichen. Natürlich nicht zensiert wurde

Milenas feste Überzeugung, dass es keinen Anschluss geben werde. Das war auch der Standpunkt oder zumindest die Hoffnung der Regierung. Sie verhandelte weiter mit Henlein um einen Kompromiss. Ein sinnloses Unterfangen, denn Henlein hatte sich schon längst mit Hitler auf eine Strategie geeinigt, nämlich immer so viel zu fordern, dass man nie zufriedengestellt werden konnte und ein militärisches Eingreifen Deutschlands unumgänglich schien. Für Hitlers Eroberungspläne Richtung Osten war die Tschechoslowakei nur ein lästiges Hindernis. Für seinen Propagandaminister Joseph Goebbels war die »Tschechei« kein richtiger Staat und die Tschechen ein »Drecksvolk«, das froh sein sollte, wenn es von Deutschland vereinnahmt wird.[9]

Der lange Aufenthalt im Sudetenland hatte Milena auch körperlich sehr mitgenommen. Mit ihrem kranken Bein ging es ihr wieder schlechter und sie musste wochenlang einen Gips tragen. Das hinderte sie nicht daran, in der Redaktion der *Přítomnost* einen Berg von Arbeit zu bewältigen, und auch privat konnte sie sich keine Auszeit leisten. Jana hatte durch eine Krankheit viel Unterricht in der Schule versäumt und Milena musste ihr einen Nachhilfelehrer besorgen. Sie fand einen jungen Studenten namens Lumír Čivrný, der diese Aufgabe übernahm.

Jana war kein einfaches Kind. Sie sei zwar ein »fabelhaftes Mädchen«, wie Milena einmal meinte, aber auch »ein ziemliches Biest«. Von ihrer Mutter habe sie eine »krankhafte Empfindlichkeit« und von ihrem Vater eine »furchtbare Willenlosigkeit«. Jana war es gewöhnt, unter Erwachsenen zu sein, mit anderen Kindern kam sie nicht zurecht und an die Disziplin in der Schule konnte sie sich nicht gewöhnen. Zu Hause war sie weniger das Kind als Milenas Freundin, ihr »Kamerad«. Beide gingen leidenschaftlich gern ins Kino und spazierten anschließend durch die abendlich erleuchteten Straßen. Ein normales Familienleben kannte Jana nicht. Wenn

Milena arbeitete, musste sie sich allein zurechtfinden, und dauernd waren Leute in der Wohnung, deren Probleme sie mitbekam.

Ihr Vater kam nun jeden Tag zum Essen. Mit Jaromír ging es bergab. Nach der Weltausstellung in Paris war er wieder arbeitslos geworden. Er war ständig pleite und herzkrank. In seiner Tasche trug er eine billige Flasche Schnaps mit sich herum, den er bei Milena aus der Teetasse trank. »Es graut mir vor ihm«, bekannte Milena.[10] Sorgen machte sie sich auch um Evžen. Er war rückfällig geworden und saß ganze Nächte hindurch mit seinen alten Freunden von der kommunistischen Partei zusammen.

Milena sehnte sich nach dem klugen und zuverlässigen Willi Schlamm, der jetzt, im August 1938, mit seiner Frau Stefi in Brüssel saß und darauf wartete, nach Frankreich weiterreisen zu dürfen. Milena ging auf das französische Konsulat in Prag und schaffte es, dass die beiden ein französisches Visum bekamen. Sie hatte die Hoffnung nicht aufgegeben, Willi doch noch einmal zu sehen. Wenn es sein musste, wollte sie mit dem Kanu nach Amerika paddeln. Vorläufig blieben ihr nur die Briefe, in denen sie ihm die Lage in Prag schilderte, ihn um weitere Artikel für *Přítomnost* bat und ihm gestand, wie sehr der Abschied von ihm sie immer noch schmerzte: »Es tut weh und schmerzt, es hört nicht einmal für eine Minute auf, es lässt überhaupt nicht nach, Du kannst nirgendwohin davonlaufen, musst es jede Sekunde aushalten, und es tut immer weh. […] Wenn ich etwas Schönes sehe – schenkst Du es mir? Aber wie kann ich etwas Schönes sehen, wenn Du nicht da bist? Alles ist anders, Willi, die ganze Welt ist anders. Du hast mich irgendwo hingebracht, und jetzt, nachdem Du weg bist, bin ich dort allein, sehr allein. Du hast mir etwas gezeigt, es ist nicht verschwunden, es ist hier, aber wie kann ich es finden und weitersehen? Manchmal erinnere ich mich an alles, was Du mir je gesagt hast, gerne würde ich in meinen Gedanken daraus etwas Rundes,

Zusammenhängendes machen. Es stört mich, dass ich nicht weiß, was Du mir gezeigt hast, sondern es bloß fühle. Aber alles, was ich heute fühlen kann, tut mir weh. Wie musst Du manchmal allein in der Welt sein, wenn die Menschen, die Dich ein bisschen verstanden haben, plötzlich so allein sind?«[11]

Oft fühlte sich Milena von Willi missverstanden, und sie musste ihm erklären, dass, wenn sie manchmal »scharf und giftig« war, dies nur aus einer großen Verletzlichkeit heraus geschah, und dass, wenn sie über ihn lachte, sie nur über sich selbst lachte. Es schmerzte Milena auch, dass Willi Schlamm dachte, dass sie ihn ein wenig gernhabe. »Willi«, schrieb sie ihm, »ich werde Dir etwas sagen, aber quäle mich nicht mehr. Ich hatte niemanden auf der Welt so gerne, wie ich Dich habe. Ich habe mich im Leben von nichts so schwer gelöst wie von Dir. [...] Weiß Gott, wozu es Dir wichtig, wozu es Dir bedeutend sein kann, wozu es Dir gut sein kann, aber ich liebe Dich mehr, als Du im Leben an Liebe verbrauchen kannst. Du kannst nicht einmal ein Hundertstel, ein Tausendstel dieser Liebe verbrauchen.«[12]

Milena berichtete Willi auch, dass bis vor Kurzem in Prag noch eine zuversichtliche Stimmung geherrscht habe, aber inzwischen eine »schreckliche Depression«[13] über der Stadt liege. Die dauernde Unsicherheit über ihr weiteres Schicksal hatte die Menschen müde gemacht und abgestumpft. Ein wenig Hoffnung keimte auf, als die englische Regierung den Lord Walter Runciman in die Tschechoslowakei schickte, der einen Bericht über die Lage im Land verfassen sollte. Als Runciman am 16. September 1938 nach England zurückkehrte, hatte er sich seine Meinung gebildet. In seinem Bericht an den englischen Premierminister Chamberlain plädierte er dafür, die Grenzgebiete mit überwiegend deutscher Bevölkerung »sofort« an Deutschland abzugeben.

Runciman schloss sich damit, wie man heute weiß, der schon

feststehenden Meinung Chamberlains an.[14] Der englische Premierminister hatte Hitler auf dessen Berghof in Berchtesgaden getroffen und zweifelte nicht daran, dass dieser entschlossen war, die Sudetengebiete zu besetzen und damit einen Krieg auszulösen, wenn es keine andere Lösung gab. Um des Friedens willen war Chamberlain bereit, Hitler das Sudetenland zu überlassen, zumal Hitler versicherte, keine weiteren Gebietsansprüche mehr zu erheben. England und Frankreich, auf deren Schutz die Tschechoslowakei vertraute, zwangen nun den Staatspräsidenten Beneš, diese »friedliche« Lösung zu akzeptieren und das Sudetenland freiwillig aufzugeben.

In diesen Tagen, als sich das Schicksal ihres Landes entschied, verbrachte Milena die meiste Zeit auf den Straßen und Plätzen Prags und erlebte mit ihren Landsleuten die wechselnden Stimmungen: wie sich langsam die Nachricht verbreitete, dass man von den Verbündeten verraten worden sei und nun alleine dastehe; wie sich die Verzweiflung darüber ausbreitete, dass ihr kleines Land einem fraglichen Frieden geopfert wurde; wie am 23. September die Nachricht von der Mobilmachung wie eine Erlösung aufgenommen wurde und die Menschen sich versammelten, stolz und froh, nicht zum ohnmächtigen Spielball der Großmächte zu werden, sondern die eigene Freiheit selbst verteidigen zu können. »Nirgendwo habe ich je eine Menschenmenge erlebt, die sich so harmonisch bewegt hätte«, schrieb Milena über ihre Eindrücke. »Kein schiefes Wort, nicht eine leere Phrase, kein Versagen, ja nicht einmal eine Spur von Durcheinander. Die Bahnhöfe waren belagert, an den Zügen hingen Trauben von Menschen. Niemand musste dem anderen Mut einflößen. So sachlich, wie die Mobilmachung verkündet worden war, so wurde sie auch in Gang gebracht. Dem Menschen, der durch die Straßen ging, schnürte es die Kehle zu. Vor Tränen? Vor Stolz? Vor Ergriffenheit? Erleichterung? Ich weiß es nicht. Eins aber weiß ich genau: Ein Volk, das sich so verhält, kann nicht umsonst kämpfen.«[15]

Zum Kampf kam es nicht. Auf einer Konferenz der Großmächte am 29. September in München wurde entschieden, das gesamte Sudetenland dem Deutschen Reich anzugliedern. Die Tschechoslowakei war zu den Verhandlungen nicht eingeladen. Die Beschlüsse wurden ihrer Regierung diktiert. Der enttäuschte Widerstandswille der Bevölkerung wich einer landesweiten Resignation. Die Henlein-Anhänger jubelten. Die mobilisierten Soldaten zogen sich aus den Grenzgebieten ins Landesinnere zurück. Ihnen folgten Zehntausende von tschechischen Flüchtlingen und von deutschen, die Henlein abgelehnt hatten und nun die Rache der Nazis fürchteten. Am 1. Oktober überschritten die deutschen Soldaten die Grenze.

Milena war maßlos enttäuscht über das Verhalten Frankreichs. Sie schrieb einen offenen Brief an den französischen Schriftsteller Jules Romains, den sie in ihrer Jugend verehrt hatte und der jetzt das Münchner Abkommen rechtfertigte. Nicht nur habe Frankreich ihr Land verraten, warf sie ihm vor, es habe vor allem »sich selbst verraten«. Was sie in diesen Tagen allerdings gelernt hatte, war, dass Politik nicht nur etwas ist für »geschulte Politiker«, sondern jeden angehe. Politik, so Milena, sei im menschlichen Leben ebenso wichtig wie die Liebe: »Sie dringt unter die Haut, rückt auf den Leib wie ein eng sitzendes Hemd und nistet sich wie die innersten Gefühle im Herzen ein. [...]Und solange völlig unpolitische Menschen ›die Politik‹, nämlich das, was geschieht, für sich nicht als ebenso wichtig erachten wie ihre Privatsachen, wird sich die große Masse gleichgültig von den Ereignissen treiben lassen, ohne sich zu vergegenwärtigen, dass diese bis in ihre Wohnungen vordringen und mit Platz nehmen an der Suppenschüssel, die mittags gefüllt wird.«[16]

Mit der Besetzung der sudetendeutschen Gebiete verlor die Tschechoslowakei ein Drittel ihrer Industrie und die Hälfte ihrer Kohlevorkommen. Als Rumpfstaat war das Land kaum überlebensfähig, zumal es jetzt einen Ansturm von Flüchtlingen erlebte, den es unmöglich bewältigen konnte. Viele Flüchtlinge wollten weiter in andere Länder. Aber wo sollten sie hin, wenn alle Grenzen geschlossen waren? Milena war entsetzt darüber, dass Juden einfach in das Niemandsland zwischen der deutschen und der tschechischen Grenze vertrieben wurden, wo niemand sich für sie zuständig fühlte und sie jämmerlich verhungerten oder erfroren. In Prag war die Lage katastrophal. Zwar wurden fast in jedes Haus Flüchtlinge aufgenommen, trotzdem glich die Stadt einem Schiff, das mehr Menschen aufnahm, als es tragen konnte. Milena befürchtete, dass sich die Bevölkerung dazu hinreißen ließ, aus Enttäuschung über den Münchner Verrat Rache an den unschuldigen Flüchtlingen zu üben. Das aber, so warnte sie, wäre ein tiefgehender moralischer Bruch, dessen man sich nicht schuldig machen dürfe.

Das Münchner Abkommen bot keine Garantie dafür, dass Hitler sich nicht auch noch der Rest-Tschechei bemächtigen würde. In der Tat lagen die Pläne für eine Invasion schon seit Langem bereit. Hitler wartete nur auf eine günstige Gelegenheit. Unter den Juden und Kommunisten in Prag ging die Angst um vor einer deutschen Invasion. Evžen war gefährdet und auch Ernst Polak. Ihrem Ex-Mann konnte Milena helfen. Sie verschaffte ihm ein Dokument, das ihn als Korrespondent von *Přítomnost* auswies, und damit konnte er Mitte November nach London ausreisen. Anderen guten Freunden konnte sie nicht helfen. Sie wählten einen anderen Ausweg. Der Journalist Rudolf Thomas und seine Frau Grete nahmen Gift und starben kurz darauf im Krankenhaus. An Willi Schlamm schrieb Milena daraufhin: »Bei Grete

Thomas habe ich gesehen, dass es durchaus eine private Sache ist, eine von den Freiheiten, die übrig geblieben sind – mindestens für gewisse Menschen –, und dass es ganz lächerlich ist, Menschen vor diesem Entschluss schützen zu wollen.«[17]

Für Milena war dieser Weg ausgeschlossen. Auch Flucht kam für sie nicht infrage. Willi Schlamm noch einmal zu sehen, nach Paris oder nach Amerika zu gelangen, diese Träume hatte sie aufgegeben. Manchmal drehte sie nachts am Senderknopf ihres Radios, einfach um die Stimmen und die Musik aus fernen Ländern zu hören. Als einmal der Name einer fernen Stadt genannt wurde, meinte sie sehnsüchtig, dass sie dorthin auch zu gerne einmal reisen möchte. Auf Janas Frage, warum sie das nicht mache, antwortete sie: »Weil ich alt bin und hinke.«[18]

Sie wollte in Prag bleiben, solange sie hier das Geringste tun konnte. Und sie wurde gebraucht. Weihnachten erlitt Jaromír einen Herzinfarkt. Milena saß mit ihm im Krankenwagen, der Stunden brauchte bis zum Hospital. Die Ärzte gaben Jaromír nur eine kurze Frist, aber er überlebte. Für Milena war es schwer, den früher so sportlichen und fröhlichen Mann so regungslos daliegen zu sehen. Natürlich hatte Jaromír kein Geld und Milena musste irgendwie für die Behandlungskosten aufkommen. Sie dachte mit Sorge daran, was werden sollte, wenn Jaromír als Invalide aus dem Krankenhaus entlassen würde.

Jaromírs Mutter war zu alt, um ihn zu pflegen. Seine Frau Riva war völlig überfordert und hilflos. Milena nahm sie bei sich auf, sehr zum Ärger von Jana. Riva war eine zusätzliche Belastung für Milena, deren Tage ausgefüllt waren mit der Arbeit in der Redaktion, dem Haushalt und den Hilfeleistungen für gefährdete Freunde. Milena, inzwischen vierundvierzig Jahre alt, war müde. Aber müde war sie schon vor einem Jahr gewesen und sie war dennoch immer wieder über sich hinausgewachsen. »Es ist lächerlich«, hatte sie an Willi Schlamm geschrieben, »denn dem Herrgott wird es niemals gelingen, mich fertigzumachen, dem Armen.«[19]

Milenas Widerstandskraft sollte noch schwereren Prüfungen ausgesetzt werden. Staatspräsident Beneš war schon Anfang Oktober 1938 zurückgetreten und ins Exil in die USA gegangen. Sein Nachfolger Emil Hácha wurde zu einer Marionette in Hitlers Plänen. Bei einem Besuch Háchas in Berlin im März 1939 drohte ihm Hitler mit Luftangriffen auf Prag, sodass Hacha sich schließlich bereit erklärte, zur Sicherung des Friedens, wie es hieß, »das Schicksal des tschechischen Volkes und Landes vertrauensvoll in die Hände des Führers des Deutschen Reiches« zu legen. Das bedeutete, dass die Rest-Tschechei zum Protektorat erklärt wurde. Verwaltung und Regierung blieben zwar in tschechischer Hand, aber de facto war das Land jetzt von den Deutschen besetzt.

In der Nacht vom 14. auf den 15. März rückten deutsche Soldaten in Prag ein. Einige Tage darauf schilderte Milena in *Přítomnost*, wie sie diese dramatischen Stunden erlebt hatte: »Als am Dienstagmorgen um vier Uhr das Telefon läutete, Freunde und Bekannte anriefen und der tschechische Rundfunk anfing zu senden, sah die Stadt unter unseren Fenstern so aus wie in jeder anderen Nacht. Die Lichter zeigten dasselbe Muster, die Kreuzungen bildeten dasselbe Kreuz. Nur dass schon ab drei Uhr nach und nach die Lichter angingen: bei den Nachbarn, gegenüber, unten, oben, schließlich die ganze Straße entlang. Wir standen am Fenster und sagten uns: Auch sie wissen es schon. Wir weckten andere durchs Telefon: Wisst ihr schon? Ja, sie wussten. Fahle Dämmerung über den Dächern, hinter den Wolken ein blasser Mond, unausgeschlafene Gesichter, eine Tasse heißen Kaffees und regelmäßige Meldungen übers Radio. So kommen die großen Ereignisse zu uns: sachte und unerwartet. [...] Ganz wie sonst traten die Schwärme von Kindern um halb acht den Schulweg an. Wie sonst fuhren

Arbeiter und Angestellte zur Arbeit und wie sonst waren die Straßenbahnen überfüllt. Nur die Menschen waren anders. Sie standen da und schwiegen. Noch nie habe ich so viele Menschen schweigen gehört. Auf den Straßen gab es keine Ansammlungen. Es wurde nicht diskutiert. In den Büros hob keiner auch nur den Kopf vom Schreibtisch. Ich weiß nicht, worin dieses einheitliche Verhalten von Tausenden wurzelt und woher mit einem Mal der übereinstimmende Rhythmus so vieler Menschen entspringt, die sich nicht kennen: Am 15. März 1939, um fünf nach halb neun, rückte das Heer des Deutschen Reiches auf der Narodní ein. Auf den Bürgersteigen strömten die Menschen wie gewohnt. Niemand sah hin, niemand drehte sich um. Die deutsche Bevölkerung aber hieß das deutsche Heer willkommen.«[20]

Überall in der Stadt roch es nach verbranntem Papier. In den Wohnungen wurde in Öfen und Eimern alles vernichtet, was belastend sein konnte. Milena und Jana verbrannten in der Toilette Dokumente und Janas sowjetisches Halstuch. Immer wieder eilte Milena zum Telefon, um Freunde anzurufen. Auch ihren Vater rief sie an. Alle Streitigkeiten und Gegensätze waren in dieser Stunde vergessen. Jan Jesenský und seine Tochter Milena hatten nun einen gemeinsamen Feind.

Gleich nach dem Einmarsch der Wehrmacht wurde von der Gestapo die »Aktion Gitter« durchgeführt. Die Stadt wurde nach linksgerichteten Intellektuellen, Emigranten und Juden durchkämmt. Tausende von tatsächlichen oder vermeintlichen politischen Gegnern wurden verhaftet. Auch Ferdinand Peroutka wurde abgeholt, nach zehn Tagen aber wieder auf freien Fuß gesetzt. Evžen war in höchster Gefahr. Er musste versteckt und möglichst rasch außer Landes gebracht werden. »Aber die Juden müssen von hier weg«, hatte Milena an Willi Schlamm geschrieben und hinzugefügt: »Ich gehe aber von hier nicht weg.«[21]

DIE KUNST, STEHEN ZU BLEIBEN

»Einsamkeit ist der Welt größter Fluch.«

Am Morgen des 15. März 1939, es war trüb und es fiel Schneeregen, wollte ein junger Medizinstudent zu einer Bäckerei, um sich Semmeln zum Frühstück zu holen. Von den Ereignissen in der Nacht hatte er nichts mitbekommen. In den Gassen am unteren Ende des Wenzelsplatzes blieb er stehen, aufmerksam gemacht von dem Rattern von Motorrädern und dem dumpfen Dröhnen schwerer Lastwagen. Der Student folgte dem Lärm, und an der nächsten Kreuzung sah er die endlosen Kolonnen von Militärfahrzeugen und Soldaten, die in die Stadt hereinzogen, Soldaten mit deutschen Uniformen. Der Student war selber gebürtiger Deutscher und sah auch aus, wie man sich einen arischen Deutschen vorstellte, groß, schlank, blond und blauäugig. Er hatte sogar einen Adelstitel: Joachim von Zedtwitz. Doch er war alles andere als ein Nazi. Er hatte vor Kurzem die tschechoslowakische Staatsbürgerschaft angenommen und einen demokratischen Club begründet. Er hasste Hitler und der Anblick deutscher Soldaten in Prag machte ihn wütend.

Er vergaß die Semmeln und rannte zu jüdischen Freunden, um sie zu warnen. Und er versicherte ihnen, dass er ihnen helfen wolle. Zwei Tage später stand ein junger Engländer namens Harold Stovin vor seiner Tür. Er erzählte, dass er Sprachlehrer am englischen Institut in Prag sei, aber sich jetzt mit anderen Männern

Joachim von Zedtwitz

und Frauen aus dem Institut zusammengetan habe, um gefährdete Personen über die Grenze nach Polen zu bringen. Von Zedtwitz war sofort bereit mitzumachen. Zusammen fuhren sie zur Wohnung einer tschechischen Journalistin, wo sich Leute versteckten, die von den Nazis gesucht wurden. Die Journalistin war Milena und das Versteck war ihre Wohnung in der Kouřímská Straße.[1]

Den adligen Studenten konnte man gut gebrauchen. Erstens war er als Deutscher, der auch so aussah, unverdächtig. Und zweitens hatte er ein Auto, einen flotten, zweizylindrigen Sportwagen *Aero*. Allerdings war von Zedtwitz, wie auch die englischen Sprachlehrer, völlig unerfahren in der Arbeit im Untergrund. Das oberste Gebot im Widerstand, nämlich möglichst unauffällig zu agieren, war er unfähig einzuhalten. Überall, wo er mit seinem röhrenden Sportwagen und seiner markanten preußischen Stimme aufkreuzte, war er so auffällig und laut wie, so meinte Jana, »eine Horde aufgescheuchter Paviane«[2]. Aber vielleicht waren gerade seine Sorglosigkeit und sein aufsehenerregendes Auftreten die beste Tarnung. Jedenfalls flog er nie auf.

Milenas Wohnung wurde zum Unterschlupf für tschechische Soldaten, für Juden und politisch Verfolgte. Einen nach dem anderen brachte von Zedtwitz an die polnische Grenze. Dabei kam es oft zu brenzligen Situationen, wenn er von deutschen Soldaten kontrolliert wurde oder wenn einer seiner Flüchtlinge in Panik geriet. Manchmal konnte die Fahrt erst gar nicht losgehen, weil sich ein Kandidat nicht von seinem Besitz trennen konnte und mehr mitnehmen wollte, als in dem engen Zweisitzer Platz hatte. Auch Walter Tschuppig, der Herausgeber des *Prager Montag*, wurde auf diese Weise gerettet. Als sie nahe der Grenze einen Unfall mit einer Radfahrerin hatten, dachte Tschuppig schon, es sei alles aus. Doch wieder gelang es von Zedtwitz, sich aus dieser misslichen Lage zu befreien. Jahre später, nach dem Krieg, bedankte sich Tschuppig mit einem Brief bei seinem Retter: »Die arme, arme Milena Jesenská! Was für ein großer, couragierter Mensch war sie doch! Durch sie bin ich an Sie verwiesen worden. Die letzte Nacht verbrachte ich, wie Sie ja wissen, bei ihr in der Wohnung, bis Sie mich abholten. Niemals werde ich Ihnen diesen Dienst vergessen! Sie waren beispiellos beherzt.«[3]

Für Evžen Klinger wurde die Zeit knapp. Was ihm fehlte, waren die Papiere, um über Polen in ein sicheres Land wie England oder die USA weiterfliehen zu können. Milena tat alles, um sie zu besorgen, und wandte sich dazu auch an Willi Schlamm in New York. Um diese Zeit besuchte Jana wieder ihren Großvater. Nach dem gemeinsamen Mittagessen zog sich Jan Jesenský wie gewohnt hinter seine Zeitung zurück, als er sich wie beiläufig nach »Herrn Klinger« erkundigte. Auf Janas Antwort, dass er nach England wolle, brummte Jesenský: »Auf den werden sie gerade warten, ausgerechnet auf den. Er denkt wohl, dass er ankommt und gleich am Zug empfangen wird, was?« Dann stand er auf, wühlte in einer Schublade seines Schreibtisches und gab seiner Enkelin eine ausländische Banknote und ein Päckchen. »Gib ihm das«, meinte er. »Damit er für den Anfang was hat. Damit er nicht hungern muss.« Dann verschwand er wieder hinter seiner Zeitung. Als Milena später das Päckchen ihres Vaters öffnete, heulte sie, so Jana, wie ein kleines Mädchen. Darin waren ein großes Stück Zahngold und die goldene Uhr, die Jan Jesenský zu seiner Promotion bekommen hatte.[4]

Am 24. April war es so weit. Eugen sollte der Nächste sein, den von Zedtwitz zur Grenze brachte. Als er mit seinem Auto heranbrauste, um Evžen abzuholen, überfuhr er vor Milenas Haus einen Hund. Das Tier blieb unverletzt, doch es gab einen Auflauf von empörten Leuten, die man nur mit Mühe überzeugen konnte, dass er kein Nazi war. Eugen nahm Abschied. Milena sah ihn das letzte Mal vom Fenster aus, wie er um die Ecke bog. »Die Ecke ist noch immer da«, schrieb sie an Willi, »manchmal denke ich, ich müsste nur runterlaufen, um die Ecke gehen und Evžen macht Buh, um mir einen Schrecken einzujagen.«[5]

Evžen hatte bis zuletzt versucht, sie zu überreden, mit ihm zu fliehen. Doch Milena hatte das Gefühl, bleiben zu müssen, solange sie etwas tun konnte. Und etwas zu tun, bedeutete auch, weiterhin für *Přítomnost* zu schreiben. In den Tagen, als ihr Chef Peroutka in Haft war, hatte sie inoffiziell die Leitung der Zeitung übernommen. Und auch nach dessen Rückkehr blieb sie die wichtigste Stimme des Widerstands in der Redaktion. Die Umstände waren freilich jetzt andere. Die Besatzer duldeten tschechische Zeitungen nur, solange sie darin keine deutschfeindlichen Töne fanden. Kritik an den neuen Herren konnte darum nur mit äußerster Vorsicht und versteckt geäußert werden. Milena hatte die Grenzen schon mit einem Artikel ausgelotet, in dem sie den Deutschen Empfehlungen nahelegte, wie sie mit den Tschechen umgehen sollten. Schlagworte der Nazis wie Raum, Heimat oder Mut hätten in tschechischen Ohren eine ganz andere Bedeutung als in deutschen. »Wenn ich manchmal Fotografien aus großer Zeit betrachte«, schrieb sie, »aus Berlin – Wien – Rom, mit Menschen, die wie Mauern stehen, mit Palisaden erhobener Rechter, mit Wäldern von Fahnen und Transparenten, marschierenden Kolonnen und grell leuchtenden Schweinwerfern, kommt mir immer der Gedanke: So etwas wäre bei uns wohl nicht möglich.«[6] Die Menschen in Tschechien beschrieb Milena als friedliebend, humorvoll, einem großspurigen Auftreten abgeneigt und eher dem »Einfachen und Nahen zugetan«. Und wenn die Deutschen mit den Tschechen friedlich zusammenleben wollten, so Milenas Empfehlung, so sollten sie die Eigenart dieses Volkes respektieren.

Das war frech, wenn nicht gewagt. Niemand hätte es gewundert, wenn Milena gleich nach der Besetzung mit einem Schreibverbot belegt worden wäre. Trotz ihrer aufmüpfigen Artikel wusste sie, dass unverhohlene Kritik und offener Widerstand sinnlos, ja dumm waren. Sein Leben mit einer heroischen Geste für sein Land zu opfern, mochte für andere erstrebenswert sein, für sie war es ein »gefährlicher Unsinn«[7]. »Wir müssen leben«, appellierte sie an ihre Landsleute. Und das war ein Aufruf dazu, den eigenen Stolz zu wahren, aber die Gegenwehr nicht so weit zu treiben, dass man den Nazis ins offene Messer lief.

Es war vermutlich die Suche nach einer angemessenen Haltung, die bei Milena wieder die Erinnerung wachrief an jenen Tag, als sie als kleines Mädchen am Fenster stand und ihren Vater in einer protestierenden Menge erblickte, wie Schüsse fielen, alles auseinanderstob und er stehen blieb, um einem Verletzten zu helfen.

Milena beschrieb nun dieses Verhalten als die »Kunst, stehen zu bleiben«[8], die einen davor bewahrt, entweder vor einer Bedrohung davonzulaufen oder sich in sinnlose Aktionen zu flüchten: »Menschen, die von Angst besessen sind, die von Kummer und Panik befallen werden, von Unsicherheit oder Einsamkeit, setzen sich hastig in Bewegung und treten entweder die Flucht nach vorne an oder weichen zurück. Die einen vollführen Gewaltakte und die anderen feige Mätzchen. Die einen spielen sich als Märtyrer auf, obgleich sie niemand quält, und die anderen fliehen, obwohl sie niemand jagt. Es ist wohl das Wesen der Angst, dass sie niemandem erlaubt, stehen zu bleiben.« Angst wirft für Milena die Menschen auf sich zurück, sie werden einsam und vergessen, dass sie nicht alleine auf der Welt sind, sondern zu einer Gemeinschaft gehören. »Einsamkeit«, so schreibt sie, »ist wohl der Welt größter Fluch.«

Standhaft war Milena zweifellos. Die Schwierigkeit war, die richtige Mitte zu finden zwischen Vorsicht und Bekenntnis. Und oft entschied sich Milena dafür, lieber klare Worte zu finden, als vor lauter Vorsicht nichts mehr zu sagen. Das brachte sie unweigerlich in Konflikt mit den deutschen Behörden. Im Prager Presseamt saß nun der SS-Offizier Wolfram von Wolmar, der darüber zu wachen hatte, ob sich die Zeitschriften und Verlage an die Vorgaben der nationalsozialistischen Weltanschauung hielten. Milena musste bald regelmäßig bei ihm vorstellig werden und zwischen beiden entwickelte sich eine besondere Beziehung. Von Wolfram behandelte diese intelligente Journalistin durchaus mit Respekt, auch wenn er ihr nie ganz traute. Und obwohl diese Verhöre für Milena »furchtbar nervenzehrend«[9] waren, darf man es durchaus glauben, dass ihr die Gespräche mit dem gebildeten Offizier auch Vergnügen bereitet haben. Es ist mehrfach bezeugt, dass Milena mit einer gewissen Lust Leute um ihren Finger wickelte und sie so lange mit ihrem Charme und ihrer Beredsamkeit bezirzte, bis man ihr die abenteuerlichsten Geschichten glaubte. Ihre Tochter Jana berichtete davon, dass sie einmal in einem Prager Park Blumen geklaut hatten und von einem Parkwächter dabei erwischt worden waren. Milena hatte es tatsächlich geschafft, den Mann zu überzeugen, dass sie nur die Beete verschönern hatten wollen, indem sie die welken Blätter und Knospen entfernten. Zu guter Letzt hatte sich der Wächter sogar bei Milena bedankt und es bedauert, dass es nicht mehr so aufmerksame Leute in Prag gebe.[10]

Wolfram von Wolmar ließ sich von Milena nicht so leicht an der Nase herumführen, zumal ihm klar gewesen sein muss, dass Milena nie mit den Deutschen kollaborieren würde. Ob er es war, der den tschechischen Politiker Emanuel Moravec zu Milena schickte, um sie zur Zusammenarbeit mit den Nazis zu überreden? Eine große Karriere als Journalistin und Schriftstellerin stellte Moravec ihr in Aussicht. Ohne Erfolg. Moravec wurde von den Besatzern zum Minister für Schulwesen und Volksaufklärung gemacht. Milena blieb, was sie war – eine unbequeme und stets von Schreibverbot und Verhaftung bedrohte Journalistin. Mit Argusaugen las von Wolfram ihre Artikel, bei denen man nie genau sagen konnte, ob sie die Nazis bewunderte, sie hasste oder sich über sie lustig machte.

Milena vertraute darauf, dass ihre Leserinnen und Leser verstanden, was sie sagen wollte. Manchmal ließ sie auch alle Diplomatie und Doppeldeutigkeit beiseite. Dann beschwor sie ihre Landsleute, die Achtung vor sich selbst nicht zu verlieren und sich nicht einreden zu lassen, dass sie minderwertig seien und sich einer Herrenrasse unterwerfen sollen. Dieses Bewusstsein der Gleichwertigkeit, das die Deutschen ihnen absprachen, dürfe man, so Milena, nicht verlieren: »Das, was nottut, spricht jeder von uns laut und deutlich aus: Liebt die zähe Ausdauer; schätzt Tapferkeit und Mut;

Die kranke Milena

fürchtet euch vor nichts, wenn es nötig sein wird, denn dazu besteht kein Grund; und sagt die Wahrheit […].«[11]

Ob Jan Jesenský diese Zeilen gelesen hat? Wenn ja, wird er wohl zufrieden festgestellt haben, dass seine Tochter nun endlich ihr Vaterland so liebe wie er. Zwischen Vater und Tochter blieben aber auch in dieser Hinsicht entscheidende Unterschiede. Milena war Patriotin, doch sie war keine verbohrte Nationalistin. Sie war stolz darauf, Tschechin zu sein, aber das war für sie kein Grund, Angehörige einer anderen Nation zu hassen oder gar zu bekämpfen. Der Charakter eines Menschen war für sie wichtiger als seine Herkunft oder Religion. Nie wäre es ihr eingefallen, zu Anschlägen auf die deutschen Besatzer aufzurufen. Sie zeigte sogar Sympathie mit deutschen Soldaten, die auf dem Wenzelsplatz weinende tschechische Frauen trösteten. Und als ein Leser ihr schrieb, dass er ihre Artikel gerne lese, weil er glaube, dass sie »vor allem Tschechin« sei, antwortete sie: »SELBSTVERSTÄNDLICH bin ich eine Tschechin, aber VOR ALLEM versuche ich, ein anständiger Mensch zu sein.«[12]

Für Evžen Klinger war Milena in erster Linie ein »Symbol des Widerstands«[13]. Seine Flucht war geglückt. Er hatte sich bis nach London durchgeschlagen, fühlte sich aber ohne Milena wie ein »halber Mensch«[14]. Ähnlich ging es Ernst Polak, der auch in London saß und, wie er Milena schrieb, sehr traurig und einsam sei. Milena tröstete ihn und schilderte das zauberhafte Prag im Frühling, wo überall Holunder und Jasmin blühten – auch wenn sie daran zweifelte, dass Ernst wusste, was das war. Mit welchen Worten sollte sie den Brief beenden, da beide wussten, dass sie sich niemals wiedersehen würden? Sie schrieb schließlich: »Auf Wiedersehn? Ich weiß nicht. Vielleicht leb wohl. Wie viele Freunde habe ich jetzt in der Welt, o Gott! Macht nichts, Täubchen. Es vergeht.«[15]

Im Protektorat wurden die antijüdischen Gesetze der Nazis umgesetzt. Jüdisches Vermögen wurde, wie es hieß, »arisiert«, und es wurde damit begonnen, Juden in die Konzentrationslager zu deportieren. Max Brod gelang im letzten Augenblick die Flucht aus seiner Heimatstadt, mit einem Koffer voller Manuskripte seines Freundes Franz Kafka. Milena war immer noch im Besitz von Kafkas Briefen. Sie musste ständig mit Hausdurchsuchungen rechnen und hatte Angst, dass die Briefe der Gestapo in die Hände fielen. Sie wandte sich an ihren Freund Willy Haas, der als Jude ebenfalls seine Flucht vorbereitete. Haas erklärte sich bereit, die Briefe mit ins Ausland zu nehmen, wo sie sicherer waren. Als Haas Prag verließ, schien es ihm jedoch zu riskant, das Bündel bei sich zu behalten, und er versteckte es bei Verwandten in Prag.

Milena wurde weiterhin von Freunden gedrängt, sich in Sicherheit zu bringen. Man bot ihr ein Visum für England an. Milena lehnte ab. Sie fühlte sich nicht gefährdet, und sie konnte es nicht verstehen, wie Leute ohne wirklich dringenden Grund das Land verlassen konnten. Geradezu empört war sie über einen Arzt, der mit seiner Familie auswandern wollte, weil er in Prag keine berufliche Zukunft mehr sah und sich anderswo ein »komfortableres« Leben versprach. Vorbildlicher war für sie dagegen ein Landwirt, mit dem sie am Stadtrand von Prag ins Gespräch kam. Er dachte nicht daran, sein Haus, seine Felder und Obstbäume aufzugeben. Und auf Milenas Frage, ob er denn keine Angst habe, antwortete er: »Ein Mensch stirbt nur einmal. Und wenn er ein bisschen früher stirbt, ist er eben ein bisschen länger tot.«[16]

Diese Art von Humor war für Milena die beste Medizin gegen übertriebene Ängste. Jeder, der nicht um sein Leben fürchten musste, sollte im Land bleiben und eine Aufgabe erfüllen. Als *ihre* Aufgabe sah sie es, verfolgten Menschen zu helfen und dafür zu sorgen, dass *Přítomnost* weiter erschien. Aber wie lange würden die Deutschen die Zeitschrift noch dulden? Milena strapazierte die Geduld Wolfram von Wolmars. Und Ende Juni 1939 schien er mit seiner Geduld am Ende. Wolfram von Wolmar tobte. Milena hatte einen Artikel verfasst, in dem sie angeblich die Stärke und das imposante Auftreten der deutschen Soldaten pries.[17] Wenn tschechische Soldaten unter dem Fenster vorbeigingen, so Milena, höre man nur ein leises Klappern. Marschiere aber nur ein einziger deutscher Soldat an einem Café vorbei, klirrten die Gläser und der Putz würde von der Decke fallen. Scheinbar bewundernd zitierte sie ein Lied, von dem sie behauptete, dass es ein typisches deutsches Soldatenlied sei. Darin werden Soldaten verherrlicht, die auf Kanonen wohnen und aus jeder fremden Rasse Hackfleisch machen. Milena wusste natürlich, dass dieses Lied nie ein deutscher Soldat gesungen hatte und auch nie singen würde, weil es nämlich aus einer Oper des Kommunisten Bertolt Brecht stammte und eine Parodie darstellte auf den Größenwahn des deutschen Militärs.

Mancher Deutsche hätte sich von Milenas Artikel geschmeichelt gefühlt. Nicht aber Wolfram von Wolmar, der die *Dreigroschenoper* von Brecht kannte und auch die hintergründige Ironie des ganzen Beitrags durchschaute. Milena spielte die Ahnungslose und Unschuldige und brachte damit angeblich von Wolmar dermaßen in Rage, dass er sie aus dem Büro warf. Einen Artikel über die wirtschaftlichen Folgen der Okkupation ließ er ihr noch durchgehen. Dann war Schluss.

Milena erhielt Schreibverbot und Ende August wurde auch *Přítomnost* verboten. Milena hatte nun kein Einkommen mehr und sie musste ihren Pass abgeben. An Evžen schrieb sie: »Wenn Du ein halber Mensch bist, dann bin ich ein erledigter. Ich hatte im Juli wohl viele Dummheiten und viel überflüssiges Zeug gemacht. […] Wir leben, aber wir wissen nicht, wie. Wir warten auf etwas, aber wir wissen nicht, worauf. Irgendetwas liegt in der Luft, aber wir wissen nicht, was.«[18] Was in der Luft lag, war die Angst vor Krieg. Hitlers Drohgebärden gegen Polen nahmen an Schärfe zu. Und seine Forderungen nach Lebensraum im Osten waren deutliche Warnungen, dass er sich mit den bisherigen Eroberungen nicht zufriedengeben würde.

In Prag waren Sommerferien. Die Stadt war wie ausgestorben. Viele Bewohner waren geflüchtet. Und die meisten derjenigen, die noch da waren, fuhren aufs Land. Sie hatten das Gefühl, dass es für lange Zeit die letzte Gelegenheit sein würde, den Sommer zu genießen. Milena schickte Jana in ein Ferienlager nach Medlov.[19] Allein in Prag fühlte sie sich jedoch verlassen. Nach ein paar Tagen reiste sie ihrer Tochter hinterher und nahm auch gleich den wieder genesenen Jaromír und Riva mit. Mit den beiden teilten sich

Milena und Jana eines der Holzhäuschen, die im Wald an einem See lagen. Nach und nach kamen immer mehr Leute aus Prag in das Ferienlager – Studenten, Journalisten, Künstler. Es herrschte eine merkwürdige Stimmung, eine Mischung aus Unsicherheit, Zukunftsangst und Ausgelassenheit. Man ging im Wald spazieren, badete im See, saß abends am Lagerfeuer, es wurden Spiele gemacht und Theaterstücke aufgeführt, getrunken und gelacht – und zwischendurch horchte man immer wieder auf die neuesten Meldungen im Radio. Nach den Erinnerungen Janas waren Milenas Stimmungsschwankungen besonders extrem. Einmal war sie aufgedreht und »irrsinnig fröhlich«, dann wieder »todtraurig«. Nachts, im Dunkeln, wenn sie keiner sah, schwamm sie mit ihrem steifen Bein im See.

Dann, am 23. August, platzte in die Idylle am Waldsee die Nachricht, dass Hitler und Stalin einen Nichtangriffspakt geschlossen hatten. Das war ein Schock für alle, die Stalin als einzig wirklichen Widersacher Hitlers gesehen hatten. Milena wird nicht überrascht gewesen sein. Schon vor einem Jahr hatte sie die Arbeiter davor gewarnt, nicht auf die »messianische Propaganda« aus Moskau hereinzufallen. »Es kommt kein Erlöser, woher auch immer«, hatte sie in einem Beitrag für *Přítomnost* geschrieben.[20] Die alten Ideen von Freiheit und Recht würden von Nazis und Kommunisten für ihre Zwecke missbraucht, aber diese Ideen, so ihre Überzeugung, würden weiter lebendig bleiben, auch wenn jene Ideologien längst verschwunden wären.

Der Pakt zwischen Hitler und Stalin diente beiden Seiten zunächst dazu, sich bei ihrer aggressiven Expansionspolitik nicht im Wege zu stehen. Am 31. August gab Hitler den Befehl zum Angriff auf Polen. Dieses Mal aber hielten die Westmächte nicht still. Frankreich und England erklärten Deutschland den Krieg. Milena erfuhr in Medov vom Überfall der Deutschen auf Polen. Nun war klar, dass, selbst wenn sie gewollt hätte, eine Flucht so gut wie unmöglich war. Mit Jana kehrte sie im Zug nach Prag zurück. Als sie wieder in ihrer Wohnung waren, meinte sie: »Jetzt ist also die Ruhe endgültig vorbei.«[21]

Joachim von Zedtwitz, »Jochi« genannt, saß nun beschäftigungslos in Milenas Wohnung. Für ihn gab es keine Aufträge mehr. Die Zeit der waghalsigen Fahrten an die Grenze war vorbei. Der Fluchtweg nach Polen war versperrt. Nach wie vor suchten Verfolgte bei Milena Unterschlupf. Abends saßen sie gemeinsam in ihrer Wohnung zusammen, sangen Lieder, lasen Bücher und teilten sich die paar Lebensmittel, die Milena noch auftreiben konnte. Das Abendessen werde »allmählich merkwürdig«, stellte sie mit einem gewissen Galgenhumor fest.[22] Alles, was Milena für ihre illegalen Gäste tun konnte, war, ihnen dabei zu helfen, an die nötigen Papiere heranzukommen, um vielleicht doch noch aus der »Mausefalle« Prag zu entwischen. Fast täglich hörte Milena von Freunden und Bekannten, die verhaftet worden waren. Am 3. September war es Ferdinand Peroutka, der erneut festgenommen wurde. Peroutkas Frau war in dieser Situation völlig überfordert und hilflos, und so übernahm Milena die Aufgabe, ihm einen Karton mit Wäsche ins Petschek-Palais zu bringen, wo die Gestapo ihren Sitz hatte. Mehr konnte Milena für ihren Chef nicht tun. Dieses Mal ließen die Nazis Peroutka nicht mehr laufen. Er wurde ins KZ Dachau gebracht.

Milena war schon längst im Visier der Gestapo. Und wenn es stimmt, was verschiedene Zeitzeugen und Freunde Milenas behaupten[23], dass sie sich nämlich aus Protest gegen die Rassegesetze der Nazis einen gelben Judenstern an ihren Mantelkragen heftete, dann war es fast ein Wunder, dass sie in Prag noch frei herumlaufen konnte. Trotz dieser akuten Gefährdung dachte sie nicht daran, zurückhaltender zu sein oder gar ihre subversive Tätigkeit ganz aufzugeben. Sie hatte Kontakte zu verschiedenen Widerstandsgruppen, von denen eine, die sich um den ehemaligen Legionär Josef Škalda gebildet hatte, eine Zeitung mit dem Titel *V boj* herausgab, was so viel heißt wie »In den Kampf«. Für dieses Untergrundblatt schrieb sie Beiträge, in denen sie die Lügen der deutschen Propaganda aufdeckte und zum Widerstand aufrief. Außerdem beteiligte sie sich an der Verteilung des Blattes.

Für solche illegalen Aktionen war der Herbst 1939 eine gefährliche Zeit. Der Nationalfeiertag am 28. Oktober stand vor der Tür, der Jahrestag der Gründung der tschechoslowakischen Republik nach dem Ersten Weltkrieg. Mit Demonstrationen war zu rechnen und die deutschen Besatzer waren in Alarmbereitschaft. Am 28. Oktober, es war ein Samstag, gingen in Prag viele Menschen auf die Straße. Sie trugen Bändchen in den Nationalfarben, Studenten hatten sogenannte Masaryk-Mützen auf. Die Kundgebungen blieben nicht friedlich. Die zweisprachigen Schilder wurden von den Straßenbahnen gerissen, es kam zu Schlägereien zwischen der deutschen und tschechischen Bevölkerung, die deutsche Polizei griff ein, Schüsse fielen, ein junger Arbeiter lag tot auf der Straße und der Medizinstudent Jan Opletal wurde schwer verletzt. Er starb zwei Wochen später. Sein Tod war der Auftakt zu Protesten, auf die die SS und die SA mit brutaler Härte reagierten.

Diese angespannte Lage war für Milena offenbar kein Grund, vorsichtiger zu sein. Sie war bisher einer Verhaftung entgangen, und sie war der festen Meinung, dass ihr auch weiterhin nichts passieren könne. Aber war das nicht naiv? Und war es nicht unverantwortlich, Jana in ihre illegalen Aktivitäten mit einzubeziehen? Für Jana jedenfalls war es selbstverständlich, bei allem mitzumachen, was ihre Mutter tat. Die elfjährige Jana war eine verschworene Mithelferin und eine talentierte Schauspielerin. Sie hatte gelernt, in heiklen Situationen als unschuldiges kleines Mädchen aufzutreten, das völlig ahnungslos war und dem es niemals in den Sinn käme, etwas Unrechtes zu tun. Jana wurde deshalb öfter für Botengänge eingesetzt.

Am 12. November 1939, einem Sonntag, saß Milena mit Jana und deren Nachhilfelehrer Lumír Čivrný, der schon zur Familie gehörte, in ihrer Wohnung in der Kouřímská Straße. Milena wollte ihre Tochter zu Josef Škalda schicken, damit sie dort die neueste Ausgabe von *V boj* abholt. Als sie Janas Besuch telefonisch ankündigen wollte, meldete sich am anderen Ende eine fremde Stimme, die behauptete, dass der Hausherr nur kurz die Wohnung verlassen habe. Das machte Milena stutzig, aber weil der fremde Mann Tschechisch sprach, zerstreute sie ihre Bedenken. Falls es doch eine Falle sei, solle Jana einfach behaupten, dass sie Bücher abholen wolle. Milena wusste nicht, dass einige Tage vorher Josef Škalda und andere wichtige Mitarbeiter von *V boj* in einem Prager Hotel, wo die Zeitschrift gedruckt wurde, verhaftet worden waren. Die Wohnung Josef Škaldas wurde nun überwacht.

Jana wurde von mehreren Männern erwartet, einem tschechischen Spitzel und Gestapo-Leuten. Jana spielte das unschuldige Mädchen, das nur ein Buch abholen wolle. Doch den Gestapo-Leuten erschien die Sache so verdächtig, dass sie mit Jana in die Kouřímská Straße fuhren. Die Wohnung wurde durchsucht. Man fand nichts, außer ein paar Briefen von Joachim von Zedtwitz, denen man zunächst keine große Bedeutung beimaß. Ein Stapel der verbotenen Zeitschrift, der hinter einem Schrank versteckt war, blieb unentdeckt. Obwohl keine belastenden Beweise vorlagen, wurden Milena und Lumir festgenommen. Milena rief Jana noch zu, sie solle zu einem befreundeten Ehepaar gehen, bis sie wiederkomme. Jana blieb allein in der Wohnung zurück. Sie verbrannte den Stapel verbotener Zeitungen in einem Eimer, packte ihre Sachen zusammen, steckte ihren Kater in eine Einkaufstasche und fuhr mit der Straßenbahn zu Fredy und Joši Meyer, die sich schon öfter um sie gekümmert hatten.

Milena brachte man in das Pankrác-Gefängnis im Süden der Stadt. Dort wurde sie als politische Gefangene in eine Zelle mit anderen Frauen gesperrt. Fast jeden Tag wurde sie in den Peschek-Palast, den Hauptsitz der Gestapo, gebracht und stundenlang verhört. Es kursierten Gerüchte in Prag, wonach Milena gefoltert worden sei, um die Adresse der »Geheimdruckerei« und die Namen von weiteren Beteiligten zu erfahren.[24] Sicheres wusste keiner. Jedenfalls kam sie von den Verhören immer völlig erschöpft und manchmal blutend zurück. Sie blieb aber bei ihrer Version der Vorgänge, verriet keine Namen und bestritt, jemals für *V boj* gearbeitet zu haben.

Lumír Čivrný wurde später wieder freigelassen. Milena blieb in Haft. Wegen »Verdachts auf Hochverrat« sollte sie in Dresden vor das Gericht gestellt werden. Ehe sie nach Dresden gebracht wurde, gelang es ihr, auf ein schmutziges Stück Wäsche eine Nachricht an Jana zu schreiben und es nach draußen zu schmuggeln: »Meine teure Honzićko, ich will Dir nur sagen, dass Du ruhig und fröhlich sein kannst, ich bin gesund und freue mich unermesslich, dass ich Dich sehen werde. Jetzt fahre ich wieder weg, es wird aber hoffentlich nicht lange dauern. [...] Du wirst mir eine riesige Freude machen, wenn ich hören werde, dass Du gehorchst, Honzićko, ich bitte Dich ganz ernsthaft darum. Sonst sollst Du Dir vorstellen, mein Mädchen, dass wir einmal wieder ein Zimmer für uns haben werden, wenn nicht unser altes, weine nicht, dann ein anderes; wir werden immer ein schönes für uns finden, und wir werden abends zusammenliegen und plaudern, ich werde Dir so viel erzählen, und Du wirst mir alles über Dich erzählen, nicht wahr, ganz aufrichtig, mehr als Deiner besten Freundin. [...] Du hast mir einmal geschrieben, Du wirst mich gernehaben, wenn ich einmal alt bin – erinnerst Du Dich? Ich bin es schon, mein Liebes. Eine alte Mutter, die nichts hat, nur Dich, aber das ist ungeheuer viel, ich bin ungeheuerlich reich, Honzo, und glücklich, dass ich Dich habe. Aber denke daran, Mädchen, und lass mich nicht warten, und mache mir die Freude damit, dass der Großvater mit Dir zufrieden ist. Ich küsse Dich, ich freue mich unsagbar auf Dich, ich freue mich auf den Tag, an dem ich zu Dir werde kommen können, mein allerliebster Kamerad. Deine Mutter.«[25]

DIE HÖLLE DER FRAUEN

»Ich glaube, wenn ich wieder frei werde, ertrage ich das Glück gar nicht.«

Der Blick aus dem Fenster der Zelle ging auf einen Garten. Acht Bäume standen da. Amseln saßen auf den Zweigen oder wühlten mit ihren Schnäbeln im Gras. Man hätte meinen können, in einem beschaulichen Kloster zu sein. Aber die Zelle gehörte nicht zu einem Kloster, sondern zur Haftanstalt in der Georg-Bähr-Straße in Dresden. Täglich eine halbe Stunde durfte Milena sich im Garten die Beine vertreten. Dann wurde sie wieder in ihre Zelle gebracht. Tage und Wochen vergingen, und niemand konnte ihr sagen, wann der Prozess gegen sie endlich beginnt. Eine Abwechslung immerhin waren die Arbeiten, zu denen die Häftlinge herangezogen wurden. Milena musste Knöpfe annähen. Nach einem Monat hatte sie Tausende davon geschafft. Unterbrochen wurden die eintönigen Tage, wenn ein Paket aus Prag kam, mit Lebensmitteln, einem Buch und einem heiß ersehnten Brief von Jana. Aber darin stand enttäuschend wenig und zwei Seiten waren leer. Dabei wollte Milena doch genau wissen, wie es ihrer Tochter in der Schule geht, was der Großvater macht, ob Jaromír gesund ist und Arbeit hat.[1]

In ihren eigenen Briefen blieb Milena zuversichtlich. Zu Hause sollte sich niemand Sorgen machen. Nur ihrem Vater vertraute sie an, dass sie über zwanzig Kilo abgenommen hatte und in der kalten und feuchten Zelle ihre Handgelenke ganz steif geworden waren. Sie wünschte sich, dass ihr Vater hier wäre und ihr ein Märchen erzählte, so wie er es früher getan hatte, als sie noch ein Kind und krank gewesen war. Milena durfte jetzt auch Zeitungen lesen, die voll waren von Siegesmeldungen der deutschen Armeen, die in das neutrale Belgien eingefallen waren und nun Kurs auf Paris nahmen. Milena konnte es nicht fassen, dass nach den Erfahrungen des letzten Krieges wieder eine solche Katastrophe möglich war. »12 Millionen Tote im Weltkrieg – und alles umsonst!«, schrieb sie an ihren Vater. »Wie viele werden es diesmal sein? Und wenn sofort und augenblicklich dann nach dem Krieg ein Paradies auf der Welt einträte, würde es die Menschheit endlich zu würdigen wissen?«[2]

Die Nachricht von Milenas Verhaftung war bis nach London zu Evžen Klinger gelangt. Obwohl er nicht wusste, wie es um Milena stand und wo sie sich aufhielt, schmiedete er weiter Pläne, um sie und Jana ins Ausland zu bringen. Er hatte Aussicht, für beide Visa nach Bolivien zu bekommen, und sammelte Geld für eine Schiffskarte. Seine Versuche, mit Milena in Kontakt zu kommen, waren erfolglos. Er war auf Gerüchte aus Prag angewiesen, die noch dazu höchst widersprüchlich waren. Einmal hieß es, sie sei krank, dann wieder, dass alles in Ordnung sei und Milena sich in Freiheit befinde.

Endlich, Anfang Juni 1940, stand Milena in Dresden vor einem Richter. Der erwies sich als ein »wunderbarer Mensch«, weil er unabhängig urteilte und sich nicht von den Nazis vereinnahmen ließ. Aus Mangel an Beweisen sprach er Milena frei und ordnete ihre Entlassung aus dem Gefängnis an. Für solche Urteile, die nicht in ihrem Sinn waren, hatten die Nazis ein Gesetz geschaffen, das es ihnen erlaubte, missliebige Personen gefangen zu halten, egal welche Urteile die Justiz gefällt hatte. Milena wurde unter »Schutzhaft« gestellt und wieder zurück nach Prag gebracht.

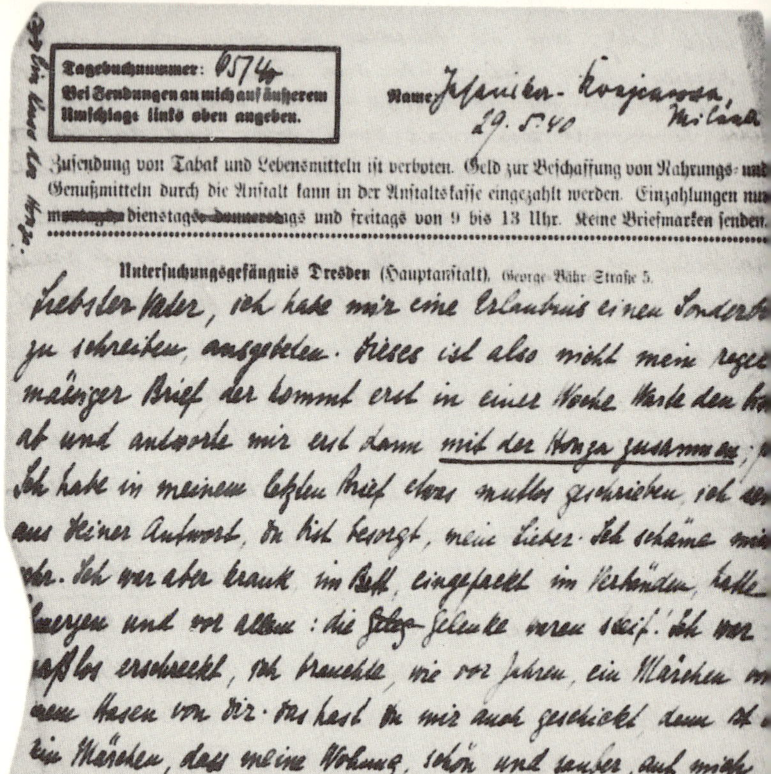

Tagebuchnummer: 0574
Bei Sendungen an mich auf äußerem Umschlage links oben angeben.

Name: Ješenská-Krejcarová, Milena
29. 5. 40

Zusendung von Tabak und Lebensmitteln ist verboten. Geld zur Beschaffung von Nahrungs- und Genußmitteln durch die Anstalt kann in der Anstaltskasse eingezahlt werden. Einzahlungen nur ~~montags~~ dienstags ~~donnerstags~~ und freitags von 9 bis 13 Uhr. Keine Briefmarken senden.

Untersuchungsgefängnis Dresden (Hauptanstalt), George-Bähr-Straße 5.

Liebster Vater, ich habe mir eine Erlaubnis einen Sonderb[rief]
zu schreiben, ausgebeten. Dieses ist also nicht mein regel-
mäßiger Brief, der kommt erst in einer Woche. Warte den [illegible]
ab und antworte mir erst dann mit der Honza zusammen; [illegible]
Ich habe in meinem letzten Brief etwas mutlos geschrieben, ich [illegible]
aus Deiner Antwort, Du bist besorgt, mein Lieber. Ich schäme mi[ch]
sehr. Ich war aber krank im Bett, eingepackt in Verbänden, hatte
Schmerzen und vor allem: die ~~Glieder~~ Gelenke waren steif. Ich war
maßlos erschreckt, ich brauchte, wie vor Jahren, ein Märchen vo[n]
meinem Hasen von Dir. Das hast Du mir auch geschickt, denn es ist
ein Märchen, dass meine Wohnung schön und sauber auf mich
wartet und dass die Birke grün ist? Sie ist aus [illegible], musst Du
wissen, und genau so alt, wie mein kleines Mädchen. Ich danke Dir
sehr für das Geld, es ist wichtig für mich Geld zu haben. Seit meiner
Krankheit (die übrigens gut ist, nur 2 Finger sind noch steif) darf ich
regelmäßig Zeitung beziehen – Du kannst es Dir vorstellen, [illegible]
[illegible] ich sie lese. Mein Gott, warum haben wir alle nach dem Krieg [illegible]
[illegible]lich ist? Ich kenne Belgien so gut – ein [illegible]
[illegible] und lang von Friedhöfen durchge-
zogen, wie ein anderes Land mit Äckern – diesmal wird

Brief aus dem Untersuchungsgefängnis in Dresden

Im Pankrác-Gefängnis wurde sie in eine Zelle mit zwölf anderen Frauen gesteckt. Es ging ihr schlecht. Sie hatte stark abgenommen und ihre Gelenke schmerzten. Obwohl die Frauen sich unterstützten und sich Mut zusprachen, litten alle unter der Enge, dem Dreck und dem Ungeziefer in der Zelle. Immerhin durften sie besucht werden. Dazu wurden sie in das Petschek-Palais gebracht. Anfang Oktober warteten dort ihr Vater und Jana auf Milena. Als sie im langen Flur des Gebäudes um die Ecke kam, erkannten die beiden sie im ersten Moment nicht wieder, so abgemagert war sie. Nur die blauen Augen und der hinkende Gang verrieten, dass es Milena war. Als sie an einem Tisch Platz nahmen, blieb Jan Jesenský schweigsam, nur Jana redete und erzählte, dass sie nun in der Schule den Deutschunterricht sabotiere, worüber Milena lachte und ihre Tochter ein »Dummerchen« nannte, weil Deutsch doch eine schöne Sprache sei. Plötzlich nahm Jana Milenas Hand und drückte einen Kuss auf ihr geschwollenes Handgelenk. Der Großvater war verdutzt. Milena musste lachen, hatte sie doch Jana solche »Affenpossen« immer verboten.[3]

Der Besuch war kurz. Als Milena in ihre Zelle zurückkam, war sie niedergeschlagen. Die tröstenden Worte ihrer Zellengenossinnen wehrte sie ab. Ob sie ahnte, dass sie ihre Tochter und ihren Vater das letzte Mal gesehen hatte? Offenbar wusste sie, dass »Schutzhaft« bedeutete, dass sie früher oder später in ein Konzentrationslager gebracht werden würde. Wie verzweifelt sie war, zeigt ein mehrseitiger Brief an ihren Vater, den sie aus dem Gefängnis schmuggeln konnte. Nichts ist darin zu spüren von ihrem Lebensmut. In abgerissenen Sätzen lässt sie ihrer Niedergeschlagenheit freien Lauf:

»[…] wie im Korb … das Fenster kann man nicht schließen man kann dort überhaupt nicht sitzen … gar nicht nach außen sehen es ist furchtbar bedrückend aber nur so … mein Gott, was bin ich schon durchgefahren … aus einer Zelle in die andere … von einem Strohsack zum anderen … auf die Toilette vor 12 Menschen gehen müssen … stinkende Wäsche, Wanzen, Schmutz, kein Wasser … wenig nahrhaftes Essen schreckliche Einsamkeit … wo habe ich sie so erlebt … das letzte Grauen und Verzweiflung … Sehnsucht, verrückte Sehnsucht nach Honza … ein Jahr Leben für eine Stunde mit Honza Böse Zeit … lange unendliche Tage und wie viele noch … Meine Seele ist stumpfsinnig geworden weinen kann ich nicht mehr. […]«[4]

Milena hatte noch eine große Bitte an ihren Vater, die ihr selbst lächerlich vorkam. Er sollte die Herrenuhr, die über ihrem Bett hing, an sich nehmen und darauf achten, dass sie nicht stehen bleibt. »Wenn sie steht, passiert immer etwas Böses«, schrieb sie ihm, »ich habe sie schon Jahre, und wenn sie wieder geht, wendet sich alles zum Besseren.«

Der Zug mit dem Häftlingstransport fuhr nach Berlin, und von dort Richtung Norden, bis er im Bahnhof der Kleinstadt Fürstenberg hielt. Als die Türen der Waggons geöffnet wurden, schlug den Frauen das Gebell von Wachhunden entgegen und Frauen in schwarzen Stiefeln und in Uniform schrien »Aussteigen!« und »Zu fünft antreten!«. Mit Stockschlägen wurden die weiblichen Häftlinge hinter den Bahnhof getrieben, wo sie auf wartende Lastwagen verladen wurden.

Der Konvoi umfuhr den idyllisch gelegenen Schwedtsee. Es war Ende Oktober 1940 und die Birkenwälder auf den sanften Hügeln waren herbstlich verfärbt. In dieser schönen Seenlandschaft verbrachten viele Stadtbewohner ihren Urlaub. Jetzt war das Gebiet am östlichen Ufer für Zivilisten gesperrt. Vor zwei Jahren hatte man die Bäume gefällt und auf dem sandigen Boden waren

Baracken für Gefangene und Häuser für das Wachpersonal errichtet worden. Das bis dahin größte Konzentrationslager für Frauen des nationalsozialistischen Deutschlands war entstanden, das KZ Ravensbrück. Es war ein makabrer Witz, dass die schmale Straße zum Lager »Himmelspforter Weg« hieß. Für viele, die hierhergebracht wurden, war dieser Ort die »Hölle der Frauen«[5].

Die Neuankömmlinge mussten das übliche Aufnahmeritual durchlaufen. Erst wurden sie registriert, dann mussten sie persönliche Gegenstände wie Fotos und Schmuck abgeben und alle Kleider ausziehen. Bei wem man Läuse oder Flöhe entdeckte, der wurde kahlgeschoren. Nach der Dusche mussten sich die nackten Frauen zur ärztlichen Untersuchung in dem kalten Raum in Reihe aufstellen. Es konnte lange dauern, bis der SS-Arzt Dr. Walter Sonntag und seine Assistenten erschienen. Jede Frau wurde von ihnen auf ihren gesundheitlichen Zustand und ihre »Mängel« geprüft, um festzustellen, für welche Arbeit sie geeignet war. Dabei mussten sie die Kommentare und derben Witze der Männer über sich ergehen lassen.

Geschoren, gewaschen und geschlagen und in einem meist viel zu großen Kittel wurden die »Neuen« in den Block 16 geführt, in die Zugangsbaracke. Dort bekamen sie Essensgeschirr, und jeder wurde eine Pritsche zugewiesen und gezeigt, wie sie ihren Strohsack nach Vorschrift zu formen hatte. Das zu wissen, war wichtig, denn der kleinste Fehler wurde bestraft, mit Schlägen, Essensentzug oder sogar mit Einzelhaft im Bunker. Wenn im Sommer um halb fünf Uhr morgens die Sirene heulte, hatten die Frauen nur wenig Zeit, ihr Bett zu machen, sich zu waschen und anzuziehen, um dann rechtzeitig vor der Baracke Aufstellung zu nehmen. Dieser Appell morgens und abends konnte lange dauern. Manchmal mussten die Frauen stundenlang in der Kälte oder im Regen bewegungslos in Reihen stehen, ehe sie wieder abtreten durften.

Milena wurde als »Politische« eingeordnet und bekam ein rotes Dreieck an den Ärmel geheftet. Nach einiger Zeit wurde sie in den Block 1 verlegt, zu den anderen Frauen, die aus politischen Gründen interniert waren. Unter den »Politischen« herrschte ein starker Zusammenhalt, sie hatten Verbindungen im Lager und konnten sich manche Vorteile verschaffen. Im Schutz dieser Gruppe wäre für Milena vieles einfacher gewesen, aber dazu hätte sie deren »Glauben« teilen müssen. Die meisten dieser tschechischen Frauen waren überzeugte Kommunistinnen, die ihre ganze Lebenskraft aus der Hoffnung bezogen, dass Hitler den Krieg verlieren und Stalin sie befreien wird. Milena hielt diese Hoffnung für eine Illusion. Die Aussicht, einmal von der Roten Armee befreit zu werden, war für sie eher ein Grund zur Sorge. »Wie fliehen wir nur vor den Russen?«, fragte sie. Eine Frage, die für die Kommunistinnen unerträglich war.[6] Und geradezu verhasst machte sich Milena, als sie sich mit der Deutschen Margarete Buber anfreundete.

Margarete Buber war in zweiter Ehe mit Heinz Neumann, einem führenden deutschen Kommunisten, verheiratet gewesen. Nach der Machtergreifung Hitlers hatte das Paar fliehen müssen und war nach einer langen Odyssee in Moskau gelandet. Der vermeintlich rettende Ort wurde zur tödlichen Falle. Heinz Neumann wurde denunziert und im Zuge der großen Säuberungsaktion gegen mutmaßliche Feinde Stalins verhaftet und im Juni 1937 erschossen. Seine Frau Margarete wurde zu fünf Jahren Haftstrafe in sibirischen Arbeitslagern verurteilt. Nach zwei Jahren lieferte man sie an die Nazis aus, die sie wiederum für eine sowjetische Spionin hielten und in das KZ Ravensbrück steckten. Was Margarete Buber in Ravensbrück über ihre Erlebnisse in der Sowjetunion erzählte, passte so gar nicht in das Bild vom paradiesischen Arbeiter- und Bauernstaat, das die Kommunistinnen pflegten, und sie wurde als Lügnerin und »Trotzkistin« beschimpft. Milena glaubte ihr. Margarete Bubers Berichte bekräftigten ihre eigenen Erfahrungen mit der Kommunistischen Partei und bestätigten alles, was Jaromír von seinem Aufenthalt in der Sowjetunion erzählt hatte.

Margarete Buber hat später ein Buch über Milena und ihre gemeinsame Zeit im KZ Ravensbrück geschrieben. Ihr wurde vorgeworfen, Milena in einem allzu verklärenden Licht dargestellt zu haben. Gewiss hat sich Buber in ihrer Begeisterung für Milena zu einigen Übertreibungen hinreißen lassen. Diese Begeisterung ist aber auch eine Folge von Milenas Wirkung auf Menschen. Abgesehen davon hat Margarete Buber Jahre in den schlimmsten Lagern verbracht und Menschen in den extremsten Situationen erlebt. Muss man ihr nicht zugestehen, dass sie genug Menschenkenntnis hatte, um auch eine Person wie Milena beurteilen zu können, zumal sich ihr Urteil mit anderen Zeugnissen deckt? Milena war für Margarete Buber eine »erstaunliche Ausnahme«[7] im Lager, weil sie sich trotz aller Gewalt und Erniedrigungen wie ein freier Mensch benahm und ihre Würde behielt. Auch von jenen, die sie hassten, sei sie respektiert worden. Viele suchten ihre Nähe und Freundschaft. Auch im Lager blieb sie die Liebende, die »Mutter Milena«.

Milena hatte Glück. Sie wurde nicht den Arbeitstrupps zugeteilt, die bei jedem Wetter im Außenbereich Erde schaufeln, Ziegelsteine schleppen oder eine riesige Eisenwalze ziehen mussten. Sie bekam einen Job in der Schreibstube des Krankenreviers. Sie saß im Trockenen und durfte sich freier bewegen als andere Häftlinge. Milena nutzte diese Freiheit, um sich so oft wie möglich mit Margarete Buber zu treffen. Die verging fast vor Angst, wenn Milena ankündigte, sie nachts in ihrer Baracke zu besuchen, was strengstens verboten war. Und sie war fassungslos, wenn Milena dann völlig unbekümmert und fröhlich pfeifend zur Tür hereintrat.

Von Sorge zermürbt wurde Milena nur, wenn sie an Jana dachte. Einmal im Monat durfte sie einen Brief nach Hause schreiben. Ihr Vater hatte ihr mitgeteilt, dass er Jana bei sich aufgenommen habe, wofür ihm Milena unendlich dankbar war. Sie erfuhr auch, dass Jana beschlossen habe, einmal das Konservatorium zu besuchen und Musik zu studieren. Milena traute den Plänen ihrer Tochter nicht recht, und dass sie nun jeden Tag fleißig Klavier übte, konnte sie sich nicht vorstellen. Sie bat ihren Vater, gut zu Jana zu sein, auch wenn sie oft schwierig sei. An Jana schrieb sie: »Mein liebstes Mädchen, Großvater schrieb mir, dass Du sehr brav bist. Du hast mir viel Glück geschenkt, ich danke Dir. Denke daran, wenn Dir schwer ums Herz ist, dass Du einmal am Bahnhof stehen wirst, und ich komme an. Ich denke immer an Dich, jede Minute, ich liebe auf der Welt niemand und nichts so wie Dich. Sei brav, ich bitte Dich. Deine Mutter.«[8]

In jedem Brief, der nun folgte, beteuerte Milena, dass es ihr gut gehe und man sich um sie keine Sorgen zu machen brauche. Das stimmte natürlich nicht. Ihr Rheuma wurde nicht besser und jetzt kamen auch noch Nierenschmerzen dazu. Die Arbeit im Krankenrevier hatte den Vorteil, dass Milena leichter an Medikamente kam. Aber auch den Nachteil, dass sie den Launen der Krankenschwestern und Ärzte ausgeliefert war. Angst hatte sie besonders vor dem SS-Arzt Dr. Sonntag. Von ihm wusste sie, dass er schwerkranken und arbeitsunfähigen Patienten ein Mittel spritzte, von dem sie bald darauf starben. Dr. Sonntag pflegte ein Stöckchen bei sich zu tragen, mit dem er bei den Untersuchungen die Häftlinge traktierte. Als er einmal mit Milena sprach und ihr dabei mit seinem Stöckchen unter das Kinn fasste, stieß sie das Stöckchen mit einem verachtenden Blick beiseite. Der Arzt war verdutzt und sprachlos, bestrafte sie allerdings nicht. Doch von diesem Tag an hatte Milena noch mehr Angst vor ihm und seiner »Todesspritze«.[9]

Zu solchen kleinen Akten des Widerstands ließ sich Milena häufiger hinreißen. Oder richtiger gesagt – es gab Situationen, in denen sie alle Vernunftgründe zum Teufel schickte und tat, was sie tun musste.[10] Im KZ konnten jedoch unbedachte Handlungen tödliche Folgen haben. Auf den Block gespannt und verprügelt zu werden oder wochenlang im dunklen Bunker eingesperrt zu sein, hätte Milena bei ihrer angeschlagenen Gesundheit sicher nicht überlebt. Andererseits berichtet Margarete Buber von Situationen, in denen Milenas furchtloses Auftreten selbst die brutalste Aufseherin davon abhielt, sie zu drangsalieren oder sie gar zu schlagen. Ob diese Ausstrahlung so weit ging, dass eine Aufseherin, die sie wegen eines Vergehens ins Gesicht schlagen wollte, beim Blick in ihre Augen den Arm sinken ließ, mag man glauben oder nicht.[11] Dass Milena ihren Stolz behielt, scheint jedenfalls glaubhaft. Er hätte ihr aber nicht geholfen, wenn ihre Manipulationen im Krankenrevier aufgedeckt worden wären.

Milena hatte die Aufgabe, die medizinischen Unterlagen über die geschlechtskranken Frauen zu verwalten. Sooft sie konnte, fälschte sie die Blutproben und verhinderte dadurch, dass positiv getestete Frauen zu medizinischen Experimenten missbraucht oder, wie es später geschah, in die Gaskammern geschickt wurden. Auf diese Weise erwarb sich Milena die Freundschaft vieler Frauen, die weit unten in der Rangordnung des Lagers standen, der sogenannten »Asozialen«, der Jüdinnen, Prostituierten oder Kriminellen. Schon ein Wort oder eine kleine Geste konnte oft Wunder bewirken. Eine junge Tschechin, die ein Jahr nach Milena ins Lager kam, berichtete später, wie ihr Milena über den ersten Schock hinweghalf. Verstört und erniedrigt durch die ersten schrecklichen Eindrücke nach der Ankunft im Lager, erwartete sie voller Angst die nächsten Qualen, als plötzlich Milena aus der Tür trat, den Neuen zulachte und rief »Seid mir willkommen, Mädels!« Das sei so von Herzen gekommen, als wollte sie jede Einzelne in ihr Haus einladen: »Nie werde ich diesen Eindruck vergessen. Es war das erste wirklich Menschliche inmitten aller Unmenschlichkeit.«[12]

Die Unmenschlichkeit wuchs von Monat zu Monat. Je mehr Länder die Truppen Hitlers mit Krieg überzogen, desto mehr Frauen und nun auch Kinder kamen nach Ravensbrück. War das Lager anfangs noch ein Musterlager gewesen, platzte es nun aus allen Nähten. Die neuen Baracken, die aufgestellt wurden, waren bald ebenfalls überfüllt. In einigen Blocks mussten sich die Frauen zu dritt eine Pritsche teilen. Die hygienischen Zustände und die Versorgung wurden immer schlechter. Die Verwaltung erlaubte es nun sogar, dass die Häftlinge von ihren Angehörigen Pakete mit Lebensmitteln und Kleidung erhielten. Milena wünschte sich von ihrem Vater eine Wolljacke. Als sie das ersehnte Paket öffnete, lag darin eine bayerische Trachtenjacke.[13] Die war weder warm noch passte sie in ein KZ.

Ob Jan Jesenský darauf achtete, dass Milenas Uhr nicht stehen blieb? In den Briefen, die er und Jaromír Krejcar nach Ravensbrück schrieben, vermieden sie, Dinge zu erwähnen, die Milena beunruhigen könnten. Nur zwischen den Zeilen war zu erschließen, dass es Schwierigkeiten mit Jana gab und sie nicht mehr beim Großvater war. Milena beschwor Jaromír, sie nie aus Rücksicht im Unklaren zu lassen und ihr immer die volle Wahrheit zu sagen. Ungewissheit war für sie das Schlimmste. »Ich kann Dir kaum schildern, wie quälend das ist«, schrieb sie an ihren Vater. »Es ist schlimmer als die ganze Haft, diese Sorge um das Kind und die Unmöglichkeit, etwas über sie zu erfahren.«[14]

Milena konnte auch nicht verstehen, warum sie von Jana keine richtigen Briefe bekam. Andere Mütter erhielten schöne, lange

Briefe von ihren Kindern. Janas Briefe waren kurz und belanglos. Milena war enttäuscht von ihrer Tochter. Sie konnte nicht wissen, dass ihr Vater seine Enkelin kontrollierte und sie in ihren Briefen nichts erwähnen durfte, was der »Mama« Sorgen machen könnte. So durfte Jana ihrer Mutter nicht gestehen, dass sie manchmal weinte, dass sie mit der Lehrerin in der Schule nicht zurechtkam, dass sie schon einen Busen bekam, aber es undenkbar war, den Großvater zu bitten, ihr einen Büstenhalter zu kaufen. Überhaupt gefiel es ihr nicht beim Großvater. Er sprach kaum mit ihr und saß meistens hinter seiner Zeitung. Er wurde böse, wenn Jana zu spät zum Essen kam, und die Schwester von Jan Jesenský klagte ständig, dass Milena sich nicht um die Politik, sondern um ihre Tochter hätte kümmern sollen.[15]

Diese Frage ließ Milena selbst keine Ruhe. Hatte sie als Mutter versagt? Hätte sie früher mit Jana fliehen müssen? Hat sie mit ihrer Tätigkeit im Widerstand leichtfertig riskiert, dass ihr Kind ohne Mutter aufwächst? Andererseits konnte sie sich nicht vorstellen, anders zu handeln, wenn sie noch einmal die Wahl hätte. Für alle Wenns und Abers war es jetzt zu spät. Jana war in Prag. Milena war im KZ. Wenigstens aus der Ferne wollte sie ihrer Tochter versichern, dass sie ständig an sie denke und sie bald wieder vereint sein würden. »Honza, Liebes, ich bin mit Dir und bei Dir, egal was Du, Honza, beim Großvater angestellt hast, wieso weißt Du das nicht! Solange ich lebe und was Du jemals im Leben tust, ich bin immer, immer bei Dir und bin nie böse! Schreibe mir bitte ausführlich aufrichtig, wie Du lebst und was Du denkst, ich antworte Dir, ja? Ich küsse Euch alle, […]. Deine, Eure Milena. Mir geht's gut.«[16]

Im Lager gab es ständig neue Gerüchte. Einmal hieß es, dass der Krieg nur noch ein paar Monate dauere, ein anderes Mal, dass Hitler tot sei. Immer mehr polnische und russische Frauen kamen ins Lager, manche schwanger oder mit kleinen Kindern. Die Frauen mussten nun für Rüstungsbetriebe, die dem Lager angegliedert waren, arbeiten. Bei den Appellen wurden jede Woche mehr Tote aus den Unterkünften auf den Lagerplatz getragen. Auch sie wurden mitgezählt. Wenn ein Krankentransport das Lager verließ und später der Lastwagen nur mit den Kleidern wiederkam, wusste jeder, was passiert war. Und alle zuckten zusammen, wenn beim Appell Schüsse aus dem nahen Wald zu hören waren. Die Frauen waren ausgemergelte Gestalten, von Hunger und Krankheit gezeichnet. Vor dem Krankenrevier bildeten sich lange Schlangen. Wer zu krank war, um noch arbeiten zu können, wurde in das »Sterbestübchen« geschickt, wo dann die »Todesspritze« verabreicht wurde.

Anfang 1942 gab es Veränderungen im Krankenrevier. Dr. Sonntag wurde als Truppenarzt an die Ostfront versetzt. Für ihn kam der SS-Arzt und Gynäkologe Dr. Rolf Rosenthal nach Ravensbrück. Bald gab es Gerüchte, dass dieser Dr. Rosenthal ein Verhältnis habe mit der Krankenschwester Gerda Quernheim und die beiden nachts im Krankenrevier mit dunklen Machenschaften beschäftigt seien. Milena hörte einmal das Wimmern von Kindern, das dann abrupt verstummte.[17] Was keiner wusste, aber manche ahnten, war, dass Dr. Rosenthal und seine Gehilfin eine Anordnung der Gestapo durchführten und bei Frauen, die sich mit einem »Ausländer« eingelassen hatten und schwanger waren, Abtreibungen vornahmen und die »Frucht der Rassenschande« töteten. Milena führte heimlich ein Tagebuch, in das sie alles vermerkte, was sie sah und hörte. Daraus wollte sie später ein Buch machen, um die Welt draußen darüber aufzuklären, was im KZ Ungeheuerliches geschehen war.

Im April 1943 wurde ihre Freundin Margarete Buber ins Lagergefängnis, den berüchtigten »Bunker«, gesperrt. Man warf ihr vor, dass sie Meldungen unterschlagen und Strafanordnungen vernichtet habe. Wie viele Wochen sie hungernd und frierend in dem kalten Verließ verbracht hat, daran konnte sich Margarete Buber später nicht mehr erinnern. Schon nach wenigen Tagen verlor sie jedes Zeitgefühl und konnte Tag und Nacht nicht mehr unterscheiden. Als sie vor Hunger zu halluzinieren begann, steckten ihr die Wärterinnen ein Stück Brot zu, das sie von Milena bekommen hatten. Als »Grete«, wie sie im Lager genannt wurde, ihre letzten Kräfte zu verlieren drohte, wurde eines Sonntags überraschend ihre Zellentür geöffnet. Sie war frei und wurde in den Krankenblock gebracht, wo es lange dauerte, bis sie wieder am Lageralltag teilnehmen konnte.

Wie es zu ihrer wunderbaren Befreiung gekommen war, das erfuhr Grete Buber erst später.[18] Milena hatte um Gretes Leben gefürchtet und einen gewagten Schritt unternommen. Sie ließ sich beim Gestapo-Mann Ludwig Ramdohr melden und schlug ihm vor, kriminelle Machenschaften im Krankenrevier zu enthüllen, wenn Grete Buber aus dem Block freikomme. Milena wusste, dass Dr. Rosenthal und seine Geliebte Wertgegenstände der Toten an sich nahmen, und persönliche Bereicherung galt auch in Nazikreisen als Straftat. Trotzdem hatte Milena damit rechnen müssen, dass Ramdohr sich nicht von einem Häftling erpressen lässt und sie im Block landet. Doch den Arzt zu decken, das war ihm offenbar zu riskant. Tatsächlich wurden Dr. Rosenthal und Gerda Quernheim verhaftet.

Am 10. August 1943 wurde Milena siebenundvierzig Jahre alt. Ihre Freundinnen arrangierten im Geheimen eine kleine Geburtstagsfeier. Auf einen Tisch hatten sie ihre Geschenke gelegt: ein Tüchlein, in dem ihre Häftlingsnummer eingestickt war, ein winziges Stoffherz mit ihrem Namen und einen kleinen, aus Zahnbürsten geschnitzten Elefanten.[19] Von ihrem Vater bekam

Milena ein Paket, darin waren auch Ansichtskarten mit Bildern des Malers Vincenc Morstadt von Prag. Die »zärtlichen Worte« in den Briefen des Vaters bedeuteten Milena sehr viel. Sie liebe ihn, gestand sie Grete Buber, auch wenn er ein Tyrann sei. Von zu Hause wünschte sie sich Medikamente. Zu dem Rheuma war nun noch eine Blasenentzündung gekommen und ihre Nierenschmerzen waren unerträglich. Ihre Briefe waren nicht mehr so zuversichtlich. »Ich glaube, wenn ich wieder frei werde, ertrage ich das Glück gar nicht«, hatte sie an ihren Vater geschrieben. Jetzt mischten sich in ihre Zeilen Zweifel, ob sie Prag je wiedersehen würde. »Wir alle müssen natürlich mit dem Schlimmsten rechnen«, heißt es in einem Brief, der entweder an ihren Vater oder an Jaromír gerichtet ist, »und niemand weiß, was mit ihm morgen geschieht. Jedenfalls denke bitte immer daran: Ich liebe Dich und das Kind unsagbar, ich danke Euch für jedes gute Wort und jedes Päckchen, und sollte mir etwas zustoßen, kannst Du wissen, dass ich bis zum letzten Augenblick mit Euch war und dass ich mir schwache Minuten überhaupt nicht gestattete, weil ich eben an Euch denke.«[20]

Im Lager überlebte nur, wer arbeitsfähig war. Zu arbeiten, fiel Milena jedoch immer schwerer. Die Pakete, die sie aus Prag bekam, waren lebensnotwendig, vor allem, wenn sie im Winter warme Kleidung enthielten: »Ich brauche Wärme, Wärme, Wärme«, schrieb sie nach Hause, »und mir ist kalt, kalt, kalt, ich friere wie ein junger Hund.« Neben der Kälte machte ihr der ständige Hunger zu schaffen. Sie schämte sich dafür, dass sie wie ein »ganz primitiver, barbarischer Mensch« nur noch an ein Stück Fleisch dachte, und nicht zu denken wagte sie an die wunderbaren kulinarischen Spezialitäten, die sie in Prag genossen hatte: »Weißt Du, Du kannst einfach nicht abmessen, was die Pakete bedeuten, es ist nicht nur das Essen, es ist die Fürsorge, es ist die Zärtlichkeit und die Liebenswürdigkeit, die aus jedem Paket spricht, das ist so viel wert wie ein Vermögen. Es kommt langsam wieder eine Zeit, wo ich Knödel werde bekommen können? Jetzt ist noch zu bald, fürchte ich. Macht ihr niemals Lungenbraten (Fašírku) oder Karbanatek? Ich möchte mein Leben für ein Stück Fleisch geben. Oder so, wie Du immer das Kraut geschickt hast in diesen wunderbaren Papiertüten, kannst Du etwas Fleisch mit gekochtem Reis oder Nudeln oder so etwas schicken?«[21]

Der Winter 1943/44 war die bisher schlimmste Zeit im KZ. Mit über fünfzehntausend Häftlingen war das Lager hoffnungslos überfüllt und jeden Tag kamen weitere Züge mit Frauen am Bahnhof von Ravensbrück an. Die Zahl der Toten nahm dermaßen überhand, dass sie nicht mehr wegtransportiert werden konnten. Die Lagerleitung ließ ein Krematorium bauen, um die Leichen an Ort und Stelle zu verbrennen. Die Asche wurde in den Schwedtsee gekippt.

Für den verhafteten Dr. Rosenthal kam ein neuer Arzt ins Lager. Dr. Percival Treite war verantwortungsvoller als sein Vorgänger. Margarete Bubers Behauptung, dass er Milenas Vater kannte, ist durchaus glaubhaft. Treite war einige Zeit in einem Lazarett in Prag tätig gewesen und hatte bei dieser Gelegenheit vielleicht den berühmten Professor Jesenský kennengelernt oder zumindest von ihm gehört. Das würde erklären, warum er sich besonders um Milena kümmerte. Er stellte bei ihr eine Entzündung der Niere fest, die so lebensbedrohlich war, dass nur noch eine Operation helfen konnte. Milena vertraute dem jungen Arzt. Die Operation verlief erfolgreich. Milena konnte sogar an manchen Tagen wieder aufstehen. Einmal ging sie an ihren Arbeitsplatz und sah hinaus auf das große Tor des Lagers. An der Wand hing immer noch der Kalender mit dem Bild eines weit geöffneten Fensters, das auf eine Berglandschaft hinausging.

Nach wenigen Monaten kam der Rückschlag. Auch die andere Niere hatte sich entzündet. Es gab nun keine Hoffnung mehr. Milena gab ihre Tagebücher ihrer Freundin Anna Kvapilová mit der Bitte, sie zu verstecken und nach Prag zu bringen. Im Krankenzimmer zeigte sie den anderen Patientinnen die Postkarten von Prag und erklärte ihnen die Sehenswürdigkeiten: die Burg über der Moldau, die Karlsbrücke, den Wenzelsplatz, die Theinkirche, das Altstädter Rathaus. Milena kannte jedes Gässchen, jede Treppe. Auf der Rückseite einer Ansichtskarte hatte ihr Vater ihr mitgeteilt, dass Jana das Examen am Konservatorium bestanden habe. Das war eine Notlüge, um der kranken Tochter eine Freude zu machen. Milena schien es zu ahnen. Sie lächelte nur.

Ein Paket, das für sie gekommen war, konnte sie nicht mehr selbst holen. Grete Buber tat es für sie. Es war nicht von ihrem Vater, sondern von Joachim von Zedtwitz. Aufgrund der Briefe, die man bei Milena gefunden hatte, war er verhaftet und zu einer Gefängnisstrafe verurteilt worden. Im Gefängnis in Moabit hatte er schizophrene Anfälle simuliert und war daraufhin entlassen worden. Anschließend hatte er versucht, Milena mit demselben Trick aus dem KZ zu holen. Er hatte sich zu diesem Zweck sogar über Jan Jesenský die Krankenakte aus der psychiatrischen Klinik in Prag besorgt, wo Milena als Teenager eingesperrt gewesen war. Aber alle Bemühungen waren umsonst. Es war zu spät.

Am Samstag, dem 13. Mai 1944 verlor Milena das erste Mal ihr Bewusstsein. Sie wurde wieder wach und Grete Buber brachte ihr am Sonntag einen Strauß Stiefmütterchen. Sie sprachen über »Honza« und Milena wollte ihr einen langen Brief schreiben. Doch dazu war sie schon zu schwach. »Ich habe lauter glückliche Gedanken«, meinte sie unvermittelt.[22] Dann fiel sie wieder in Ohnmacht. Drei Tage später, am Mittwoch, dem 17. Mai um halb vier Uhr morgens, starb Milena.

Ihr Leichnam wurde in eine Holzkiste gelegt und mit anderen Toten auf einen Plattenwagen geladen, der zum Krematorium außerhalb des Lagers fuhr. Margarete Buber bat darum, den Leichenzug begleiten zu dürfen, was ihr gestattet wurde. Es war ein Vorfrühlingstag und es regnete leicht. Milenas Körper wurde nicht gleich verbrannt, sondern im Vorraum des Krematoriums aufgebahrt. Das geschah auf Anordnung Dr. Treites. Er informierte Jan Jesenský telegrafisch vom Tod seiner Tochter und erteilte ihm die Genehmigung, nach Ravensbrück zu kommen und den Leichnam Milenas nach Prag zu überführen. Als Jan Jesenský die Nachricht erhielt, erlitt er einen Zusammenbruch. Er fuhr nicht nach Ravensbrück, um seine Tochter nach Hause zu holen. Ob er dazu zu schwach und krank war oder es nicht übers Herz brachte, bleibt offen. In einem Brief, den Margarete Buber zwei Wochen später an Jan Jesenský schickte, meinte sie: »Es ist besser so. Milena hat das sicher nicht gewollt.« Milenas Leichnam wurde wahrscheinlich verbrannt und ihre Asche in den Schwedtsee gestreut.

Am 30. April 1945 erreichten sowjetische Truppen das KZ Ravensbrück. Sie fanden nur noch schwerkranke Häftlinge vor. Die anderen hatte die SS drei Tage vorher auf einen Todesmarsch getrieben, bei dem die meisten ums Leben kamen. Die Tagebücher Milenas gingen im Chaos dieser Tage verloren.

EPILOG

DAS »PRINZIP MILENA«

Etwa ein Jahr nach Kriegsende bekam Jana einen Brief von Margarete Buber, in dem sie ihr vom Schicksal Milenas berichtete. Kurz darauf kam Margarete Buber persönlich nach Prag, um Jana zu besuchen, und brachte ein ungewöhnliches Geschenk mit: einen Zahn von Milena. Das war alles, was von ihr übrig geblieben war. Jana wusste nicht recht, was sie mit dieser makabren »Reliquie« anfangen sollte, und sie war froh, als sie den Zahn eines Tages verlegte und nicht mehr wiederfand.[1]

Mit der Karriere als Konzertpianistin wurde es nichts. Jana besuchte nach dem Realgymnasium eine grafische Schule und wohnte wieder bei ihrem Großvater. Jan Jesenský erholte sich nicht mehr von dem Schlag, den ihm die Nachricht vom Tod seiner Tochter versetzt hatte. Anfangs hatte er sich das Leben nehmen wollen, was man verhindern konnte. Doch sein Lebenswille war gebrochen. Seine Enkelin Jana nannte er nur noch »Milka«, der Kosename für Milena. Jan Jesenský starb drei Jahre nach seiner Tochter, im Jahr 1947, im Alter von siebenundsiebzig Jahren. Es war ein gnädiger Tod. Denn Jan Jesenský blieb es erspart, zu erleben, wie seine geliebte Heimat erneut ihre Unabhängigkeit verlor. 1948 kamen die Kommunisten an die Macht und installierten eine Regierung, die sich ganz Stalins Politik unterwarf.

Milenas Befürchtungen bewahrheiteten sich. Viele ihrer Freunde, die von den Nazis verfolgt worden waren, mussten nun vor den Kommunisten fliehen. Einigen gelang das nicht, sie kamen ins Gefängnis oder wurden umgebracht. Jaromír Krecjar, Milenas zweiter Mann und Janas Vater, setzte sich noch rechtzeitig mit seiner Frau Riva nach Paris ab. Er lebte noch kurze Zeit in London, wo er eine Anstellung als Professor für Architektur bekam, ehe er im Oktober 1949 an seiner Herzschwäche starb.

Ein ähnliches Schicksal widerfuhr Ernst Polak, dem Milena schon 1938 zur Flucht nach England verholfen hatte. In der Fremde wurde er nie heimisch und hielt sich mit Gelegenheitsarbeiten als Lektor über Wasser. Nachdem im Krieg seine Londoner Wohnung von einer Bombe zerstört worden war, ging er nach Schottland und Oxford, wo er sich wieder philosophischen Studien widmete. Dort lernte er auch die frühere Pilotin Dorothy Reynolds kennen, die er 1944 heiratete. Polak, der wie Krejcar herzkrank war, starb am 21. September 1947 und ist in London begraben.

Kurz vor seinem Tod erhielt Polak noch Besuch von Willy Haas, der ihn um Rat fragte, wie er mit den Briefen Kafkas an Milena verfahren solle. Die Briefe waren über die Kriegsjahre hinweg in Prag aufbewahrt worden und dann wieder in Haas' Besitz gelangt. Polak unterstützte Haas in dem Vorhaben, die Sammlung nicht an Max Brod zu geben, wie dieser es verlangte, sondern sie selbst zu veröffentlichen. Das tat Haas im Jahr 1952, allerdings ließ er viele Stellen weg, die er für »fantastisch und abwegig«[2] hielt.

Anders als Polak kehrte Evžen Klinger in die Tschechoslowakei zurück. Weil er dort als »Trotzkist« verdächtigt wurde, verbrachte er einige Jahre im Gefängnis, fand sich aber anschließend im neuen Staat gut zurecht. Er wurde Beamter im Kulturministerium. Seine frühere Verbindung zu Milena war ihm dabei hinderlich. Er gab an, dass Milena nichts weiter gewesen sei als seine »Quartierfrau« und er lediglich bei ihr gewohnt habe.[3]

Alles andere als angepasst verlief der weitere Lebensweg Janas. Sie erbte von ihrem Großvater Jan Jesenský ein Vermögen von einer Million Kronen und schaffte es, dass Geld in kurzer Zeit mit Partys und einem exzessiven Lebensstil zu verjubeln. Nach der Machtergreifung der Kommunisten führte sie ein Leben als Außenseiterin am Rand der Gesellschaft. Ohne Beruf lebte sie zeitweise in großer Armut auf der Straße und arbeitete als Putzfrau, Straßenbahnschaffnerin und Küchenhilfe. Sie schloss sich dem künstlerischen Untergrund in Prag an und nannte sich zeitweise »Sarah Silberstein«, aus Protest gegen den Antisemitismus der Kommunisten. Sie war viermal verheiratet und hatte insgesamt fünf Kinder, die sie in Heime geben musste. Als sie ihre Kinder wieder zu sich nahm, war sie heillos überfordert. Wegen Vernachlässigung ihrer Fürsorgepflicht wurde ihr das Sorgerecht entzogen und sie kam ein Jahr ins Gefängnis. Ihrem Versuch, sich wie ihre Mutter einen Namen als Autorin zu machen, war wenig Erfolg beschieden. Mehr als eine Sammlung Kurzgeschichten und ein kleiner Roman kam nicht dabei heraus. Später arbeitete sie mit Ton und Keramik und verkaufte ihre Produkte von Tür zu Tür. Jana, die sich nach ihrem zweiten Mann, Milos Cerny, Jana Cerná nannte, wurde nur zweiundfünfzig Jahre alt. Sie starb an den Folgen eines Autounfalls am 5. Januar 1981.

Für Jana war es kein Vorteil, die Tochter Milena Jesenskás zu sein. Nur in den ersten Jahren nach Kriegsende hatte Milenas Name noch einen guten Ruf. Die Erinnerung an sie wurde wachgehalten und Mitgefangene aus Ravensbrück würdigten ihr tapferes und klarsichtiges Verhalten im KZ. Das änderte sich, als die Kommunisten im Frühjahr 1948 die Macht übernahmen. Milena galt fortan als Verräterin. Man warf ihr vor, mit ihren Ansichten den Widerstandswillen der Kommunistinnen im KZ geschwächt zu haben. Es wurde immer stiller um sie und schließlich wurde sie ganz totgeschwiegen. Daran änderte sich auch nichts, als 1952 in Deutschland Kafkas *Briefe an Milena* erschienen. Während Kafka zum weltberühmten Schriftsteller aufstieg, galt er im kommunistischen Machtbereich als dekadenter Autor. Von dem literarischen Ereignis, das die Veröffentlichung seiner Briefe an Milena darstellte, nahm man in der Tschechoslowakei keinerlei Notiz, und in Prag, der Geburtsstadt von Kafka und Milena, konnte man kein einziges Exemplar dieses Buches erwerben. Franz Kafka und Milena Jesenská, die zu Lebzeiten nicht zusammenkamen, wurden unter dem Bannstrahl der *Kommunistischen Partei* vereint zum »bourgeois dekadenten Paar«[4].

Erst 1966, als die politische Atmosphäre in der Tschechoslowakei etwas liberaler wurde, brachte der Literaturwissenschaftler Eduard Goldstücker den Namen Milenas wieder ins Gespräch. Er wollte sie vom Stempel der Verräterin befreien und gleichzeitig verhindern, dass sie nur noch im Hinblick auf Kafka, als dessen Muse und »Märtyrerin der Liebe«, gesehen wird.

Ein vorerst erfolgloser Versuch. Kafkas Briefe an sie waren für Milena Segen und Fluch. Ihr Name wurde weltbekannt, aber ihre Person blieb an Kafka gekettet und wurde somit wahrgenommen wie eine künstliche Figur in einem Briefroman. Dass hinter dem Namen Milena ein wirkliches Leben steckte, eine »erstaunliche Frau und eine noch erstaunlichere Journalistin«[5], blieb den meisten Lesern der *Briefe an Milena* verborgen. Wie bei vielen Frauen, die im Leben berühmter Männer eine Rolle spielten und in deren Schatten fast verschwanden, wurde Milena vom Ruhm Kafkas nahezu erdrückt. Erst als Anfang der Achtzigerjahre des letzten Jahrhunderts damit begonnen wurde, Dokumente zum Leben Milenas zu sammeln, als noch lebende Zeitzeugen befragt und ihre Artikel und Briefe in andere Sprachen übersetzt wurden, kam langsam ihre ganze Persönlichkeit in den Blick. Die französische

Regisseurin Véra Belmont drehte sogar einen allerdings umstrittenen, Kinofilm über Milena Jesenská.[6] Weit mehr zu ihrem Verständnis tragen Briefe bei, die vor wenigen Jahren durch Zufall in einem Prager Archiv gefunden wurden. Es sind dies Briefe, die Milena aus dem KZ Ravensbrück an ihren Vater und an ihren zweiten Ehemann Jaromír Krecjar geschrieben hat.

Auch wenn Milenas Liebesgeschichte mit Franz Kafka nur eine kurze Episode in ihrem Leben darstellt, war diese Begegnung für sie und auch für Kafka von entscheidender Bedeutung. Hier kreuzten sich die Wege von sehr unterschiedlichen und eigenständigen Charakteren. Im Glück und im Unglück dieser unmöglichen Liebe zeigen sich am Ende die Grenzen und Möglichkeiten zweier fundamentaler Lebensformen, die letztlich nicht vereinbar waren. Dazu schrieb der Kafka-Biograf Gerd Stach: »Dass er [Kafka] sich auf ihren Lebensentwurf hätte einlassen, dem Menschen Milena sich hätte anschließen können, ist denkbar; dass sie in *seine* Welt ihm folgte, jedoch nicht. Das hat sie gewusst und sie hat es begründet.«[7]

Für Kafka war Milena ein großes Versprechen, aber um es einzulösen, fehlte ihm in den entscheidenden Momenten die Kraft, seine Angst zu überwinden. Diese Angst siegte letztendlich und bewog ihn, vor Milena zu fliehen und sich in seinen sicheren »Bau« zurückzuziehen. Er brauchte die Distanz, die ihm eine große Klarsichtigkeit und moralische Wachheit ermöglichte, ihn aber von den Menschen entfernte. Er floh vor jenem Leben, in das sich Milena geradezu stürzte. Milena kannte Kafkas Angst, bevor sie ihn kannte, aber diese Angst hielt sie nicht davon ab, sich dem Leben auszusetzen. Kafka in seine Welt zu folgen, war ihr unmöglich, dazu war sie der Erde zu nahe, den Menschen zu sehr zugewandt, zu sehr Frau, zu sehr Liebende und Opfernde. Sie lebte hingebungsvoll und verschwenderisch, war aber stets bereit, die Folgen ihres Lebenshungers zu tragen. »Ich bin, der zahlt«, so beschrieb sie das Gesetz, unter dem ihr Leben stand.[8] Diesem Gesetz folgend wurde aus dem selbstbezogenen, skandalumwitterten Bürgerschreck eine Frau, die sich ihrer sozialen Verantwortung bewusst wurde und bereit war, dafür auch in ein KZ gesperrt zu werden. Vielleicht muss man neben die »Welt Kafkas« immer das »Prinzip Milena« stellen: neben einem angstbesetzten Leben in der Distanz, das gleichwohl moralisch überwach ist, das Wagnis, sich ins Leben fallen zu lassen, handelnd, gebend, liebend.

1995 wurde an Milena Jesenská und Joachim von Zedtwitz der Titel »Gerechte unter den Völkern« verliehen.[9] Mit dieser Auszeichnung werden nichtjüdische Personen geehrt, die in der Zeit des Nationalsozialismus ihr Leben einsetzten, um Juden zu retten. Milenas und von Zedtwitz' Namen wurden in der Holocaust-Gedenkstätte Yad Vashem in Jerusalem in eine Tafel eingraviert. Von Zedwitz konnte als Greis noch an der Feier teilnehmen. Er kam sich vor »wie ein Dinosaurier«, der in eine Zeit versetzt wird, als er noch ein naiver Student war. »Ich war damals noch ganz jung und dumm«, meinte er, »aber ich hatte immerhin begriffen, dass Milena etwas ganz Großes war.«[10]

Nach Kriegsende erhielt von Zedwitz Dankesbriefe von Menschen, die er zusammen mit Milena vor den Nazis gerettet hatte. Der Journalist Walter Tschuppik, auch er ein Geretteter, bat ihn, auch Milenas Tochter Jana eine Nachricht zukommen zu lassen: »Und sagen Sie ihr, was man gar nicht in Worte fassen kann: Dass Milena Jesenská vor mir in der Erinnerung als der gütigste und größte Mensch steht, dem ich je begegnet bin. Ihre Selbstlosigkeit, ihr Mut, ihre Entschlossenheit, ihr kühnes Handeln – ach, wie musste sie es büßen, ein außergewöhnlicher Mensch zu sein! Dafür gibt es keinen Ausdruck.«[11]

ZEITTAFEL

1896 Milena wird am 10. August in Prag geboren, als erstes Kind des Ehepaares Jan Jesenský und seine Frau Milena geb. Hejzlarová.

1899 Ihr Bruder Jan (Jeníček) wird geboren, stirbt aber schon als Säugling.

1902-1907 Milena besucht die Volksschule. Die Familie bezieht eine große Wohnung in der Prager Obstgasse. Jan Jesenský eröffnet eine Zahnarztpraxis und unterrichtet als Professor an der Universität.

ab 1907 Schülerin im Mädchengymnasium *Minerva*, neben der Schule pflegt sie die kranke Mutter.

1913 Tod der Mutter

1915-1917 Matura (Abitur) im Frühjahr 1915. Ein Medizinstudium bricht sie nach wenigen Semestern ab. Sie macht Schulden, nimmt Drogen, begeht Diebstähle und verkehrt in den Kaffeehäusern Prags, wo sie den Bankangestellten Ernst Polak kennenlernt. Um das Verhältnis mit Polak zu beenden, lässt sie der Vater in eine psychiatrische Klinik einweisen.

1918-1919 Nach ihrer Entlassung heiratet Milena Ernst Polak und die beiden ziehen nach Wien. Während Polak zum Mittelpunkt der Kaffeehausszene avanciert, versucht Milena, mit Koffertragen und Unterricht Geld zu verdienen. Sie lebt in Armut und kommt wegen Diebstahls ins Gefängnis. Für die Zeitschrift *Tribuna* schreibt sie Artikel über Wien. Bei einem Besuch in Prag trifft sie Franz Kafka, dessen Erzählung *Das Urteil* sie ins Tschechische übersetzen will.

1920-1923 Briefwechsel mit Franz Kafka, der sie im Juni 1920 in Wien besucht. Nach einem weiteren Treffen in Gmünd entfremden sich die beiden voneinander. Trotzdem vertraut ihr Kafka seine Tagebücher an. Möglicherweise hat Milena den kranken Kafka kurz vor seinem Tod am 3. Juni 1924 in Kierling nahe Wien aufgesucht.

1924-1925 Milena lässt sich vom notorisch untreuen Polak scheiden und verlässt mit dem Grafen Schaffgotsch Wien. Sie verbringen ein Jahr in Buchholz bei Dresden bei dem Ehepaar Rühle-Gerstel, ehe Milena nach Prag zurückkehrt und erfolgreich als Journalistin arbeitet.

1925-1928 Sie verkehrt in den Kreisen der Prager Avantgarde, wo sie den Architekten Jaromír Krejcar kennenlernt. Die beiden heiraten im April 1927. Während ihrer Schwangerschaft tritt eine schwere Gelenksentzündung auf. Sie muss operiert werden. Am 14. August 1928 wird die Tochter Jana (Honza genannt) geboren. Milenas rechtes Bein bleibt steif. Sie wird von den Substanzen, die sie gegen die Schmerzen nehmen musste, abhängig.

1929-1936 Mühevolle Rückkehr in ihren Beruf. Bürgerliche Zeitungen boykottieren sie. Sie schreibt nun für linke Zeitungen und wird überzeugte Kommunistin, wendet sich aber nach einiger Zeit enttäuscht von der *Kommunistischen Partei* ab. Ihr Ehemann Jaromír Krejcar geht als Architekt in die Sowjetunion. Die Ehe wird aufgelöst. Milena zieht mit Jana in eine kleine Wohnung und nimmt den verfolgten Kommunisten Evžen Klinger bei sich auf.

1937-1938 Nach einer erfolgreichen Entziehungskur beginnt Milena für die angesehene Zeitung *Přítomnost* zu schreiben. Sie verfasst zahlreiche Artikel über die Flüchtlinge in den tschechischen Grenzgebieten und über die politische Situation im Sudetenland. Sie plädiert für eine Allianz der demokratischen Kräfte gegen den Vormarsch der Faschisten.

1939 Nach der Besetzung Prags durch deutsche Truppen wird Milenas Wohnung zum Unterschlupf für Verfolgte. Zusammen mit dem Grafen Zedtwitz verhilft sie gefährdeten Personen zur Flucht über die Grenze nach Polen. Sie schreibt weiter für *Přítomnost*, um den Widerstandswillen der Bevölkerung zu stärken. Nach dem Verbot von *Přítomnost* schließt sie sich einer Widerstandsgruppe an und schreibt für die illegale Zeitung *V boj*. Am 11. November wird sie verhaftet und in das Prager Gefängnis Pankratz gebracht.

1940 Bei einer Gerichtsverhandlung in Dresden wird sie zwar freigesprochen, aber dennoch von der Gestapo unter Schutzhaft gestellt. Im Pankratz-Gefängnis sieht sie im Oktober 1940 ihre Tochter Jana und ihren Vater das letzte Mal. Kurz darauf wird sie in das Frauen-KZ Ravensbrück gebracht.

1940-1944 Im KZ arbeitet sie im Krankenrevier und bewahrt Patientinnen durch gefälschte Diagnosen vor dem sicheren Tod. Sie befreundet sich mit Margarete Buber-Neumann, die zuvor schon in sowjetischen Lagern war, und gerät in Konflikt mit den Kommunistinnen im Lager, die auf eine Befreiung durch die russischen Truppen hoffen. Sie deckt Missstände im Krankenrevier auf und befreit so ihre Freundin Buber-Neumann aus der Bunkerhaft. Briefwechsel mit dem Vater und ihrer Tochter Jana. Am 17. Mai stirbt Milena Jesenská an den Folgen einer Nierenoperation. Ihre Leiche wird im Krematorium des Lagers verbrannt, die Asche wird im anliegenden See verstreut.

1952 Es erscheinen Kafkas »Briefe an Milena«, herausgegeben von Willy Haas.

1995 Milena Jesenská wird in die Liste der »Gerechten unter den Völkern« der Holocaust-Gedenkstätte Yad Vashem aufgenommen.

LITERATUR

I. Artikel, Briefe von Milena Jesenská

Milena Jesenská: »Ich hätte zu antworten tage- und nächtelang«. Die Briefe von Milena, hrsg. von Alena Wagnerová, Frankfurt/M.: Fischer 2005

Milena Jesenská: Alles ist Leben. Feuilletons und Reportagen 1919-1939, Frankfurt/M.: Verlag Neue Kritik 2008

Milena Jesenská: Cesta K Jednoduchosti (Wege zur Einfachheit), Eggenfelden: Edice Archa 1982

The Journalism of Milena Jesenská. A Critical Voice in Interwar Europe. Edited and translated from the Czech, and with an Introduction by Kathleen Hayes, New York, Oxford: Berghahn Books 2003 (enthält Artikel Milena Jesenskás aus *Tribuna*, *Národny listy* und *Lidové noviny*, die Übersetzungen ins Deutsche stammen vom Autor Alois Prinz)

Weitere, nicht in diesen Ausgaben enthaltene Artikel Milena Jesenskás sind in verschiedenen Übersetzungen in anderen Publikationen veröffentlicht, die an entsprechender Stelle genannt werden.

Nach Erscheinen dieses Buches ist eine große Anzahl von Artikeln Milena Jesenskás in tschechischer Sprache veröffentlicht worden: Milena Jesenská Křižovatky: (Výbor z dila), ausgewählt und vorbereitet von Marie Jirásková, Praha: Torst 2016

Die Briefe Milena Jesenskás aus dem KZ Ravensbrück und aus dem Untersuchungsgefängnis in Dresden sowie weitere Dokumente zu ihrem Leben befinden sich im Archiv bezpečnostních složek, Signatur Fond kontrarozvědného rozpracování, a. č. KR-579271 MV (abgekürzt als »Archiv Prag«). Sie sind teilweise abgedruckt in: A. Wagnerová, Sie war ein lebendiges Feuer. Milena Jesenskás Briefe aus dem Gefängnis, in: Neue Rundschau 2/2015 (abgekürzt als »NR«), S. 7-37

II. Biografien, Aufsätze zu Milena Jesenská

Buber-Neumann, Margarete: Milena Jesenská, »Sterben allein ist zu wenig«, München: Ullstein 2001 (Rebellische Frauen)

Buber-Neumann, Margarete: Milena, Kafkas Freundin, Frankfurt/M.: Fischer 1989 (Ullstein 1992)

Capovilla, Andrea: Entwürfe weiblicher Identität in der Moderne, Milena Jesenská, Vicki Baum, Gina Kaus, Alice Rühle-Gerstel; Studien zu Leben und Werk, Oldenburg: Igel-Verlag 2004 (Reihe Literatur- und Medienwissenschaft, 94)

Cerná, Jana: Milena Jesenská. Aus dem Tschechischen von Reinhard Fischer; Frankfurt/M.: Verlag Neue Kritik 1985

Chiu, Charles: Frauen im Schatten. Mileva Einstein-Maric, Milena Jesenská, Liese Meitner, Margarete Schütte-Lihotzky, Margarete Jeanne Trakl; Wien: Jugend und Volk 1994

Duda, Sybille: Du, mein blaues Mädchen. Milena Jesenská (1896-1944) und Margarete Buber-Neumann (1901-1989), in: Horsley, Joey/Pusch, Luise (Hrsg.), Berühmte Frauenpaare, Frankfurt/M.: Suhrkamp 2005

Duda, Sybille: Milena Jesenská, 1896–1944, in: Duda, Sybille/Pusch, Luise F.: Wahnsinnsfrauen, Zweiter Band, Frankfurt/M.: Suhrkamp 1996 (darin: Milena Jesenská, S. 255-282)

Endres, Ria: Milena antwortet. Ein Brief, Frankfurt/M. 1996

Gottschalk, Maren: Der geschärfte Blick. Sieben Journalistinnen und ihre Lebensgeschichte, Weinheim und Basel: Beltz Verlag 2001

Hockaday, Mary: Kafka, Love and Courage. The Life of Milena Jesenská, London: André Deutsch 1995

Jirásková, Marie: Kurzer Bericht über drei Entscheidungen. Die Gestapo-Akte Milena Jesenská, Frankfurt/M.: Verlag Neue Kritik 1996

Klauber, Olga: Nicht nur Kafkas Freundin, Uppsala: Uppsala Univ., Dep. of slavic languages 1992

Kraiczi, Florian: Der Einfluss der Frauen auf Kafkas Werk, Bamberg: Univ. of Bamberg Press 2008

Kratzer, Hertha: Die unschicklichen Töchter. Frauenporträts der Wiener Moderne, Wien: Überreuter 2003 (darin: Die imaginierte Geliebte: Milena Jesenská; S. 183-220)

Maase, Mira: Milena Jesenská. Ein Frauenleben gegen die Norm; ein akustisches Porträt live aus dem Kulturzentrum der Aktion Lebensqualität, München: Verlag der Zeitgenossen 1996

Marková-Kotyková, Marta: Mýtus Milena, Prag: Primus 1992

Marková, Marta: Unglück auf fast allen Seiten. Milena – Staša – Jarmila; Kafkas Elternrevolte und weibliche Rebellion, Innsbruck, Wien 2011

Marková-Pelinka, Marta: Die Publizistin Milena Jesenská, in: Kurt Krolop und Hans Dieter Zimmermann (Hrsg.): Kafka und Prag; Berlin, New York 1994, S 199-207

Milena Jesenská: Die Fähigkeit, stehen zu bleiben; Prag: Ministerium für Auswärtige Angelegenheiten der Tschechischen Republik 1998

Mohn, Volker: Milena Jesenská in den Jahren 1937 bis 1944, München: GRIN Verlag 2010

Murray, Nicholas: Kafka und die Frauen, hrsg. von Angelika Beck, Düsseldorf: Artemis & Winkler 2007

Steenfatt, Margret: Milena Jesenská, Hamburg: Europäische Verlags-Anstalt 2002

Timm, Regina: Milena Jesenská – Das Leben als Wagnis, in: Kaminski, Katharina, Wege der Emanzipation. Bedeutende Frauen im 20. Jahrhundert. Zehn biografische Essays, Würzburg: Königshausen & Neumann 2009, S. 55-73

Vondráčková, Jaroslava: Kolem Mileny Jesenské, Praha: Torst u. a. 1991

Wagnerová, Alena K.: Milena Jesenská, Frankfurt/M.: Fischer 2002

Wagnerová, Alena K.: Milena Jesenská. »Alle meine Artikel sind Liebesbriefe«, Mannheim: Bollmann 1994

III. Zeugnisse in Schriften anderer

Alt, Peter-André: Der ewige Sohn, München: Beck 2005

Beer, Fritz: Hast du auf Deutsche geschossen, Grandpa? Fragmente einer Lebensgeschichte, Berlin u. a.: Aufbau 1992

Binder, Hartmut: Ernst Polak – Literat ohne Werk, in: Jahrbuch der Deutschen Schillergesellschaft (Stuttgart), Jg. 23, 1979, S. 366-415

Brod, Max: Franz Kafka, Frankfurt/M.: Fischer 1952

Brod, Max: Streitbares Leben, München: Kindler 1960

Haas, Willy, Die literarische Welt, München: Paul List Verlag 1960

Jacoby, Henry: Davongekommen. 10 Jahre Exil 1936 – 1946. Erlebnisse und Begegnungen. Prag, Paris, Montauban, New York, Washington: Sendler 1988

Kafka, Franz: Briefe 1918-1920, hrsg. von Hans-Gerd Koch, in: Kafka, Franz, Schriften, Tagebücher, Briefe. Kritische Ausgabe, Band 4, hrsg. von Gerhard Neumann u. a., Frankfurt/M.: Fischer 2013

Kafka, Franz: Briefe an Milena. Erweiterte und neu geordnete Ausgabe, hrsg. von Jürgen Born und Michael Müller, Frankfurt/M.: Fischer 2004

Kafka, Franz: Tagebücher, 1914-1923, Gesammelte Werke in zwölf Bänden, Band 3, nach der kritischen Ausgabe hrsg. von Hans-Gerd Koch, Frankfurt/M.: Fischer 2004

Kaus, Gina: Und was für ein Leben … mit Liebe und Literatur, Theater und Film; Hamburg: Albrecht Knaus 1982

Kleinwort, Malte: Kafkas Verfahren. Literatur. Individuum und Gesellschaft im

Umkreis von Kafkas Briefen an Milena, Würzburg: Königshausen & Neumann 2004

Marková, Marta: Auf ins Wunderland! Das Leben der Alice Rühle-Gerstel, Innsbruck: Studienverlag 2007

Prinz, Alois: Auf der Schwelle zum Glück. Die Lebensgeschichte des Franz Kafka, Weinheim, Basel: Beltz & Gelberg 2005 (Gulliver 2013)

Stach, Reiner: Kafka. Die Jahre der Erkenntnis. Frankfurt/M.: Fischer 2008

Sulzer, Dieter: Der Nachlass von Ernst Polak im Deutschen Literaturarchiv, in: Jahrbuch der deutschen Schillergesellschaft (Stuttgart), Jg. 23, 1979, S. 514-548

Szittya, Emil: Das Kuriositäten-Kabinett, Konstanz: See-Verlag 1923

Urzidil, Johannes: Prager Triptychon, München: Albert Langen/Georg Müller 1960

IV. Artikel in Zeitschriften

Kazmirowski, Bertram: Erinnerungen an Milena, in: Vorschau und Rückblick, Monatsheft für Radebeul und Umgebung Heft 8, 2015

Schmidt, Birgit: Das tiefe Schweigen. Die Widerstandskämpferin Milena Jesenská, in: Jungle World. Die linke Wochenzeitung, Nr. 31/2014; http://jungle-world.com/artikel/2014/31/50342.html

Fuld, Werner: Unter Spitzeln. Eine unglaublich wahre Geschichte – Kafkas Freundin Milena Jesenská im Widerstand, in: FOCUS Magazin, Nr. 23 (1996)

Kämmerlings, Richard, Das erschütternde Ende der Kafka-Geliebten Milena, DIE WELT von 16.6.2015; http://www.welt.de/kultur/literarischewelt/article142502811/Das-erschuetternde-Ende-der-Kafka-Geliebten-Milena.html

Kasten, Ulrich: Milena Jesenská, eine außergewöhnliche Frau und mutige Kämpferin; Fürstenberger Förderverein Mahn- und Gedenkstätte Ravensbrück e.V.; http://www.ffmg-ravensbrueck.de/de/archiv/80-milena-jesenska-eine-aussergewoehnliche-frau.html?showall=1

Darowska, Lucyna: Jenseits von Furcht: Milena Jesenská. Zur widerständigen Praxis der Prager Journalistin gegen den Nationalsozialismus, in: http://geb.uni-giessen.de/geb/volltexte/2012/9127/pdf/SdF_2012_2_S56_64.pdf

Mena-Bohdal, Helga (1990): Milena Jesenská; Salzburger Nachrichten, 6. August 1990

Milena. La Bohémienne, DER SPIEGEL, Nr. 14/1964

Misová, Jitka: Milena – nicht nur Kafkas Freundin und Übersetzerin, in: »Wen kümmert's, wer spricht«: Zur Literatur und Kulturgeschichte von Frauen aus Ost und West (1991), S. 131-138

Moniková, Libuše: Lebendiges Feuer, DIE ZEIT 33/1996

Pohl, Ronald: Milena Jesenská: Den Menschen helfen konnte auch sie nicht, Neue Rundschau: 126. Jg., 2015, Heft 2. Frankfurt: S. Fischer,

Unter Spitzeln. Eine unglaublich wahre Geschichte – Kafkas Freundin Milena Jesenská im Widerstand, FOCUS Magazin, Nr. 23/1996

V. Hintergrund (Geschichte, Soziales etc.)

Brandes, Detlef: Die Tschechen unter deutschem Protektorat, hrsg. vom Vorstand des Collegium Carolinum, Forschungsstelle für die böhmischen Länder, München: Oldenbourg 1969

Brod, Max: Der Prager Kreis, Frankfurt/M.: Suhrkamp 1979

Demetz, Peter: Mein Prag. Erinnerungen 1939-1945, Wien: Zsolnay 2008

Demetz, Peter: Prag in danger. The years of German occupation, 1939-45, New York: Farrar, Straus and Giroux 2008

Hundert Jahre Arbeit. Bericht über die Landesausstellung in Prag 1891, Prag: Verlag des Actionscomités 1892

Hoensch, Jörg K.: Geschichte der Tschechoslowakei, Stuttgart: Kohlhammer 1992

Iggers, A. Wilma: Frauenleben in Prag. Ethische Vielfalt und kultureller Wandel seit dem 18. Jahrhundert, Wien: Böhlau 2000

Křen, Jan: Die Konfliktgemeinschaft. Tschechen und Deutsche 1780-1918, München: Oldenburg Verlag 2000

Seibt, Ferdinand: Deutschland und die Tschechen. Geschichte einer Nachbarschaft in der Mitte Europas, München: Piper 1998

Wagenbach, Klaus: Kafkas Prag. Ein Reisebuch, Berlin: Wagenbach 2000

Zweig, Stefan: Die Welt von gestern. Erinnerungen eines Europäers, Frankfurt/M.: Fischer 1991

VI. Konzentrationslager Ravensbrück

Bessmann, Alyn/Eschebach, Insa: Das Frauen-Konzentrationslager Ravensbrück. Geschichte und Erinnerung. Ausstellungskatalog der neuen Hauptausstellung, eröffnet im April 2013, Berlin: Metropol Verlag 2013.

Benz, Wolfgang/Distel, Barbara (Hrsg.): Die Orte des Terrors. Geschichte der nationalsozialistischen Konzentrationslager, Band 4, Flossenbürg, Mauthausen, Ravensbrück, München: Beck 2006 (zum KZ Ravensbrück, S. 473-550)

Strebel, Bernhard: Das KZ Ravensbrück. Die Geschichte eines Lagerkomplexes, Paderborn: Schöningh 2003.

Breur, Dunya: Ich lebe, weil du dich erinnerst. Frauen und Kinder in Ravensbrück, Berlin: Nicolai 1997

Degen, Barbara: Das Herz schlägt in Ravensbrück. Die Gedenkkultur der Frauen, Opladen: Verlag Budrich 2010 [Schriften aus dem Haus der Frauengeschichte, Band 5]

Kathrin Mess: »... als fiele ein Sonnenschein in meine einsame Zelle«. Das Tagebuch der Luxemburgerin Yvonne Useldinger aus dem Frauen-KZ Ravensbrück, Berlin: Metropol Verlag 2008

Salvesen, Sylvia: Tilgi – Men Glem Ikke / Vergebt – doch vergesst nicht, Weimar, Sammlung MGR/StBG. – 2000/434. Bestände aus den Sammlungen der Mahn- und Gedenkstätte Ravensbrück

Schäfer, Silke: Zum Selbstverständnis von Frauen im KZ. Das Lager Ravensbrück, Dissertation, Berlin 2002; http://webdoc.sub.gwdg.de/ebook/diss/2003/tu-berlin/diss/2002/schaefer_silke.pdf

Tillion, Germaine: Frauenkonzentrationslager Ravensbrück, Lüneburg: zu Klampen 1998

Walz, Loretta: »Und dann kommst du dahin an einem schönen Sommertag«. Die Frauen von Ravensbrück, München: Verlag Antje Kunstmann 2005

Walz, Loretta: Erinnerungen an Ravensbrück. Überlebende des Frauenkonzentrationslagers berichten. In Zusammenarbeit mit der Mahn- und Gedenkstätte Ravensbrück, im Auftrag der Stiftung Brandenburgische Gedenkstätten, gefördert vom Ministerium für Arbeit, Soziales, Gesundheit und Frauen des Landes Brandenburg, Berlin: Loretta Walz Videoproduktion; http://videoarchiv-ravensbrueck.de/

VII. Filme, Hörfunksendungen

»Alle meine Artikel sind Liebesbriefe«. Die Journalistin Milena Jesenská. Hörfunksendung von Roland und Sabine Altenburger, SWR2 1996

»Das Einzige, was ich schreiben kann, sind Liebesbriefe«: Das Leben der Milena Jesenská, von Nicole Strecker, WDR 2001

Die rasende Sehnsucht nach einem ganz anderen Leben: Milena Jesenská, Film von Gabriele Röthemeyer, ZDF, 3sat 1991

Geliebte Milena, (F/Kan./BRD 1990); Verfilmung nach dem Roman von Jana Černá mit Valérie Kaprisky als Milena, Regie: Verá Belmont

Kourimska 6, Prag: Milena Jesenskás letzte Adresse. Ein Film von Birgit Kienzle, SWF 1991

Feuer an bloßer Haut – Franz Kafka und Milena Jesenská, Hörspiel von Rolf Schneider, mit: Fritz Hammel (Kafka), Eva Herzig (Milena), Regie: Harald Krewer, Österreichischer Rundfunk 2008 (Neuproduktion)

QUELLENVERZEICHNIS

Prolog: Milena aus Prag

1. Brief an Albína Honzáková vom Mai 1915, in: Alena Wagnerová (Hrsg.), Die Briefe von Milena (=BvM), S. 25
2. Brief an Albína Honzáková vom 15.6.1914, BvM, S. 21
3. Brief an Albína Honzáková vom Frühjahr 1915, BvM, S. 25
4. Brief an Max Brod vom Januar/Februar 1921, BvM, S. 47
5. Brief an Albína Honzáková vom 12.10.1914, BvM, S. 21 f., hier S. 24
6. Margarete Buber-Neumann, Als Gefangene bei Stalin und Hitler, München: dtv 1962
7. Briefe aus dem KZ Ravensbrück vom 1. Oktober 194? Und vom 1. Mai 194? [genaues Jahr ungewiss], Archiv bezpečnostních složek, Signatur Fond kontrarozvědného rozpracování, a. č. KR-579271 MV (= Archiv Prag), auch abgedruckt in: A. Wagnerová, Sie war ein lebendiges Feuer. Milena Jesenskás Briefe aus dem Gefängnis, in: NR 2/2015, S. 7-37
8. Margarete Buber-Neumann, Milena, Kafkas Freundin, Frankfurt/M.: Fischer 1977, S. 17 (= Buber)
9. Ota Filip, Wer war Milena? In: Die Zeit, 7/1983, S. 41 f.; http://www.zeit.de/1983/02/wer-war-milena/seite-8
10. Milena Jesenská, *Der Teufel am Herd*, Národní listy, 18.1.1923, in: MJ, *Alles ist Leben* (= AiL), S. 80-85, S. 85
11. MJ, *Menschen in Bewegung*, zit. n. Buber, S. 88
12. MJ, *Fenster*, Národní listy, 27.9.1921, AiL, S. 61-65, hier S. 62

Vaterliebe

1. Marie Tarantová, in: Doba, 19.5.1946, zit. n. Dorothea Rein, Biographische Skizze, in Milena Jesenská, AiL, S. 247
2. Jana Černá, Milena Jesenská, Frankfurt/M.: Neue Kritik 1985, S. 22 (=Černá)
3. Ota Filip, Wer war Milena? a. a. O.
4. Jaroslava Vondráčková, Kolem Mileny Jesenské, Praha: Torst 1991, S. 80
5. MJ, *Ein Vater, der um Verzeihung bat*, in: Alice und Otto Rühle (Hrsg.), Das proletarische Kind. Monatsblätter für Proletarische Erziehung, Dresden: Am anderen Ufer 1925/26, zit. n.: Marta Marková, Unglück auf fast allen Seiten, Innsbruck, Wien, Bozen: Studien Verlag 2011, S. 86 (= Marková)
6. Černá, S. 15
7. Hundert Jahre Arbeit. Bericht über die Landesausstellung in Prag 1891, Prag: Verlag des Actionscomités 1892
8. ebenda, S. 334
9. Jan Křen, Die Konfliktgemeinschaft. Tschechen und Deutsche 1780-1918, München: Oldenburg Verlag 2000, S. 205 ff.

10. MJ, *O umění zůstat stát, Die Kunst, stehen zu bleiben*, in: Přítomnost, 5.4.1939; deutsche Übersetzung abgedruckt in: Marie Jirásková, Kurzer Bericht über drei Entscheidungen, S. 99-105
11. ebenda

Der große Schmerz

1. MJ, *děti* (Kinder); Tribuna, 9.1.1921, nach: Kathleen Hayes, The Journalism of Milena Jesenská, S. 81 (alle Übersetzungen ins Deutsche aus diesem Buch stammen vom Autor Alois Prinz)
2. MJ, *Jaké hračky* (Was für Spielzeug), Tribuna 18.12.20., nach Hockaday, Love and Courage. The Life of Milena Jesenská, London: André Deutsch 1995, S. 8 (alle Übersetzungen ins Deutsche aus diesem Buch stammen vom Autor Alois Prinz)
3. Černá, S. 16 f., Buber, S. 23
4. Černá, S. 14
5. ebenda, S. 19
6. ebenda, S. 20
7. MJ, *O »Prokopu« Špičaku'*, Tribuna, 25.6.1921, zit. n. Hockaday, S. 9
8. Brief an Albína Honzáková vom Frühjahr 1915, BvM, S. 29
9. Stefan Zweig, Die Welt von gestern. Erinnerungen eines Europäers, Berlin: Fischer 1992, S. 94 (= Zweig)
10. Siehe Marková
11. Brief an Albína Honzáková vom Frühjahr 1915, s. o., S. 25
12. MJ, *Herz auf Probefahrt*, Národní listy, 23.10.1923, in: AiL, S. 55-99, S. 95
13. Buber, S. 157
14. MJ, *Jugend*, AiL, S. 75-79
15. Zweig, S. 45 f.
16. Brief an Albína Honzáková vom 7.5.1912, BvM, S. 19
17. Brief an Albína Honzáková vom Frühjahr 1915, BvM, S. 26-32, hier S. 32
18. MJ, *Es ist nicht gut, sich auf etwas zu freuen*, Národní listy, 22.8.1926, AiL, S. 121-123, hier S. 121
19. Brief an Marie Hübnerová aus dem Jahr 1913, AiL, S. 15
20. Černá, S. 19
21. Marianne Horáková, zit. n.: Wagnerová, Alena K., Milena Jesenská, Frankfurt/M.: Fischer 2002, S. 36 (= Wagnerová)
22. Brief an Albína Honzáková aus dem Jahr 1914, BvM, S. 22
23. zit. n. Buber, S. 38
24. MJ, *O »Prokopu« Špičaku'*, s. o., zit. n. Hockaday, S. 17
25. MJ, *Jugend*, AiL, S. 75

Skandale

1. Alice Miller, Du sollst nicht merken, Frankfurt/M.: Suhrkamp 1981, S. 235
2. Brief an Albína Honzáková aus dem Jahr 1914, BvM, S. 21 f., hier S. 22
3. Willy Haas, Die literarische Welt, München: Paul List Verlag 1960, S. 37

4. Johannes Urzidil, Prager Triptychon, München: Langen Müller 1960, S. 185
5. Hartmut Binder, Ernst Polak – Literatur ohne Werk, Jahrbuch der deutschen Schillergesellschaft, 23. Jg. 1979 S. 366-415, (= Binder), hier S. 369
6. Mary Hockaday, Love and Courage, S. 22 f. (= Hockaday)
7. Brief Polaks an Willy Haas vom 17.7.1916, zit. n. Marková, S. 67
8. Černá, S. 25; Buber, S. 36
9. MJ, *Adieu, Jules Romains!*, Přítomnost, 1.2.1939, AiL, S. 223-228, hier S. 224
10. Brieffragment an Willy Schlamm vom September 1938, BvM, S. 162-164, hier S. 162 f.
11. siehe Černá, S. 29
12. Josef Švejcar, zit. n. Wagnerová, S. 51
13. ebenda
14. Marková, S. 184 und 228 f.
15. MJ, *Adieu, Jules Romains!*, AiL, S. 224
16. Brief an Max Brod von Januar/Februar 1921, BvM, S. 46-50, hier S. 47
17. Černá, S. 15
18. Brief an Karel Hoch vom 20.3.24, BvM, S. 71
19. nach Buber, S. 53 f.
20. Willy Haas, Nachwort zu: Willy Haas (Hrsg.), Franz Kafka, Briefe an Milena, Frankfurt/M.: Fischer 1966, S. 208-220, hier S. 210

Liebeswahn

1. So der Journalist Viktor Wittner, nach Binder, S. 369, Fußnote 25
2. Polak wird in der Literatur manchmal mit einem und manchmal mit zwei »l« geschrieben.
3. Brief an Milan Dubrović, zit. n. Binder, S. 369
4. Franz Kafka, Briefe an Milena, vom 29.5.1920, BaM, S. 23
5. Brief Hans Gerkes an Ernst Polak, nach Binder, S. 371
6. ebenda, S. 371
7. Buber, S. 51, und Černá, S. 31 f.
8. Brief Ernst Polaks an Willy Haas vom 7.10.1916, nach Marková, S. 67
9. Brief Milena Jesenskás an Max Brod vom August 1920, BvM, S. 40-44, hier S. 42
10. MJ, *»Eine Frau aus Paris« von Charlie Chaplin*, AiL, S. 100-103, hier S. 100
11. Brief Ernst Polaks an Willy Haas vom 19.11.1916, in: Franz Kafka, Ernst Polak, Franz Werfel. Unbekannte Briefe an Willy Haas, in: Neue Rundschau, 102. Jg. 1991, Heft 2. (= NR 1991/2)
12. Wilma A. Iggers, Milena Jesenská, in: Frauenleben in Prag. Ethische Vielfalt und kultureller Wandel seit dem 18. Jahrhundert, Wien, Köln, Weimar: Böhlau 2000, S. 292-327, hier S. 296
13. Brief Ernst Polaks an Willy Haas vom 19.11.1916, s. o., S. 174
14. ebenda
15. Černá, S. 32 f.
16. Brief Ernst Polaks an Willy Haas vom 20.6. 1917, in: NR 1991/2, S. 175

17. ebenda
18. ebenda
19. Lucyna Darowska, Widerstand und Biographie, S. 186 ff. (= Darowska)
20. Brief von Ernst Polak an Willy Haas vom 26.6.1917, NR 1991/2, S. 176
21. Brief Milena Jesenskás an Max Brod vom 21.7.1920, BvM, S. 37
22. Brief von Ernst Polak an Willy Haas vom 26.6.1917, NR 1991/2, S. 176
23. Brief von Ernst Polak an Willy Haas vom 4.3.1918, NR 1991/2, S. 177
24. MJ, *Der Teufel am Herd*, AiL, S. 81-85, hier S. 81 f.
25. Brief an Willi Schlamm vom 29.8.1929, BvM, S. 159

Vom Kaffeehaus in die Straßen Wiens

1. Zitat im Brief Kafkas an Milena vom Mai 1920, BaM, S. 18
2. Zweig, S. 335
3. Brandstätter, Christian/Schweiger, Werner J., Das Wiener Kaffeehaus, München: Goldmann 1981
4. Brief Ernst Polaks an Willy Haas, undatiert, zit. n. Marková, S. 79
5. Wagnerová, S. 72 f.
6. MJ, *Kavárna* (Café), Tribuna, 10.8.1920, zit. n. Černá, S. 42-46
7. Emil Szittya, Das Kuriositäten-Kabinett, Konstanz: See-Verlag 1923, S. 292 f., sowie: Brief Ernst Polaks an M. Dubrović vom 1.9.1946, zit. n. Binder, S. 404
8. Kaus, Gina, Und was für ein Leben ..., Hamburg: Knaus Albrecht 1982, S. 49 f. (= Kaus)
9. ebenda, S. 53
10. Johannes Urzidil, Prager Triptychon, S. 86
11. Kaus, S. 72
12. Zweig, S. 323
13. MJ, *Wien*, Tribuna, 30.12.1920, AiL, S. 11-16, hier S. 15
14. Brief an Willi Schlamm vom 29.8.1929, BvM, S. 159
15. Buber, S. 58
16. Černá, S. 39
17. Brief Franz Kafkas an Milena Polak vom 29.5.1929, BaM, S. 20 f., hier S. 21
18. MJ, *Meine Freundin*, Tribuna vom 27.1.1921, AiL, S. 25-30, hier S. 25 und S. 28
19. MJ, *Reklame des Elends*, Tribuna vom 29.4.1921, AiL, S. 45-48
20. Kaus, S. 55; sowie Buber, S. 61 und Černá, S. 72 f.
21. Ernst Polak, Brief an Hilde Holl vom 25.4.1939, zit. n. Binder, S. 393
22. Franz Kafka (=FK), Brief vom 31.5.1920, BaM, S. 32

Geschriebene Küsse

1. MJ, *Wien*, Tribuna, 30.12.1919, AiL, S. 11-16, hier S. 11
2. FK, Brief vom Mai 1920, BaM, S. 18
3. FK, Brief vom April 1920, BaM, S. 7
4. FK, Brief vom 13.6.1920, BaM, S. 60
5. FK, Brief vom 31.8.1920, BaM, S. 239
6. FK, Briefe vom 13.6. und 12.7.1920, BaM, S. 60 und 104

7. FK, Brief vom 3.6.1920, BaM, S. 41, Zitat Milenas in Tschechisch
8. FK, Brief an Max Brod vom Mai 1920, in: FK, Briefe 1902-1924, hrsg. von Max Brod, Frankfurt/M.: Fischer 1975 ff., S. 274
9. FK, Brief von Ende April 1920, BaM, S. 9
10. FK, Brief vom Januar/Februar 1923, BaM, S. 313
11. FK, Brief vom 21.6.1920, BaM, S. 74
12. FK, Brief vom 3.6.1920, BaM, S. 40
13. FK, Brief von Ende März 1922, BaM, S. 302
14. Siehe dazu: Herta Kratzer, Die imaginierte Geliebte. Milena Jesenská, in dies.: Die unschicklichen Töchter. Frauenporträts der Moderne, Wien: Überreuter 2003, S. 183-220
15. MJ, *Briefe bedeutender Leute*, Tribuna, 15.8.1920, AiL, S. 23
16. FK, Brief vom 6.6.1920, BaM, S. 47
17. MJ, Brief an Max Brod von Anfang August 1920, BvM, S. 40-44
18. ebenda, S. 43
19. FK, Brief vom 9.8.1920, BaM, S. 202
20. FK, Brief vom 4.8.1920, BaM, S. 181
21. MJ, *Meine Freundin*, AiL, S. 25-30, hier S. 27
22. FK, Brief vom 13.8.1920, BaM, S. 216
23. FK, Brief vom 12.6.1920, BaM, S. 56, Zitat Milenas in Tschechisch
24. Hockaday, S. 76
25. Martin Heidegger, Sein und Zeit, Niemeyer: Tübingen 1984, S. 187
26. FK, Tagebuch vom 18.1.1922, in: FK, Gesammelte Werke in zwölf Bänden, Band 3: Tagebücher 1914-1923, Frankfurt/M.: Fischer 2004, S. 199
27. FK, Brief vom 21.7.1920, BaM, S. 136
28. MJ, Brief an Max Brod vom Januar/Februar 1921, BaM, S. 49
29. ebenda, S. 48
30. Buber, S. 104
31. MJ, Brief an Max Brod vom Januar/Februar 1921, in: BvM, S. 4
32. Willy Haas, Die literarische Welt, a. a. O., S. 36

Diesseits und jenseits des Horizonts

1. MJ (unter dem Pseudonym A. X. Nessey), *Schicksalhaftes Ereignis*, Národní listy, 20.1.1923, AiL, S. 86-87
2. MJ, Briefe an Max Brod von Januar/Februar 1921, BvM, S. 48
3. FK, Brief von Ende März 1922, BaM, S. 302
4. MJ, *Der Teufel am Herd*, AiL, S. 84
5. Kaus, S. 118 f.
6. nach Buber, S. 80
7. MJ, *Kino*, AiL, S. 20; sowie MJ, *»Eine Frau aus Paris« von Charlie Chaplin*, AiL, S. 101
8. MJ, *Wien*, AiL, S. 69
9. MJ, *Almosen*, Tribuna, 9.12.1920, zit. n. Hockaday, S. 81 f.
10. MJ, Brief an Max Brod von Frühjahr/Sommer 1921, in: BvM, S. 51

11. FK, Tagebuch vom 1. und 2.12.1921, a. a. O., S. 121
12. FK, Brief vom 15.8.1920, BaM, S. 216
13. FK, Tagebuch vom 18.1.1922, s. o., S. 201 f.
14. MJ, *Mužům do výbavý* (Ausrüstung für Männer), Národní listy, 11.11.1923, zit. n. Hockaday, S. 109
15. MJ, *Einige altmodische Ansichten zur Emanzipation der Frau*, nach Hayes, S. 115-119
16. MJ, *krásná žena* (Eine schöne Frau), Národní listy, 29.11.1923, nach Hayes, S. 124
17. MJ, *volání o nezávislost* (Ruf nach Unabhängigkeit), Lidové noviny, 27.10.1929, nach Hayes, S. 141-143
18. MJ, *Herz auf Probefahrt*, AiL, S. 95, sowie: MJ, *Kultura tela* (Körperkultur), Národní listy, 23.10.1923, nach Hockaday, S. 108
19. ebenda, S. 99
20. MJ, *Ein Thema, das nichts mit Mode zu tun hat*, Národní listy, 22.11.1923, nach Hayes, S. 120-125; sowie: MJ, *Von Mensch zu Mensch*, Národní listy, 12.1.1924, nach Hayes, S. 126-129
21. Marková, S. 81, sowie: Binder, S. 389 f.
22. MJ, Brief an Karel Hoch vom 20.3.1024, BvM, S. 70
23. MJ, Brief an Willi Schlamm vom 8.8.1938, BvM, S. 135
24. MJ, *Kafka*, AiL, S. 104 f
25. Brief an H. Vetter vom 28.1.1941, Binder, S. 399

Zerbrechliches Glas

1. Brief an Jaroslava Vondráčková vom 26.10.1926, BvM, S. 77
2. Brief an Karel Scheinpflug vom 3.12.1924, BvM, S. 63
3. Ota Filip, Wer war Milena? In: http://www.zeit.de/1983/02/wer-war-milena/seite-8
4. ebenda, S. 2
5. Brief an Adolf Hoffmeister vom Frühjahr 1929, BvM, S. 96
6. MJ, *Civilisovaná žena* (Zivilisierte Frau), Lidové noviny, 1.12.1929, nach Hayes, S. 144-146
7. Brief an Karel Hoch aus dem Jahr 1924, BvM, S. 74
8. Brief an Jaroslava Vondráčková vom 26.10.1926, BvM, S. 77
9. nach Marková, S. 90
10. Brief an Adolf Hoffmeister vom 2.9.1927, BvM, S. 87
11. MJ, *Der neue Großstadttypus II*, erschienen in der Tribuna vom 7. August 1920, Übersetzung von Marek Nekula, in: Kafka Gesamtausgabe, Briefe, S. 618-621, hier S. 619
12. MJ, *Internationale Werkbund-Ausstellung in Stuttgart*, Národní listy, 17.7.1927, AiL, S. 127-129
13. Siehe: Černá, S. 94, Buber, S. 94 f. und Darowska, S. 279
14. Brief an Staša Jílovská vom 24.6.1928, BvM, S. 99
15. Černá, S. 95

16. Brief an Adolf Hoffmeister vom 5.11.1928, BvM, S. 91 f.
17. Brief an Ladislav Tůma vom Ende 1928, BvM, S. 104
18. MJ, *Wer ist schuld?* Národní listy, 3.3.1929 und 10.3.1929, nach Hockaday, S. 139
19. ML, *Freunde unserer Freunde*, Lidové noviny, 11.8.1929, nach Hockaday, S. 142
20. ML, *Ein Aufschrei*, Tvorba, 23.4.1931
21. Marková, S. 99
22. ML, *Kocourkovská generace* (etwa: Generation Pappenheim), Tvorba, 23.2.1933, nach Hockaday, S. 149
23. ML, *jakou frontu chceme?* (Welche Front willst du wählen?), Tvorba, 23.3.1933, nach Hockaday, S. 150

»Mutter Milena« und die Wunderbrillen

1. FK, Brief an Milena vom 12.7.1920, BaM, S. 104
2. Černá, S. 84 f.
3. MJ, *Wer ist der Zensor?*, Svet Prace, 1.12.1933, AiL, S. 144-146
4. MJ, Brief an Olga Scheinpflugova vom 21.1.1937, BaM, S. 109
5. ebenda, S. 110
6. Buber, S. 89
7. MJ, Brief an Olga Scheinpflugova vom 21.1.1937, BaM, S. 111
8. Fritz Beer, Hast du auf Deutsche geschossen, Grandpa?, Berlin, Weimar: Aufbau 1992, S. 260
9. ebenda
10. Černá, S. 126
11. Henry Jacoby, Davongekommen. 10 Jahre Exil 1936-1946, Frankfurt/M.: Siedler 1972, S. 28
12. Černá, S. 106
13. MJ, Brief an Olga Scheinpflugova vom 21.1.1937, BaM, S. 112
14. Černá, S. 109 f.
15. ebenda, S. 128
16. Černá, S. 125 und Marková, S. 137, Fußnote 418
17. MJ, Brief an Max Brod vom Anfang August 1920, BaM, S. 43
18. MJ, *Gestrandete Menschen*, Přítomnost, 27.10.1937, AiL, S. 159
19. Binder, Ernst Polak, S. 410
20. Fritz Beer, a. a. O., S. 261
21. MJ, Brief an Willi Schlamm vom 18.8.1938, BvM, S. 119
22. Reiner Stach, Kafka. Die Jahre der Erkenntnis, Frankfurt/M.: Fischer 2011, S. 397
23. MJ, Brief an Willi Schlamm vom Juli 1938, BvM, S. 119 f.

Liebe und Politik

1. MJ, *Lynchjustiz in Europa*, AiL, daraus die folgenden Zitate, S. 167 ff.
2. MJ, *Adieu, Jules Romains*, AiL, S. 223 f.
3. MJ, *Es wird keinen Anschluss geben (II)*, AiL, S. 185
4. Černá, S, 118

5. MJ, *Es wird keinen Anschluss geben (II)*, AiL, S. 189
6. MJ, *Lynchjustiz in Europa*, AiL, daraus die folgenden Zitate, S. 162
7. MJ, *Es wird keinen Anschluss geben (II)*, S. 191
8. ebenda, S. 199
9. Elke Fröhlich (Hrsg.), Die Tagebücher von Joseph Goebbels, München: Saur 1993-2008, Tagebuch vom 20.3.1938, Band I, S. 222 und Tagebuch vom 3.8.1937, Band I,4, S. 247
10. Brief an Willi Schlamm vom 8.8.1938, BvM, S. 136
11. ebenda, S. 135 f.
12. Brief an Willi Schlamm vom 18.8.1938, BvM, S. 148
13. Brief an Willi Schlamm vom 4.8.1938, BvM, S. 133
14. J. W. Brügel, Der Ranciman-Bericht, in: Vierteljahreshefte für Zeitgeschichte, Jg. 1978, Heft 4, S. 652-659; auch: http://www.ifz-muenchen.de/heftarchiv/1978_4_5_bruegel.pdf
15. MJ, *Drei Tage im Querschnitt*, AiL, S. 207
16. MJ, *Adieu, Jules Romains*, AiL, S. 224
17. Brief an Willi Schlamm vom 17.11.1938, BvM, S. 178
18. Černá, S. 123 f.
19. Brief an Willi Schlamm vom 8.8.1938, BvM, S. 139
20. MJ, *Prag am Morgen des 15. März 1939*, AiL, S. 239 ff.
21. Brief an Willi Schlamm vom Januar 1939, BvM, S. 187

Die Kunst, stehen zu bleiben

1. Nach den Erinnerungen von Joachim von Zedtwitz, in: Darowska, S. 374 f.
2. Černá, S. 134
3. zit. n. Marie Jirásková, Kurzer Bericht über drei Entscheidungen. Die Gestapo-Akte Milena Jesenská, Frankfurt/M. 1996: Verlag Neue Kritik, S. 30 f.(=Jirásková)
4. nach Černá, S. 130 ff.
5. MJ, Brief an Willi und Stefi Schlamm vom Mai 1939, BvM, S. 193
6. MJ, *Über den Umgang mit Tschechen*, Přítomnost, 15.2.1939, zit. n. Buber, S. 134
7. Brief an Willi und Stefi Schlamm vom Mai 1939, BvM, S. 194
8. MJ, *Von der Kunst, stehen zu bleiben*, Přítomnost vom 5.4.1939, deutsche Übersetzung abgedruckt in: Jirásková, S. 99-105
9. Nach den Erinnerungen von Bozena Naváková, zitiert in: Jirásková, S. 24
10. Černá, S. 117
11. MJ, *Es geht uns alle an*, Přítomnost, 14.6.1939, zit. n. Buber, S. 147
12. zit. n.: Jirásková, S. 37
13. MJ, Brief von Eugen Klinger an Willi Schlamm vom 11.6.1939, zit. n. Marková, S. 146
14. MJ, Brief an Evžen Klinger vom 14.8.1939, BvM, S. 203
15. Mj, Brief an Ernst Polak vom 15. Mai 1939, BvM, S. 200 f.
16. MJ, *Was kann man von einem Tschechen oder einer Tschechin erwarten?*, Přítomnost, 1.6.1939; nach Hockaday, S. 193 f.

17. MJ, *Soldaten wohnen auf den Kanonen*, Přítomnost,21.6.1939, nach Hayes, S. 218-223, sowie Buber, S. 145
18. MJ, Brief an Evžen Klinger vom 14.8.1939, BvM, S. 203 und MJ, Brief an Evžen Klinger, nach Hockaday, S. 198
19. Černá, S. 139 ff.
20. MJ, *Was bleibt von der KPC übrig?* Přítomnost vom 26.10.1938, zit. n. Marková, S. 139; der ganze Artikel findet sich in englischer Übersetzung in: Hayes, S. 183-187
21. Černá, S. 142
22. Jirásková,, S. 26
23. Fritz Beer, Hast du auf Deutsche geschossen, Grandpa?; sowie Buber, S. 148
24. Darowska, S. 298
25. MJ, Brief an ihre Tochter Jana vom Anfang 1940, abgedruckt in: Wagnerová, Sie war ein lebendiges Feuer. Milena Jesenkás Briefe aus dem Gefängnis, Neue Rundschau, 2/2015, S. 17 f. (= NR 2/2015)

Die Hölle der Frauen

1. MJ, Brief aus dem Untersuchungsgefängnis in Dresden vom 3.4.1940, Archiv Prag, abgedruckt in: NR 2/2015,S. 19 f.
2. MJ, Brief aus dem Untersuchungsgefängnis in Dresden vom 29.5.1940, Archiv Prag, abgedruckt in: NR 2/2015, S. 21
3. nach Černá, S. 151 f.
4. Brief aus dem Pankrác-Gefängnis Prag vom Juli 1940. Archiv Prag, abgedruckt in: NR 2/2015, S. 24 f.
5. Alyn Beßmann, Insa Eschenbach (Hrsg), Das Frauenkonzentrationslager Ravensbrück. Geschichte und Erinnerung, Berlin: Metropolverlag 2013, sowie: Annette Leo, Ravensbrück – Stammlager, in: Wolfgang Benz, Barbara Distel (Hrsg.), Die Orte des Terrors. Geschichte der nationalsozialistischen Konzentrationslager, Band 4, Flossenbürg, Mauthausen, Ravensbrück; München: Beck 2006, S. 473-550
6. Margarete Buber-Neumann, Als Gefangene bei Stalin und Hitler, S. 214
7. Buber, S. 153
8. MJ, Brief aus dem Konzentrationslager Ravensbrück, Archiv Prag, in: NR 2/2015, S. 30
9. Margarete Buber-Neumann, Als Gefangene bei Stalin und Hitler, S. 213
10. MJ, Brief an Willi und Stefi Schlamm vom September 1938, BvM, S. 163
11. Buber, S. 154
12. zit. n. Buber, S. 159
13. ebenda, S. 29
14. MJ, Brief aus dem KZ Ravensbrück vom 1.9.194? [genaue Jahreszahl ungewiss], Archiv Prag, abgedruckt in: NR 2/2015, S. 32
15. Nach einer Erzählung von Jana Krejcarová, Die Zahl der Zeilen ist vorgeschrieben, aus ihrem Erzählband Nebyly to moje děti (Es waren nicht meine Kinder), abgedruckt in: NR 2/2015, S. 38 ff.

16. MJ, Brief aus dem KZ Ravensbrück vom 1.9.194?, Archiv Prag, abgedruckt in: NR 2/2015, S. 33
17. Buber-Neumann, Als Gefangene bei Stalin und Hitler, S. 228
18. Buber, S. 185 ff.
19. ebenda, S. 199
20. Brief aus dem KZ Ravensbrück vom 13.9.1943, Archiv Prag, abgedruckt in: NR 2/2015, S. 33 f.
21. ebenda
22. Brief Margarete Buber-Neumann an Prof. Jan Jesenský vom 29.5.1944, Archiv Prag, abgedruckt in: NR 2/2015, S. 35 ff.

Epilog: Das »Prinzip Milena«

1. Černá, S. 5 f.
2. Willy Haas (Hrsg.), Franz Kafka. Briefe an Milena, Frankfurt/M.: Fischer 1981, S. 219
3. Marková,, S. 218
4. Ota Filip, Wer war Milena? a. a. O., S. 8
5. Reiner Stach, Kafka. Die Jahre der Erkenntnis, Frankfurt/M.: Fischer 2008, S. 348
6. Geliebte Milena, (F/Kan./BRD 1990); Verfilmung nach den Erinnerungen von Jana Černá, mit Valérie Kaprisky, Gudrun Landgrebe und Stacy Keach, Regie: Verá Belmont
7. Stach, s. o., S. 348 f.
8. Brief Kafkas an Milena vom Mai 1920, BaM, S. 18 f.
9. Yad Vashem, The righteous among the nations, http://www.yadvashem.org/yv/en/righteous/stories/jesenska.asp
10. zit. n. Marková, S. 173
11. zit. n. Jirásková, S. 77

Fotonachweis

akg-images, Berlin: Frontispiz
Archiv Klaus Wagenbach: S. 70, 89, 127
Security Services Archive, Counterintelligence Files Group, Prag:
S. 188 (Signatur KR-579271 MV)
Verlag Neue Kritik, Frankfurt am Main: S. 13, 19, 33, 52, 64, 118, 125,
129, 134, 170, 176, 202

Dank

Mein Lektor Frank Griesheimer war mir auf dem Weg mit Milena ein unverzichtbarer Helfer, Ratgeber und Kritiker. Beate Schäfer und Sabina Saad danke ich für die Hilfe bei den Übersetzungen. Frau Mgr. Světlana Ptáčniková, Direktorin des Archivs »bezpečnostnÍch složek« in Prag, danke ich, dass sie mir die Erlaubnis gegeben hat, die Briefe Milenas aus dem KZ Ravensbrück für dieses Buch zu benutzen. Schließlich möchte ich auch all jenen Freundinnen und Freunden danken, die mir, ohne dass sie es vielleicht wussten, in vielen Gesprächen wertvolle Anregungen gegeben haben.

»Die Männer in Staunen versetzen«

»Eine große, eine einmalige und doch so menschliche und anziehende Persönlichkeit«, nannte Papst Paul VI. sie, als er ihr erst 1970 als erster Frau den Titel »Lehrerin der Kirche« zuerkannte: Teresa von Ávila.
Der Bestsellerautor Alois Prinz erzählt die Lebensgeschichte der Teresa von Ávila. Sie war nicht nur die größte Mystikerin des Christentums, sondern auch eine pragmatische und lebenskluge Frau von großer Tatkraft, denn der Glaube an Gott war für sie wertlos, wenn er nicht zu Taten führte. Gegen den Widerstand der Kirche reformierte sie den Karmeliterorden und gründete zahlreiche Klöster, die Orte des Gebetes und der Einkehr waren, vor allem aber auch Schutzräume, in denen Frauen in einer von Männern dominierten Gesellschaft nach ihren eigenen Vorstellungen leben konnten.

Alois Prinz, Teresa von Ávila. Die Biographie. insel taschenbuch 4422. 267 Seiten.

NF 407/1/9.18

»Gewaltloser Widerstand ist nichts für Feiglinge.«

Martin Luther King (1929-1968) gilt bis heute weltweit als die Stimme des friedlichen Widerstands und des zivilen Ungehorsams, nicht nur im Kampf für die Rechte der schwarzen Bevölkerung, sondern auch im aktiven Protest gegen Krieg und Ungerechtigkeit. Der Weg des gewaltlosen Widerstands war für ihn allerdings »keine Methode für Feiglinge«. Er selbst und seine Familie wurden ständig bedroht, er saß mehrmals im Gefängnis und wurde schließlich im April 1968 von einem weißen Attentäter erschossen. Vier Jahre zuvor war ihm der Friedensnobelpreis verliehen worden. Bestsellerautor Alois Prinz erzählt die Geschichte dieses außergewöhnlichen Mannes, der seine Gegner bis zuletzt als »Brüder« sah, mit denen er Versöhnung suchte.

Alois Prinz, Martin Luther King. insel taschenbuch 4630. 104 Seiten.

NF 392/1/3.18

Luther – der Rebell

In den ersten Jahrzehnten seines Lebens war der junge Martin Luther mächtigen Autoritäten ausgesetzt: dem strengen Vater, den Lehrern, die wenig Verständnis aufbrachten, aber mit Schlägen nicht geizten, und nicht zuletzt Gott, den sich Luther nur als »gestrengen, zornigen Richter« vorstellen konnte. Um vor diesen Autoritäten bestehen zu können, wurde Martin ein gehorsamer Sohn, ein fleißiger Schüler und ein vorbildlicher Student – und schließlich ein mustergültiger Mönch. Um seine große Entdeckung eines gnädigen Gottes zu verstehen, muss man auch nachvollziehen, wovon sich Luther befreite. Diese Befreiung war notwendig verbunden mit dem Auftrag, Missstände in der Kirche anzuklagen und gegen ein falsch verstandenes Christentum aufzustehen.

Bestsellerautor Alois Prinz erzählt, wie aus dem ängstlichen und überangepassten jungen Martin der furchtlose Rebell Luther wurde.

Alois Prinz, Wie aus Martin Luther wurde. insel taschenbuch 4555. 80 Seiten

NF 340/1/8.16

NF 345/1/8.16